아름다운 죽음

아름다운 죽음

초판 1쇄 인쇄	2020년 2월 12일
초판 1쇄 발행	2020년 2월 20일
지은이	이경환
펴낸이	김인서
펴낸곳	민들레피앤씨
출판등록	2015년 7월 16일 제2015-000010호
주소	대구광역시 북구 성북로 33-2(침산동)
전화	053)355-7805
홈페이지	http://mindllepnc.com

값 15,000원
ISBN 979-11-960356-8-6 03230

이 도서의 국립중앙도서관 출판예정도서목록(CIP)은 서지정보유통지원시스템 홈페이지(http://seoji.nl.go.kr)와 국가자료종합목록구축시스템(http://kolis-net.nl.go.kr)에서 이용하실 수 있습니다.(CIP제어번호: CIP2020005623)

Copyright ⓒ 2020 by 이경환, All rights reserved.
이 출판물은 저작권법에 의해 보호를 받는 저작물이므로 무단 전재나 복제를 금합니다.

우리가 이 세상에 남길 수 있는 **가장 큰 선물**

아름다운 죽음

Beautiful Landing

이 경 환 지음

추천의 글

천국행 비행기에 올라탑시다

아름다운 죽음, 어정쩡한 죽음 그리고 나쁜 죽음, 세 가지 형태로 인생은 그 끝을 마무리하는 것 같습니다. 이 책은 직업적인 장례사의 건조한 죽음 보고가 아닙니다. 친가족이 되어 보살펴 준 525명의 정든 분들과 작별할 때마다 뜨거운 눈물을 흘린 거룩한 목자의 목격담입니다. 비행기가 뜨는 이륙을 아이의 출생으로 본다면 긴 비행을 마친 후 땅에 착륙하는 것은 죽음으로 볼 수 있습니다. 비행을 마친 후에는 반드시 착륙이 있듯이 죽음의 착륙이 얼마나 평안해야 하는가를 절실하게 통감한 것입니다. 많은 나라를 여행하면서 서툰 조종사가 착륙할 때 그냥 비행기를 땅에 팽개치는 것 같은 오싹 소름이 끼치는 경우를 당해 봤을 것입니다. 인생의 멋진 착륙 조종사가 절실히 필요함을 통감했을 것이고 드디어 결심하고 그 임무를 성실히 완수해 왔습니다. 한편 착륙으로 끝나 죽음으로 막을 내리는 것으로 전부가 아님을 다시 예리하게 살펴보았습니다. 안착과 함께, 거추장스러운 육신을 살짝 내려놓고, 하늘나라의 비행기로 갈아타고 영원한 천국을 향해 고속 비행을 하는, '사실, 죽음이 아닌 죽음, 아름다운 죽음'에 감탄을 한 것입니다. 천국 입국 수속을 세밀하게 진행했고 눈물 없는 곳으로 보내는 신성한 장례사로 충실한 임무를 감당한 것입니다. 고통만이 득실거리는 지옥에는 절대로 보낼 수가 없어서, 지옥은 텅텅 비고 천국은 가득 차도록, 어제도 오늘도 땀 흘리고 있습니다. 20년 전에 몽골에 발을 디뎠을 때부터 내심 이 목적을 가지고 온 것임이 틀림없습니다. 병원장으로, 호스피스 전문 사역자로, 교회 목사로 그리고 헌신적인 선교사로 그의 정열은 더욱 불타고 있습니다. 저자인 이경환 선교사를 두고 하는 말입니다.

그동안 많은 사람이 기피해 온 그 힘하고 거친 일들을, 일부러 선뜻 골라

나선다는 것은 예수님 사랑 아니고는 도저히 흉내 낼 수 없는 선택받은 자의 성무(聖務)였습니다. 몽골 땅에 희생적 사랑을 나눌 자를 깊이 생각하시며 고르신 사랑의 하나님께서 이경환 선교사를 당첨시켜 보낸 것입니다. 이 땅의 모든 사람이 아름다운 죽음을 맞아 천국과 잇대어 사는 영원한 생명을 갖도록 하기 위한 예수님의 세밀한 계획이기도 합니다. 이 책 『아름다운 죽음』을 읽는 자마다 다 그러한 축복을 누리도록 기대를 크게 가집니다. 또 이 일에 많은 헌신자가 나서서 하늘의 향기를 뿜어내는 천국 승무원들이 되었으면 합니다. 이것도 저것도 아닌 어정쩡한 죽음이 아닌, 지옥으로 떨어지는 나쁜 죽음도 물론 아닌, 하나님이 계시는 천국이 최후 안착지가 되어 천국에서 다 함께 만났으면 합니다.

자! 천국행 비행기로 갈아타십시다. 예수님이 멋진 조종사가 되십니다. '길이요 진리요 생명이신 예수님' 께서 안전하게 인도하실 것이 확실하기 때문입니다.

"하나님은 우리에게 낙원의 문을 열어 주실 것입니다. 눈물 병을 틀어막을 것이며 영광의 나라로 상승할 것입니다. 우리는 떠나 주께로 가지만, 죽음이라는 것은 단지 사해(死海)를 건너는 정도입니다. 엘리야처럼 겉옷을 날려 버리는 정도에 불과합니다(왕하 2:13). 육체의 죽음을 마지막 원수라 부르지만(고전 15:26) 믿음은 이것을 절친한 친구라 부릅니다. 죽음이 사람을 그리스도에게 데려가기 때문입니다. 그리스도를 거기서 볼 뿐 아니라 '주인의 즐거움에 참례할지어다' 의 영광을 얻습니다(마 25:21). '그리하여 우리가 항상 거기 있으리라' (살전 4:17)의 영광에 참례합니다. 지옥에 즐거움이 있을 수 없듯이, 하늘나라에 슬픔이 있을 수 없습니다."(토마스 왓슨)

할렐루야!

이동휘 목사
사단법인 바울선교회 대표이사, 전주안디옥교회 선교 목사

추천의 글

죽어 가는 모든 사람이 읽어야 할 책

사실 충격적 글이었다. 그리스도를 믿고 영원한 하나님 나라와 하나님을 믿고 살아왔다. 그래서 성도의 죽음은 무거운 육신의 옷을 벗는 영생으로의 관문일 뿐이라는 성경적 진리를 믿고 살아왔다. 그러나 정작 그 죽음에 이르는 마지막 삶의 절박하고 소중한 여정에 대해 그리 깊이 생각하지는 못했다. 즉 이 책이 강조하고 있는 '아름다운 착륙(Beautiful Landing)'의 과정을 잘 알지 못했다.

그래서 이 글은 더욱 가슴에 와닿았다. '죽음에 이르는 삶의 중요한 여정'에 대해 새로운 안목을 가지게 되었다. 육신을 가진 인생이라면 누구도 피할 수 없는 '늙고 병들어 죽음'에 이르는 시간도 '아름다운 착륙(Beautiful Landing)'을 위한 너무도 소중한 시간임을……

그리스도인에게 죽음은 선물이며 부활의 서정이라는 확신 속에 이 글은 쓰여지고 있다. 그 어떤 철학도, 종교도 죽음 앞에 무력하고 절망한다. 죽음은 부활과 영생의 그리스도 안에서만 긍정적으로 해석된다. 그래서 죽음에 이르는 삶의 고단함, 아픔과 힘듦, 그 모두가 본인에게, 생을 같이 걸어온 사랑하는 가족에게, 그리고 함께 교회를 섬겨 온 교회 성도들에게도 영원한 복음의 의미를 나누어 가지는 복된 여정임을 이 책은 잘 보여 주고 있다. 참으로 '아름다운 착륙'의 과정을 이리도 잘 보여 줄 수가 없다.

그래서 그리스도 안에 있다면 그 어떤 삶의 시간도 무의미하지 않음을 이 책은 역설적으로 보여 준다. 아프고 힘들어도 그 마지막 죽음에 이르는 시간이 그 자체로 결코 부정적일 수 없는 하늘의 선물이라는 것이다. 가족들과 서로 용서하며 못 다한 사랑을 고백하는 소중한 시간, 성도들과 하늘 소망을 꿈꾸고 하나님의 은혜를 나누는 시간, 그래서 죽음에 이르는 시간이 어떤 삶의 여정과 순간들보다 찬란하고 소중한 시간임을 이 책은 잘 보여 주고 있다.

저자는 죽음의 임상 전문가(!)답게 수많은 죽음의 임상 경험을 통해 노화 혹은 질병을 거쳐 죽음에 이르는 우리네 삶의 진면목을 확인한 토대 위에 이 글을 썼기에 더욱 신뢰할 만하다. 죽음에 이르기까지 우리의 삶은 참으로 그 자체로 가슴 아리고 참으로 소중하다. 그래서 저자가 가르쳐 주는 여러 단계의 과정들을 깊이 있게 경청할 필요가 있다. 아름다운 죽음의 준비 과정들, 즉 하나님 앞에서, 사람들에 대하여, 사물에 대하여 잘 준비할 필요가 있음을 그려 내고 있다.

저자는 수많은 사람의 죽음에 이르는 경험을 토대로 이른바 '아름다운 죽음을 위한 매뉴얼'을 세심하게 정리하여 소중한 정보와 지혜를 전달하고 있다. 이 점에서 이 책은 '삶의 현실인 죽음'에 대한 복음적 원리와 실제 매뉴얼을 담고 있다. 보기 드문 실천적 지혜의 책인 셈이다.

이 글을 다 읽고 난 느낌과 울림은 컸다. 이 땅이 전부라면 그 삶이 얼마나 허망하며 무의미한지를……. 그러나 영생을 주러 오신 그리스도 안에 있음이 그 얼마나 감사한지를 새롭게 깨닫게 되었다. 지금 병상에서 씨름하는 사람들, 그리고 죽음 앞에 힘들어하는 수많은 영혼들, 죽음으로의 여정을 돌보는 가족들, 목회자들, 의료진들, 호스피스 멤버들이 꼭 보았으면 하는 바람이 있다. 아니 죽음에 이르는 과정을 겪고 있는 우리 모든 사람이 읽어야 할 책이다. 진지한 일독을 적극적으로 추천한다.

김규욱 목사
(재)성경신학연구소 연구원장

책머리에

#1 초등학교 4학년인 소년은 또래 아이들보다 조금은 조숙했던 것 같다. 나폴레옹이 사관학교 시절에 읽었다는 플라타크 영웅전을 모두 다 섭렵했으니 말이다. '큰 바위 얼굴'처럼 장차 고향을 빛낼 명판(名判)이 되려는 야무진 목표도 세웠는데 제 나름 이루어 낼 자신(?)도 있었다. 그런 소년에게 하늘이 '우뚝' 멈춰지는 사건이 일어난다. 어느 가을날, 학교에서 귀가해 보니 집 마당에 마치 거인이 큰 붓으로 한 일 자를 쓰고 간 듯 검은 자국이 선명하였다. 증조모님이 돌아가셔서 옷을 태운 흔적이라 했다. 믿어지지 않았다. 당신의 수(壽) 아주 많으셨지만 갓난쟁이 때부터 소년을 길러 주셨던 소중한 분이었다. 그런 분이 며칠을 앓다가 허망하게 돌아가신 게다. 그래, 인생은 이슬처럼 무상하구나. 죽음 너머엔 도대체 무엇이 있을까? 죽은 뒤엔 생각이나 할 수가 있는가? 아니 그저 존재만이라도 가능한 것인가? 하늘을 붉게 수놓으며 사라져 가는 석양을 바라보며 소년은 고개를 숙였다.

#2 '죽음이란 무엇인가?' 중학교, 고등학교, 대학교에 다니면서 몹시도 알고 싶었지만 아무도 이를 명확하게 가르쳐 주지를 않았다. 아마, 어쩜 선생님들도 제대로 모르시는 것 같았다.
도대체, 죽음이란 무엇인가? 목사가 되고 선교지에 나갔지만 여전히 안갯속을 헤매고 있었다. 보일 듯이 보일 듯이 보이지 않는, '죽음'은 동요에서 나오는 '따오기'란 말인가? 죽음을 안다는 전문가의 책을 읽으면서, 그들의 강의를 들으면서 오히려 더 길을 잃을 것만 같았다. 분명히 진리는 쉽다고 했는데 그들 이론은 너무 엉성하거나 아니면 지독히 난해하기만 했다.

#3 할 수 없이 아마추어가 용기를 냈다. 직접 책을 쓰기로 한 것이다. 용감하게 강물에 뛰어든 사람의 이야기를 아는가? 왕에게 아름다운 딸이 하나 있었다. 용감한 사위를 얻기 위하여 왕이 문제를 냈다. "보거라, 여기 큰 강이 있다. 이곳에는 사나운 악어가 많이 있지. 그렇지만 누구든지 이 강을 무

사히 건너는 사람에게 내 딸을 주겠노라." 공주를 아내로 얻기 위해서 수많은 청년들이 나섰지만 막상 흉측한 악어 이빨을 보고는 기겁해서 포기를 했다. 그러던 어느 날 한 청년이 강물에 멋지게 자기 몸을 날렸다. 환성이 터졌고 청년은 정말로 화살처럼 물을 갈랐다. 배고픈 악어들이 쏜살같이 그 뒤를 쫓아갔지만 청년이 몇 초 더 빨랐다. 청년이 강을 다 건넜을 때 환성은 더욱 커졌다. 그러나 물을 뚝뚝 흘리며 뭍으로 올라온 그 청년은 갑자기 소리를 질렀다. "누구냐, 도대체 누가 그랬냐고! 갑자기 나를 확 떠다민 사람이 도대체 누구냐? 엉, 누구냔 말이닷!"

#4 이 책을 쓰고 난 필자의 소감도 크게 다르지 않다. 엉겁결에 떠밀려서 얇은 책을 끙끙거리며 한 권 썼다. 아주 긴 시간에 겨우 말이다. 재주도 없었지만 강은 너무 차가웠고, 너무나도 넓었다. (아름다운) 죽음이란 주제를 일목요연하게 정리한다는 게 어디 말처럼 그리 쉬운 일인가? 물론 필자는 '호스피스 선교'를 하며 죽음을 가까이서 적어도 남들보다는 많이 지켜볼 수가 있었다. 500여 명의 임종을 도우며 죽음의 옷자락 일부를 살짝 만져도 보았다. 그러나 이런 것쯤이야 망망대해에서 떠올린 아주 적은 접시물이 아니겠는가! 오히려 어릴 때부터 계속 고뇌하게 하시고, 진흙을 발라서(요 9:6) 눈을 뜨게 하신 분이 있다. 전엔 몰랐으나 지금은 확실히 안다. 성령님께서 등을 미셨고, 성령님께서 헤엄을 치도록 강하게 이끌어 주신 것이다. 책을 쓰다가 막혀 버릴 때는 우둔함에 크게 절망도 했지만, 나도 모르게 '스르륵' 다음 단계로 나아가고 있음을 항상 발견했다. 이와 같이 받은 은혜가 산처럼 높고 바다만큼 넓기에 이를 제대로 풀어냈는가 하는 두려움도 있다. 그렇지만 이제 시작인 셈이다. 이 책을 냄으로써 '하늘 관제사'로 가는 첫 번째 문을 막 통과한 것이니까. 아무튼 가슴에서 큰 바윗덩이를 내려놓은 것처럼 마음은 너무 편하고 기쁘다(롬 15:32). 모두 하나님이 하셨기에 하나님께 영광을 올려 드린다.

지은이 씀

차 례

추천의 글 ··· 4

책머리에 ··· 8

들어가며 ··· 12

Ⅰ. 죽음이란 무엇인가?

01. 죽음이란? ··· 16

02. 아름다운 죽음 ··· 38

03. 어정쩡한 죽음 ··· 48

04. 나쁜 죽음 ··· 54

Ⅱ. 아름다운 죽음을 위한 준비

01. 영혼에 대한 준비 ··· 87

02. 마음에 대한 준비 ··· 87

03. 몸에 대한 준비 ··· 87

04. 하나님께 대한 준비 ··· 88

05. 사람에 대한 준비 ··· 91

06. 사물에 대한 준비 ··· 92

Ⅲ. 아름다운 죽음의 실행

01. 영혼의 착륙(Spritual Landing) ················ 116

02. 마음의 착륙(Mind Landing) ················ 118

03. 몸의 착륙(Body Landing) ················ 124

04. 죽음의 좌표(my Landing) ················ 136

Ⅳ. 아름다운 죽음을 위한 매뉴얼

01. 사랑으로 준비하기 ················ 162

02. 순종으로 착륙하기 ················ 162

나가며 ················ 174

Ⅴ. 부록

01. 랜딩 매뉴얼의 설계 ················ 180

02. 천국환송예배의 설계 ················ 202

들어가며
Prologue

다음은 항공기가 이륙할 때부터 착륙할 때까지의 비행 과정을 간단하게 표현한 그림이다.

우리의 인생도 항공기의 비행 과정과 비슷하다.[1]
① 이륙: 출생(0~)
② 상승: 성장기, 소년기(1~20, 20년)
③ 순항: 청·장년기(21~70, 50년)
④ 진입: 노년기[2](71~80, 10년)
⑤ 착륙: 죽음(81~)

어떤 사람이 비행기 조종 교본을 사 가지고 비행기를 몰려는 생각을 했다. 교본에는 엔진 시동은 어떻게 걸고, 조종간을 어떻게 움직여서 비행기를 이륙시킬 수 있는지 방법이 아주 자세히 나와 있었다. 비행기 조종에 대해 전혀 배운 적이 없음에도 불구하고 책에 쓰인 대로 하나하나 과정을 따라 했더니 놀랍게도 이륙하는 데 성공할 수 있었다. 비행기를 타고 하늘로 올라가니 아름다운 광경들이 곧 눈앞에 펼쳐졌다. 하늘을 나는 그 기분은 말로 다할 수 없는 행복감과 짜릿함을 가져다주었다. 그러다가 연료도 다 떨어져 가기에 착륙을 하려고 다시금 교본을 펼쳐 들었는데 그의 즐겁던 얼굴은 이내 사색이 되어 버리고 만다. 교본의 마지막에는 이렇게 적혀 있었기 때문이었다.

"착륙 편은 다음 호에 계속됨.[3]"

독자는 이 글을 읽으며 기법게 웃을 수도 있으리라. 그러나 이런 황당한 경우가 우리 현실에서 생긴다면 어떻게 하겠는가? 사실 우리는 병원 신생아실에서 눈을 뜨고 보니 이미 하늘을 붕붕 날고 있었다. 그 후에 우리가 사회로부터 줄곧 배운 것은 무엇인가? '어떻게 하면 더 빨리 그리고 더 높이 날 수 있느냐?[4]'가 학습 내용의 대부분이었지, 10년의 노년을 어떻게 치열하게 보내며[5] 특별히 '어떻게 하면 아름답게 잘 죽을 수 있는가?'에 대해서는 그 누구에게서도 배우지를 못했다[6]. 그렇다면 착륙하는 기술도 익히지 않고 비행을 한 위의 사람과 조금도 다를 게 없는 것이다. 이런 이유로 이 책이 쓰여졌다. 한 마디로 이 책은 '멋진 착륙'을 돕기 위한 책이다. 책 제목[7]이 말해 주는 것처럼 인생의 여정 중에서 착륙 과정(죽음)을 주로 살펴보려고 한다.

I

죽음이란 무엇인가?

What is death?

01 죽음이란?

죽음에 대하여 여러분이 아는 것은 무엇인가? 어느 날 갑자기 자신이 암에 걸린 사실을 알게 되면 마음이 어떨까? 혹은 가깝게 지내던 이가 어느 날 갑자기 세상을 떠났다고 연락이 온다면? 이처럼 죽음은 어느 날 갑자기 우리 삶을 예고 없이 방문한다. 그것은 말 그대로 인생의 운전대를 지금까지와는 완전히 다른 방향으로 돌려놓고 만다[8].

흔히 죽음에 대하여 아는 것과 모르는 것 세 가지가 있다고 전해지고 있다. 아는 것은, 죽음에는 정한 순서가 없이[9] 반드시 한번은 '다 죽는다는 것'[10], 그런데도 '아무도 자신의 죽음에 함께할 수 없다는 것' 그리고 '죽으면서 아무것도 가져갈 수가 없다는 것'이 그것이다. 그리고 모르는 것은, 우리는 '언제' 죽을지 모르고, '어디서' 죽을지 모르며 그리고 '어떻게' 죽을지를 그 누구라도 알지 못한다.

누군가는 사람의 죽음을 100번만 지켜보면 죽음에 대해서 전문가가 된다고 하던데, 우둔한 탓인지 필자는 20여 년 호스피스(hospice)

사역[11]을 하면서 525명의 죽음을 직접 지켜보았지만, 아직도 죽음에 대해서 마냥 서툰 아마추어이다. 다만, 그동안의 경험을 통하여 알게 된 사실 하나는 모든 죽음이 다 애잔하고 진지하다는 점에서는 동일하지만, 그 과정과 모습은 우리의 지문처럼 조금씩 모두 다르다는 사실이다. 그래서인지 죽음은 참으로 신비스럽다. 결국, 죽음은 우리 인간의 사고와 이해를 뛰어넘는 '절대자'의 영역에 있음이 틀림없다. 인간의 이성과 지식은 아무리 넓고 깊다고 해도 제한이 있다. 그러므로 죽음의 실체를 알기 위해 인간 이성[12]과 인문 철학 등 지식에 의지함은 사실 적절치가 않다[13]. 사람은 살아 있는 동안 죽음에 대해서 알 수가 없다. 역설적으로 우리는 죽어야 비로소 죽음을 알 수 있는 등, 이 땅에서는 인식에도 유한한 존재이다. 병아리가 알껍데기를 깨고 나와야 세상을 볼 수가 있듯이 사람은 죽음의 껍데기를 벗고 나와야만 비로소 죽음의 실체를 알 수가 있는 것이다[14].

그러므로 죽음의 맨 얼굴이 무엇인지를 알기 위하여 제한된 철학과 지식보다는 신앙과 직관에 기대함이 더 옳은 것이다. 직관은 손끝처럼 예민하여 곧 그 접촉에 의하여 "실체의 존재를 느끼게 된다. 예를 들면, 꽃에 관해 배우려면 많은 시간을 요한다. 그러나 그 향기를 즐기는 일은 순간에도 할 수가 있다. 직관도 이처럼 움직이는 것이다(썬다싱). 이런 이유로 (아름다운) 죽음의 실체를 알기 위해 필자도 이 책을 기술하며 신앙과 직관을 많이 사용할 것이다. 학문적으로 검증된 지식을 도구로 하지 않고 왜 신앙을 말하느냐고 불평하지 말라[15]. 재론하지만, 제한된 지식으로는 결코 죽음의 실제를 알 수가 없다. 그러므로 독자들은 뒤에서 거론할 죽음에 대한 필자의 여러 가설도 한 탐구자의 직관이라고 이해해 주시기 바란다.

그럼 죽음은 무엇인가? 시간을 기준으로 죽음의 형태를 구별하면 '돌연사', '언제 죽을지 미리 알 수 있는 죽음', '좀처럼 오지 않는 죽음'의 세 가지로 나눌 수 있다. 심근경색이나 동맥류 파열에서는 죽음이 갑자기 찾아온다. 암의 경우 언제 막을 내릴지 대략은 알 수 있다. 그런데 지금 노인들 가운데는 치매[16]를 앓는 분들이 점차 늘어나고 있다. 중추 기능은 장애를 입었지만 육체 기능은 유지되고 있으므로 배설물로 얼룩진 내복 바람으로 홀로 거리를 방황하고[17] 주위의 여러 환경과 좌충우돌하는데도 마지막은 좀처럼 오지를 않는다[18]. 그러다가 결국은 넘어져서 다리뼈가 부러지고 영영 일어나지 못한 채 죽음을 기다릴 뿐인 끔찍한 고통의 시간이 오래 계속된다[19].

보편적, 생물학적 현상인 죽음은 사실 매우 다양한 문화적 의미를 갖고 있다. 우선 '생물학적 죽음'과 '정신적 죽음' 그리고 '사회적 죽음[20]' 간의 차이를 구분할 필요가 있다. 정신장애인 또는 지리산이나 계룡산에서 도를 닦고 있는 신비가(神秘家), 심지어 일정한 생활 근거지 없이 떠돌아다니는 노숙인들도 육체적으로 죽기 전에 이미 세상에서 사회·정신적으로 죽은 것이나 다름이 없다. 그러면 육체적 죽음은 어떠한가? 이 역시 쉬운 질문이 아니다. 우리는 생(生)과 사(死)가 단절되는 순간은 의심의 여지없이 분명한 것이라고 믿어 왔는데, 이제 그 순간은 매우 모호하게 되어 버리고 말았기 때문이다. 인간이 마지막 숨을 멈출 때 죽는다고 하는 걸까? 아니면 뇌의 기능이 멈춰 버렸을 때? 그것도 아니라면 신진대사가 끝난 순간이 진짜 죽음의 순간일까? 우리는 무엇을 기준으로 삼아야 할지 모른다[21]. 이렇게 죽음에 대한 이해가 종교, 사회과학, 의학에 따라 차이가 있음을 주목하고 각 분야에서 죽음을 어떻게 이해하고 해석하는지를 지금부터 자세히 살펴보자.

01) 기독교: 분리(分離)

기독교의 죽음은 '분리(分離)'이다. 기독교는 죽음에 대해 명확하게[22] 세 가지로 설명한다. 첫째는 영적 죽음이고, 둘째는 육체적 죽음[23]이며, 셋째는 영원한 죽음[24]이다.

성경은 인간도 식물의 씨앗처럼 죽어야 살 수 있다고 가르치나(고전 15:36-44), 애초 죽음은 인간이 원한 과정은 아니었다[25]. 여호와[26] 하나님은 인간[27]과 우주 만물을 창조하시고 처음 사람 아담과 하와[28]를 에덴동산에 살게 하셨다. 하나님은 모든 것을 그들에게 다 주셨지만 오직 동산 중앙에 있는 '선악과' 하나만은 따 먹지 말도록 금하신다[29].

"여호와 하나님이 그 사람을 이끌어 에덴동산에 두어 그것을 경작하며 지키게 하시고 여호와 하나님이 그 사람에게 명하여 이르시되 동산 각종 나무의 열매는 네가 임의로 먹되 선악을 알게 하는 나무의 열매는 먹지 말라 네가 먹는 날에는 반드시 죽으리라 하시니라"(창 2:15-17).

이제 인간들은 하나님의 말씀에 순종함으로 영원히 살 수 있음[30]과 불순종하여 죽음에 이름[31], 이 둘 중에서 하나를 자유 의지로 선택할 수 있게 되었다[32]. 슬프게도 사탄[33]의 유혹에 넘어간 아담과 하와는 선악과를 따 먹는 불순종을 선택했고 이로써 불편하고 부자연스러운 죽음이 인간의 삶에 끼어들었다. 빛과 어둠이 공존하지 못하듯이, 거룩하신 하나님과 죄를 지은 인간은 즉시[34] '분리' 되고 말았다. 이를 '영적 죽음' 이라고 부르며[35], 이것은 하나님으로부터 분리된 모든 세상 사람들[36]의 비참한 상태를 말한다.[37]

두 번째로 육체적 죽음은 무엇인가? 불순종의 죄를 지은 모든 인간은 "선악을 알게 하는 나무의 열매는 먹지 말라 네가 먹는 날에는 반드시 죽으리라"(창 2:17)라는 하나님과 사람의 처음 약속[38]에 따라 육체적으로도 죽어야만 했다[39]. 이것이 기독교에서 말하는 육체적 죽음이며, 일반적으로 사람들이 '죽음' 이라고 알고 있는 그것이다[40]. 육체적 죽음은 사람의 영혼이 자신의 육체로부터 '분리' 되는 것을 의미한다. 따라서 이는 온전히 죄의 결과이고 하나님의 공의로운 심판이 된다. 여호와 하나님은 공의(公義)의 하나님이시면서도 사랑의 하나님이 되신다[41]. 아무런 희망이 없고 모두 다 죽어야만 하는 비참한 인간을 긍휼[42]이 많으신 하나님께서 구원하시기로 작정하셨다. 하나님의 구원 계획에 따라 죽음의 문제를 해결하시려 하나님의 하나뿐인 아들, 예수 그리스도께서 이 땅에 오셨다. 인류의 모든 죄를 대속하시기 위해 하나님의 독생자가 대신 죽으셔야 하는 구원 프로그램이 시작된 것이다. 예수님이 이천 년 전 이 땅에 오신 목적은 오로지 인류를 대신하여 죽기[43] 위함이었다. 인류의 대속을 위해 예수님은 십자가에서 죽으셨다가 사흘 만에 '새로운 몸' 으로 부활하신다. 부활하신 예수님의 몸은 예전의 몸이 아니셨다. 예수님의 부활은 요한복음에 나오는 나사로의 이야기처럼(요 11:1-44) 단순히 죽음에서 다시 살아난 것과는 전혀 다르다. 그와는 다르게 예수님은 죽은 자 가운데서 부활하실 때 더 이상 쇠약해지거나 늙거나 죽거나 썩지 않는 완벽하고 온전한 부활체[44]로 새로운 삶을 시작하셨다. 예수님은 부활하실 때에 영생할 몸을 입으셨던 것이다(고전 15:53). 십자가에서 죽으시고 사흘 만에 '새로운 몸'으로 부활하심으로 예수님은 당신의 자녀 된 인류의 모든 죄의 문제를 다 해결하셨고, 인간의 죽음 문제는 완전히 극복이 되었다. 영원히 멸망할 수밖에는 다른 소망이 전혀 없었던 인류에게, 구원의 문이 활짝 열렸다. 이제 누구든지 예수 그리스도를 믿기만 하면[45] 구원을 받을 수 있다. 그러나 이 구원의 대열에 합류하는 것 역시 여호와 하나님은 우리들에게 강요 내지 강제하시지는 않으신다[46]. 누구에게나 구원의 문이 열려 있지만 오직, 예수 그리스도가 하나님의 아들임과 십자가(죽음)와 부활(생명)을 믿는[47]자에게만 하나님의 자녀가 될 수 있도록 예정하셨다[48]. 예수님을 영접[49]함으로 하나님의 자녀가 되는 순간, 그는 몸은 비록 이 땅에서 살고 있지만 영생을 얻었고(현재), (영벌) 심판에 이르지 아니하며[50](미래), 죽음에서 생명으로 이미 옮겨졌다(과거)[51]. 영광스러운 하나님의 자녀로 신분이 변하여 영생[52]을 얻게 된다. 바로 이것이 하나님의 은혜이다. 이 놀라운 은혜가 있음을 알리는 것을 '세상에서 가장 아름다운 소식', 즉 '복음'이라고 한다. 영적 죽음에서 회복된 그리스도인들에게는 비록 육체적으로 죽는 불유쾌함은 아직 남아 있을지라도[53] 죽음의 공포는 완전히 사라졌다[54]. 이는 너무나도 놀라운 일이 아닐 수 없다. 사람에게 가장 큰 원수가 되는 죽음으로부터 이제 그리스도인은 완전히 자유롭게 된 것이다. 예수님을 영접함으로 거듭난(重生한) 그리스도인들에게 죽음은 예수님과 만날 '약속'으로만 이해가 된다. 그들에게 죽음은 천국으로 가는 '문'으로서 쉽고 자연스럽게 믿어진다. 믿는 성도[55]들이 가볍게 죽음의 문[56]을 열고 나가면, 보고 싶은 사람들과의 가슴 두근거리는 즐거운 재회[57]가 예정되어 있다. "죽음 후의 5

분 동안 우리가 어떤 경험을 할 것인가?" 박형룡[58] 목사의 글[59]을 여기서 인용해 보자.

우리 사후(死後) 최초 5분은 우리 영혼이 이 세상에서 경험한 그 무엇보다도 훨씬 더 놀랍고 두려운 경험을 하게 될 것이다. 그 영광계(榮光界)에 첫 순간들을 희미하게나마 상상으로 그려 보라! 그 영혼은 모든 것 중에 제일로 그의 구주 그리스도를 볼 것이요, 앞서 가서 그리스도와 함께 있다가 나와 맞이하는 그의 사랑하는 이들을 만날 것이다(요 14:2,3). 부자와 나사로의 이야기에서 지시된 대로 별세한 신자들은 천사의 호송을 받아 천국으로 들어갈 것이다. 죽음의 순간에 만물은 돌연(突然)히 새로운 조망(眺望)으로 나타날 것이다. 부름받은 자의 비교적 암매(暗昧)[60]와 제한된 지식은 그의 새로운 상태에 적응하는 새로운 광명과 지식과 환치될 것이다(고전 13:12). 지상에서 애중(愛重)하던 만사는 갑자기 뒤로 물러서고 지상에서 적게 유의하던 일들이 가장 중요한 것으로 나서니 그의 그리스도에 향한 태도, 주위에 있는 사람들에게 그의 기독교 증언, 그의 기도 생활, 그의 공적·사적 행동들의 동기 같은 것들이다. (중략) 그가 하늘에 있은 지 5분 후에 그는 자기가 평생에 아노라고 했으되 충분히 파악하지 못했던 진리들의 지식에도 압도(壓倒)될 것이다[61].

그렇다. 중생한 그리스도인에 있어서 죽음은 선물이며 부활의 서정이 된다. 이는 예수님을 구주로 영접한 성도들에게만 허락된 상황이고 끝까지[62] 주님의 초청을 거절한 불신자들에게는 마지막 단계인 세 번째의 죽음이 아직 더 남아 있다. 이는 악자(불신자)의 재연합한 영혼과 육체가 하나님으로부터 추방되어 당할 최종적 고초이다[63](계 1:18, 20:14, 21:8). 전술한 세 번째의 영원한 죽음[64]이 바로 이것이며 성경은 이를 '둘째 사망'이라고도 이야기한다[65]. 영원한 죽음은 최후 심판 때에 악인이 지옥에서 영벌을 당하는 것을 의미한다. 하나님을 끝까지 거부한 인생은 하나님의 진노를 사(살전 1:10) 영원한 멸망의 형벌을 피할 수 없게 된다(마 25:46, 살후 1:9, 벧후 2:12). 그들은 영원히 예비된 캄캄한 흑암에 처해질 것이요(벧후 2:17, 유 1:13), 꺼지지 않는 불(사 66:24)이 있는 지옥(마 10:28)에 떨어질 것이다. 그리스도의 재림 때에 그들 역시 부활할 것이지만 그것은 심판의 부활일 뿐이다(요 5:29). 그들은 요한계시록에서 말하는 소위 '둘째 사망'을 당하여(계 2:11, 20:14, 21:8) '하나님과 영원히 분리'가 되고 뜨거운 불못에 던져질 것이다(계 20:10,15). 이처럼 '분리'가 기독교에서 말하는 죽음의 핵심 개념이다. 그러나 여기서 동전의 양면처럼 다른 한 면으로도 설명이 가능하다. 그것은 '예수 믿는 자에게 죽음이란 영생의 하나님 안에 영화로운 삶의 새 출발[66]'이라고도 말할 수 있다[67]. 상술한 내용들이 기독교에서 말하는 죽음의 정확한 의미이다.

02) 유교: 모름

유교(儒敎)의 죽음관은 마치 높은 하늘의 구름을 잡는 듯 두리뭉실하고 분명치가 않다. 또한 유교에는 죽음에 대한 가르침이 그리 많지가 않다. 유교의 시조인 공자는 대중에게 영혼불멸이라든지 사후세계에 대해서는 별로 가르치지를 않았다. 공자가 죽음에 대해 불가지론[68]적 입장을 취한 것은 아니나, 죽음에 대해서 최소한의 관심을 보인 것만은 분명하다. 역설적으로, 공자는 삶의 출발을 죽음에서 가까운 환경에서 시작하였다[69]. 어릴 적 그는 비천한 삶의 환경 속에서 죽음의 제식과 그 제식에 동반된 시례악(詩禮樂)을 익혔다.

그러나 공자의 문제의식은 줄곧 "어떻게 죽음으로부터 삶으로 탈출하느냐?"에 있었다. 즉, "죽음의 가치를 어떻게 삶의 가치로 전환하느냐?" "내가 살아 있다고 하는 바로 그 삶의 의미가 무엇이냐?" 이렇게 공자는 철저히 현세 속에서의 자기 존재의 가치를 알고 싶어 했다[70]. 일상에서도 공자는 죽음(死)이라는 말의 사용보다는 삶(生)이란 말을 더욱 중요하게 여겼다고 이해된다.

어느 날, 제자 계로(季路)가 스승에게 '귀신 섬기는 도리'에 대해 물었다. 그러자 공자는 "사람 섬기는 도리도 아직 모르거늘, 어찌 귀신 섬기는 도리를 알 수 있겠느냐(未能事人 焉能事鬼)?"라고 대답했다. 계로는 다시 '죽음'에 대해 묻는다. 역시 공자는 "아직 삶을 알지 못하거늘, 어찌 죽음을 알 수가 있겠느냐(未知生 焉知死)?"라고 대답한다. 매우 솔직한 말이다. 이렇듯 공자의 평생 관심은 이 세상에서 어떻게 바로 살 것인가에 대한 고민과 연구였지 죽음의 영역까지 생각할 겨를이 없었다.

정작 공자는 죽음이 가까이 왔을 때는 매우 슬퍼하였다고 한다[71]. 그가 자신의 죽음을 예감하고 마지막으로 남긴 말이 『예기(禮記)』에 나온다. 꿈에서 자신이 대문 사이에 앉아 있는 모습을 보고 공자는 죽음을 예감한다. 그는 다음날 지팡이를 짚고 걸으며 말했다. "태산이 무너지려나, 대들보가 부러지려나, 철인이 병들려나(泰山其頹

梁木其壞 哲人其頹).” 이 말을 들은 제자 자공(子貢)이 스승의 말을 이해하고 그를 부축해 안으로 모셨다. 그리고 이렇게 병들어 누운 지 이레 만에 공자는 죽었다. 죽음에 대한 공자의 이런 매우 솔직함 내지는 애매모호함 때문에 후세에 가노나오키[72] 같은 이에게 "공자가 사실은 귀신의 존재도 믿지를 않았으나 다만 자기 성의를 다하기 위하여 거짓으로 귀신을 가상하고 갖가지 제사를 다했다."라는 비판을 받게 된다[73].

사실 공자의 입장은 부모(조상)가 살아 있을 때는 예로써 모시고 돌아가시면 예로써 장사하고 장사한 후에는 예로써 제사를 지내야 한다는 것이었다. 그러므로 공자에게 있어서 죽음이란 삶의 완성을 전제하고서야 비로소 의미를 가지는 것이었고, 한 단계 차원이 높은 문제였기 때문에 함부로 죽음을 논하는 것이 무의미하다고 보았던 것이다[74].

공자의 사상과 유교로부터 절대적인 영향을 받은 조선의 사대부들도 죽음의 문제를 그렇게 긴요한 문제가 아니라고 여겨서 경시하거나 등한히 하는 경향이 있었다. 한국의 대표적인 유학자 퇴계 이황(李滉)은 자신에게는 엄격하고 남에게 너그러웠으며 죽는 날까지 구도의 자세를 지켰다. 이황은 "저 매화나무에 물을 주어라."라고 말하고 누웠던 자리를 정돈시키고 일어나 앉아 숨을 거두었다. 율곡 이이(李珥)도 일어나 앉아 누웠던 자리를 바꾸게 하고는 머리를 동쪽으로 향하고서 옷을 바로잡은 후 평화롭게 죽었다. 이들은 살아왔던 그대로 자연스럽게 죽음을 맞이했다[75].

이처럼 유가(儒家)는 죽음 자체의 의미나 죽어서 시작하는 또 다른 세계에 대해서는 관심이 적었고, 현세의 삶에 더욱 집중했던 것이다. 유교는 삶을 적극 긍정함으로써 이 세상에 태어난 것을 무상의 행복으로 생각한다. 그들의 입장은 만유(萬有)를 기화(氣化)[76]로 보고, 사람의 생사도 기화의 일환으로 봄으로써 생(生)이 있으면 반드시 사(死)가 있음을 밝힌다. 그리하여 생을 적극적으로 긍정함으로써 사도 또한 적극적으로 긍정한다. 이것이 유가의 소위 '천명(天命) 사상'이다. 그러기에 공자는 '천명을 알지 못하면 군자가 될 수 없다'고 말한 것이다[77]. 이렇게 유교는 인간도 기(氣)로 이루어진 존재로 본다. 기의 속성은 모이고 흩어지는 것이다. 죽는다는 것은 모인 기가 흩어지는 것에 다름 아니다. 인간의 영혼에 해당하는 '혼백(魂魄)'[78] 역시 기로 구성된다. 죽은 후 몸이 언젠가 기로 분해되는 것과 마찬가지로 혼백도 기로 흩어지고 말 것이다. 죽음이란 이처럼 점차적으로 기가 흩어지는 과정의 시작이다. 먼저 몸과 혼백의 분리가 일어나고, 그 다음으로 몸을 구성하는 기가 흩어지고, 마지막으로 혼백을 구성하는 기가 흩어진다. 이렇게 인간은 완전히 이 세상을 떠난다.

그런데 혼백은 상당한 시간을 두고 서서히 흩어진다. 유교에서 제사가 성립할 수 있는 이념적 근거는 바로 이 혼백의 흩어짐이 서서히 일어난다는 사실에서 찾을 수가 있다. 일단 생명은 끊어졌으나 혼백이 완전히 흩어지기 전까지는, 아직 이 세상과의 유대가 완전히 끊어진 것은 아니다. 육체를 떠난 혼백이 어디에 머무는지에 대해 자세한 논의는 유교의 관심사가 아니었다. 이렇게 유교의 입장은 '말할 수 없는 것에 대해 말하지 않는다'는 것이다. 그러나 어디에 머무르는지는 알지 못하지만 육체를 떠난 조상의 영혼(혼백)이 분명히 어딘가에 머물고, 제사의 장을 통해 자손과의 교감이 가능하다는 믿음을 바탕으로 성립된 의례가 바로 '제사'이다[79]. 결론적으로, 유교는 죽음을 대자연의 법칙에 의한 과정으로만 보면서 죽음을 그냥 하나의 철학적 문제로 돌렸다. 때문에 그들은 삶과 죽음 문제를 앞뒤로 연장될 수 있다는 생각과 상념을 아예 처음부터 포기하고 일회적 인생 그 자체에 몰두하게 되었다. 이리하여서 필연적 귀결이 되는 바, 유교는 죽음을 잘 모르겠다고 규정하고, 그저 인생을 살아가다가 마침표를 찍는 과정으로만 어렴풋이 이해하였던 것이다.

03) 불교: 없음(無)

불교 교리의 중심 사상은 '공(空)'과 '무(無)'이다. 공이나 무는 아무것도 없는 것을 말한다. 그래서 죽음에 대해서도 직접적인 특별한 의미나 규정이나 설명이 없다. 말 그대로 '없음'이다. 즉, 죽음은 가명(假名)[80]일 뿐이며 과거의 생으로부터 얻은 과보(果報)가 다하여 현재의 몸을 버리고 다른 종류의 몸을 받는 것이라고 주장한다. 그래서 부모형제가 중병을 얻어 그 치유가 어렵게 되면 마땅히 효의 마음을 발휘하여 염불과 조념염불(도움염불)을 함으로써 그들이 서방정토(西方淨土)[81]에 왕생할 것을 구하도록 가르친다.

불교에서는 생과 사를 같은 것이라고 본다. 이를 '생사일여(生死一如)'라고 하는데, 이는 '생과 사가 다름없는 것'이라는 말이기도 하고 '생과 사는 한가지로 같다'는 말이기도 하다. 생이란 살아 있음을 말하는 것이고 살아 있는 자가 하는 말이다. 죽은 자에게는 생이라는 것이 있을 수 없는 것이기 때문이다. 또 죽음이란 것도 역시 살아 있는 자가 하는 말이지 죽은 자에게는 죽음이라는 자체가 없다. 그러므로 생과 사란 살아 있는 자에게만 있는 것이 된다. 여기 살아 있는 사람도 헛것이다. 살아 있는 자란 결국 정신과 몸이 함께 조화를 이루고 있다는 것인데 몸이라는 것을 자세하게 관찰해 보면 눈에 보이기는 하지만 빛에 의하여 드러난 색이 보이는 것이므로 무지개와 같이 보이지만 가질 수 없는 색깔이니 헛것과 같고, 두들기면 소리는 나지만 역시 소리는 물질이 아니므로 가질 수 없는 헛것이며, 몸에서 냄새가 나지만 냄새란 향기이니 허공과 같아 역시 가질 수 없으며, 맛을 보면 맛이야 나지만 맛도 혀끝에서 잠시 드러나는 느낌이니 마치 단 맛을 본 사람은 세상에 없듯 가질 수 없는 것이며, 바닥에 앉으면 엉덩이가 바닥에 닿는 느낌이 나지만 엉덩이 때문에 그 느낌이 나는 것인지 바닥 때문에 그 느낌이 나는 것인지를 보면 둘 사이에서 나는 것을 알 수 있으니 어느 한 쪽에서 나는 것이 아니고 그렇다면 '느낌'이란 엉덩이도 아니고 '바닥'도 아니므로 도깨비와 같은 것임을 알 수 있는 것이다[82]. 모든 게 공과 무라는 말인 것 같은데 이와 비슷한 의미로 불가에서 널리 읽혀지는 선시가 있다.

"있다면 있고 없다면 없는 세상에서, 있다면 있고 없다면 없는 몸을 끌고, 있다면 있고 없다면 없는 삶을 사는, 세상사 모든 사람 자유자재하시오. 있다면 있고 없다면 없는 윤회에서, 있다면 있고 없다면 없는 업을 지고, 있다면 있고 없다면 없는 삶을 도는, 세상사 모든 사람 자유자재하시오"

이와 같이 죽음이라는 실재나 실상을 초연하는 보다 높은 차원의 진실을 체득함으로써 현실적 죽음의 문제가 극복된다는 것이 바로 불교의 입장이다. 이 극복을 통해 자유로움을 추구하는 것이 불교 전반의 목표라고 할 수 있다. 사후(死後)의 존재가 아니라 죽음에 대한 새로운 차원의 인식이다. 즉, 삶에도 번민하지 않고 죽음에도 번민하지 않는, 삶과 죽음을 '업과 윤회를 벗어난 경지' 곧 '번뇌를 꺼 버린다'는 열반의 경지를 최고의 가치로 내세운다. 법정[83]도 『무소유』란 책에서 "죽음이 나를 부를 때 툭하고 털고 일어날 수 있으면 되는 것이다."라고 하였다. 이로써 볼 때 죽음에 대한 불교의 가르침은 그저 순간순간을 알아차리고 충실히 살아서 죽음이 찾아왔을 때 아쉬운 마음이 들지 않으면 가장 좋은 삶이라고 판단하는 것으로 이해된다. 이렇게 보면 불교에서의 죽음의 문제는 결국 마음의 문제로 모두 귀결이 된다고도 말할 수 있겠다.

그러므로 죽음은 영원한 사멸이 아니고 새로운 태어남의 전 단계라는 것이다. 다음의 새로운 태어남의 방향은 지금까지 자신이 해 온 행위에 의해 결정된다. 이러한 윤회전생(輪廻轉生)적 생사관은 시간의 계기성을 기초로 하여 형성된 것이지만 그러나 또 관점을 달리해 보면, 물(H_2O)의 수성 그 자체에서 볼 때는 파도가 일어나든 사라지든[84] 아무 증감이 없는 것이다. 즉, '부증불멸(不增不滅)'이다. 이렇게 보면 파도가 일어나도 일어난 것이 아니며 사라져도 사라진 것이 아니다. 마찬가지로 모든 것이 그 자체로서 실재성이 없다는 '무아(無我)' 즉 '공(空)'이라는 관점에서 보면 생도 실재하는 것이 아니고 사 또한 실재하는 것이 아니다. 그래서 생도 없고 사도 없게 되며, 따라서 생이라 하더라도 사와 다를 것이 없고, 사라 하더라도 생과 다를 것이 없는 것이다. '생즉사 사즉생(生卽死 死卽生)'이다. 이처럼 불교의 죽음관은 '무(無)' 바로 그것이다.

04) 힌두교: 순환(循環)

힌두교의 죽음은 '순환(循環)'이다. 아시아의 여러 문화권에서는 공통적으로 최초의 신이 희생 제사를 드림으로써 우주가 태어났다고 하는 생각이 자리잡고 있다[85]. 힌두교 이전에 있었던 베다교에서 이 희생 제사는 프라자파티 신이 드린 제사를 말한다. 창조자인 동시에 파괴자이기도 한 프라자파티(Prajapati)는 '죽음'이나 '시간'과도 동일시되는데, 우주를 지탱하는 데 필요한 에너지를 피조물 안에서 찾아내기 위해 모든 피조물을 삼켜 버리는 것이 바로 이 '시간'이다. 프라자파티는 희생 제사를 집전하는 제관(祭官)이면서 제사 의식 그 자체이며 또한 제물로 바쳐지는 희생물이기도 하다. 그의 희생, 그리고 불의 제사를 드림으로써 서서히 진행되는 그의 회복은 소우주적 차원에서 '우주의 소멸과 재생'의 순환을 되풀이하는 것이라고 볼 수 있다. 전통적인 힌두교에서는 창조자로서의 프라자파티가 '브라마'로 대치된다. 이때 생명의 번식에 대응하기 위해 비로소 '죽음'의 개념이 나타나는데, 이는 생명의 끊임없는 번식이 세상을 위험에 빠뜨릴 수도 있기 때문이다. 브라마는 '죽음'이라는 이름을 가진 여신에게 우주의 존재들 사이에 공백 상태를 만들라는 명령을 내린다. 죽음의 여신은 양심의 가책을 느끼기는 하지만 결국 그 명령을 수행한다. 마찬가지로 바가바드기타[86]에서 크리슈나[87] 신도 그의 제자인 아르주나[88]에게 나타나, 인간은 언젠가는 죽어야 할 운명이므로 망설이지 말고 용사로서의 임무를 완수하라고 설득한다. 그런데 죽음의 신이자 시간의 바퀴를 돌리는 주인이며 동시에 자신이 소생시킨 세상을 파괴하는 존재로서 등장하는 신이 바로 시바[89]이다. 죽음은 비슈누 신이나 시바 신이 벌이는 '신성한 게임'이라 생각되는 우주적 과정에서 본질적인 부분처럼 보인다[90]. 그러므로 힌두교에서 말하는 인간의 죽음은 새로운 생명으로 태어날 수 있는 하나의 과정이자 기회가 된다.

　인간에게는 본질적인 '자아'가 있는데 이 자아는 생사의 순환을 초월한 존재이기 때문에 인간의 본질이 무엇인가를 깨달았을 때 죽음의 공포로부터 해방된다. 육신의 죽음은 단순한 형체의 죽음이지 본질적 자아의 죽음은 아니다. 업과 윤회 사상에 따르면 인간이 죽어 화장되면 인간의 신체는 지(地)·수(水)·화(火)·풍(風)·공간(空間)으로 되돌아가고 각자의 카르마(업보)가 저장되어 다시 생명으로 재생되는데 그 재생의 형태는 과거의 업에 따라 결정된다고 한다. 이 업보가 영혼을 다시 땅으로 내려오게 하는 줄인데 우리의 영혼이 해탈에 이르기까지 영혼을 끊임없이 윤회시킨다는 것이다. 인간은 3개의 몸(물리적인 몸, 부드러운 몸, 인과적인 몸)과 5개의 기본 요소(에너지, 공기, 물, 불, 흙)과 6개의 변화(탄생, 생존, 성장, 성숙, 노쇠, 죽음)와 3개의 실존적 상태를 갖고 있고(깨어 있음과 의식적 세계 그리고 꿈의 세계와 깊은 잠의 세계) 이 3개의 상태를 분석함으로써 참된 성격을 알 수 있다. 마지막에 인간은 죽음으로 인하여 물리적인 몸은 파괴되고 5개의 기본 요소는 흩어지게 된다. 재생은 영의 불멸성의 관념에서 오는 필연적 결과이며 재생은 카마의 법칙에 지배되고 있다고 힌두교는 설명한다. 즉, 인간은 자신의 운명을 만드는 건축가이며 어떠한 행동도 그 결과를 낳지 않는 것은 없고 씨는 뿌리는 대로 거두는 것이다. 우리의 과거는 우리의 현재를 결정하고 우리의 현재는 우리의 미래를 결정할 것이다. 인간으로 태어난 것은 큰 특권이며 죽어 가는 사람의 '마지막 생각'은 그의 마음 안의 가장 깊은 욕망을 반영하는 것이므로 죽어 가는 사람의 차생은 그의 이생에서의 '마지막 생각'에

좌우된다. 그러므로 자살은 차생에 많은 문제점을 가져다 준다.

힌두교에는 어떤 정교하게 만들어진 '신조'도 없다. 이는 죽음에 관해서도 예외가 아니다. 힌두교 내에 통일된 사상이 있다면, '카르마(업보)'에 따라 영혼이 윤회[91]한다는 정도일 것이다. 힌두교의 윤회 사상에 따르면, 사람은 '아트만(영혼)'이 한 생애에서 다른 생애로 넘어가는 과정에서 지속적으로 '환생'을 되풀이하고 있다. 출생, 죽음, 환생의 반복된 순환이 소위 '삼사라'[92]라고 보기 때문에, 힌두교에서 죽음은 그저 하나의 '순환'일 뿐이다.

'베다' 힌두교에서는 구원의 수단으로서 기도와 제사가 중요시된 데에 반해 '우파니샤드' 힌두교에서는 형이상학적 지식 혹은 깨달음이 무엇보다도 중요한 것으로 강조된다. 우주의 궁극적 실재인 브라만(梵)을 깨달으라는 것이다. 이 절대적인 브라만은 바로 나 자신의 본질이며 참된 자아(아트만, Ãtman)자체이다. 나 자신은 바로 그 브라만이 구체화된 상태로서 나는 곧 그 브라만이다[93]. 이렇게 내가 곧 브라만이요, 브라만이 나라는 사실을 모르는 것이 바로 무명(無明)이요, 이를 몸소 체득하여 깨닫는 것이 바로 해탈(解脫)이라고 본다. 아트만은 끊임없이 변화, 생성, 소멸하는 불안정한 세상인 현상계, 즉 윤회의 세계에 존재한다. 탄생, 죽음, 재탄생의 순환적 반복을 특징으로 하는 윤회의 근본은 무지(無知) 혹은 마야이며, 윤회를 지배하는 인과법칙은 '카르마'인 것이다.

힌두교의 전통을 이루는 세 번째 집단은 '헌신적' 힌두교이다. 이들은 금욕적인 생활, 명상 등의 요가 수행, 사성 제도를 비롯한 법과 의무를 충실히 수행하는 것 등 해탈에 여러 가지 방식이 있으나 이 모든 방법 중에서 가장 헌신과 경배를 통한 신애(神愛)의 방법이 최선의 방법이라고 강조한다. 헌신적 힌두교에서의 내세는 브라만의 바다로 융합이 되는 정적·추상적 행복이 아니다. 해탈된 영혼이 기독교의 천국에 필적하는 곳에서 경건한 활동의 행복한 순환에 참여하거나 죄 지은 자들이 벌을 받는 지옥 세계의 개념을 도입, 발전시켰다. 악마에 의해 고통을 받는 힌두교의 지옥에서의 고통은 그러나 기독교의 지옥 과는 다르다. 힌두교의 지옥 세계는 마지막 거주지도 아니다. 그것은 죄지은 영혼이 한정된 기간 고통을 경험하는 가톨릭교회의 연옥과 더욱 유사하다. 그 기간이 끝나면 가장 사악한 사람조차도 지옥으로부터 나와서 윤회의 순환에 다시 참여하게 된다[94]. 이렇게 힌두교의 죽음은 대부분 '순환'으로 설명할 수가 있다.

05) 사회학 등 일반 학문: 충분한 기순이 없음

그렇다면 사회학을 비롯한 세상의 일반 학문에서는 죽음을 어떻게 정의하고 있는가? 법률에는 '사망'에 대한 명확한 정의가 아예 없기 때문에 사망의 정의는 오로지 학설에만 의지하게 된다. 죽음에 대한 학설은 다음 두 가지가 있다.

첫째는 3징후설이다. 이는 예부터 내려오는 사망 인정의 통설로서, '호흡의 불가역적 정지', '심장의 불가역적 정지', '동공 확산(대광 반사의 소실)'이 3개의 징후를 가지고 사람을 사망한 것으로 여긴다. 오랜 기간 우리 사회는 폐장사(肺臟死)와 심장사(心臟死)로 죽음을 정의했다[95]. 사람이 살아 있다는 생명 징조들을 호흡, 맥박 그리고 심장이 박동하는 것으로 알 수가 있었기에 맥박이 멎고 호흡이 정지되면 일단 죽었다고 단정했다. 옛날 우리 선인들도 보드라운 솜을 코와 입

사이, 즉 인중 위에 놓고 그 솜이 움직이지 않으면 그때부터 곡을 하였다[96]. 이 폐장사와 심장사 외에 나중에 추가된 것이 자극에 대한 반응이다. 빛이나 자극(고통)에 대하여 반응을 못하면 죽었다고 확정하는 것이다. 지금도 의사들은 작은 손전등으로 주검의 눈을 비추고는 하는데 동공이 반응[97]하는지를 보는 것이다. 그 이후 체온의 저하, 굳어짐 등이 추가로 사망의 증거로 나타난다[98]. 병원에서 일반적으로 사람이 죽었다고 판단하는 관행은 심폐기능이 정지된 시점으로부터 30분간을 관찰하거나 소생술을 시행하여도 회복되지 않을 때 그 30분을 소급하여 사망 시각으로 정한다. 그로부터 24시간을 더 기다려서 법적으로 죽음 판정을 하고 있다.

그런데 이 전통적 3징후설에는 문제가 있다. 현재 의료술은 인공호흡기의 등장으로 자연적인 호흡 정지를 인위적으로 연장시킬 수가 있게 된 것이다. 또한 인공심장박동기나 심장 이식을 통해 기능이 쇠퇴했거나 정지된 심장을 대치할 수가 있게 되어 호흡이나 심장 박동 정지를 사망의 최종 지표로 인정하기 힘들게 되었다[99]. 게다가 치명적인 해석 오류들도 생각해 볼 수 있는 것이다. 예를 들면, 익사의 경우나 벼락에 맞은 경우에는 생명 현상들이 일시적으로 정지하나 곧 회복이 된다. 또 의학의 발달로 인하여 이젠 혼수상태의 식물인간[100]이 사망했느냐, 아니냐의 문제도 대두된다. 부연해 보면 다음과 같다.

i) 자극에 반응이 없는 환자가 생명보조장치에 의존하고 있는 경우에 그 장치를 떼어 내는 것[101]은 살인의 일종인가? 아니면 이미 그 환자는 죽었다고 할 수 있는가?
ii) 식물인간 상태에 있는 환자의 장기 기증을 어떻게 이해해야만 하는가?[102]

iii) 식물인간인 여성의 몸속에 태아가 자라고 있다. 아이의 분만을 위해 의학적 처치를 해야 할 경우 엄마가 죽는다면 어떻게 해야 하는가?

사망을 진단함에 있어서 위와 같은 복합적 난제 때문에 다음으로 의사들이 관심을 가지게 된 것이 두 번째 학설인 뇌사(brain death)라는 개념이다. 뇌사는 임상적으로 뇌 활동이 회복 불가능하게 비가역적으로 정지된 상태를 의미한다[103]. 뇌사 진단의 필수 전제 조건으로 급성의 심각한 비가역적 뇌 손상을 일으키는 원인이 병력, 진찰, 혈액 검사, 뇌영상 검사에서 확인되어야 한다. 또한 뇌사 상태와 비슷한 증상을 유발할 수 있는 각종 대사성 질환(저체온증, 저혈압 등)이 없어야만 한다. 이와 같은 전제 조건이 충족된 상태에서 혼수, 뇌간(숨골, 뇌줄기)에서 기원하는 모든 반사의 소실, 무호흡 증상이 모두 다 확인될 때 뇌사를 진단할 수 있다[104]. 이때 뇌의 기능에는 대뇌반구의 기능 이외에 뇌간의 기능도 포함된다. 뇌사는 사고와 판단을 맡고 있는 대뇌피질은 물론 맥박, 호흡 등 기본적인 생명 활동을 주관하는 뇌간까지 파괴돼 아예 뇌의 기능이 정지된 상태이다. 뇌간 기능이 남아 있어 인공호흡으로 장기간 생명을 연장할 수 있는 식물인간[105]과는 근본적으로 다른 개념이다. 뇌사에 빠지면 인공호흡기로 일시적인 생명 유지는 가능하나 대사 기능이 저하돼 1~2주 이내에 대부분 사망한다. 1968년 8월 호주 시드니에서 열린 제22차 세계의사회(WMA)의 시드니 선언에서 뇌사의 판정 기준이 구체적으로 제시되었는데, 다음 4가지가 충족되어야 하는 것으로 보았다.

a) 도의적으로 허용 가능한 아픔을 가하여도 반응이 전혀 없고
　　b) 모든 자발적 운동, 특히 호흡의 결여(인공호흡기를 사용 중인 경우 3분간 스위치를 끈 후 관찰)
　　c) 각종 반사 소실
　　d) 평탄뇌파

위의 기준은 세계 각국의 뇌사 판정 기준의 효시가 되었는데, 대한민국도 뇌사 판정 절차에 대하여 상세히 규정하고 있다[106]. 판정 기준을 일부 살펴보면 다음과 같다.(더 자세한 것은 미주 참조)

　　① 외부 자극에 전혀 반응이 없는 깊은 혼수상태일 것
　　② 자발호흡이 되살아날 수 없는 상태로 소실되었을 것
　　③ 두 눈의 동공이 확대, 고정되어 있을 것
　　④ 뇌간반사(腦幹反射)가 완전히 소실되어 있을 것

그런데 죽음을 판단하는 데 있어 이 뇌사마저도 사실은 문제가 있다. 죽음에 이르기까지 뇌사의 지속 기간은 보통 2주 내외 정도이지만, 어떤 임산부의 경우는 놀랍게도 2개월 이상 지속된 경우도 보고가 되었다.

위에서 장황하게 살펴보았지만, 사회학적으로 죽음을 명확히 정의하는 것은 말처럼 그리 간단치가 않다. 사실 모든 사람의 죽음에 대한 정의와 그 죽음의 의미가 다 다른 것이다. 심지어 같은 사람일지라도 그가 처한 상황과 경험 그리고 시간에 따라서 죽음의 의미는 각각

다르게 다가올 수가 있다[107]. 이 때문에 필자는 소위 '죽음의 의사'란 별호가 있는 잭 케보키언(Jack Kevorkian)[108]의 입장을 절대 지지하거나 좋아하지는 않지만, 적어도 다음과 같은 그의 주장은 일리가 있다고 본다.

"우리가 일반적으로 인정하는 사망의 기준들 중에 어느 것도 '이 사람이 정말로 죽었는가?' 라는 질문에 완전히 신뢰할 만한 충분한 답을 주는 기준은 아예 없다."

"형제들아 내가 이것을 말하노니
혈과 육은 하나님 나라를 이어받을 수 없고 또한 썩는 것은
썩지 아니하는 것을 유업으로 받지 못하느니라
보라 내가 너희에게 비밀을 말하노니 우리가 다 잠잘 것이
아니요 마지막 나팔에 순식간에 홀연히 다 변화되리니
나팔 소리가 나매 죽은 자들이 썩지 아니할 것으로 다시
살아나고 우리도 변화되리라"
(고전 15: 50-52)

02 아름다운 죽음

 이제 '아름다운 죽음'이 무엇인지를 살펴보자. 필자는 좋은(아름다운) 죽음[109]은 다음 세 가지 조건을 모두 갖추어야만 한다고 본다.
 첫 번째는 육체적으로 좋은(편안한) 죽음이다. 사람이 몸에 큰 고통이 없이 죽음을 맞이할 수 있다면 얼마나 좋겠는가? 이게 옛날 동양 어른들이 그토록 원하던 '임종의 복'이었다. 소위 유교의 다섯 가지의 복 중의 하나인 고종명(考終命)[110]은 평생을 큰 병 없이 무탈하게 지내다가 몸의 고통이 없이 임종을 맞이하는 것이다.
 두 번째 단계는 이에서 한 걸음을 더 나아가는 것으로 '몸과 더불어 마음'의 좋은 죽음이다. 최준식[111]은 그의 책에서 바람직한 죽음을 '자신의 삶을 잘 정리하고 남길 이야기를 전해 주고 가족들과도 충분하게 서로의 추억을 공유한 다음 그 가족들 속에서 편안하게 임종을 맞아하는 것'으로 설명하고 있는데 바로 이 두 번째 단계를 말함이다[112]. 이런 죽음의 예를 들어 보자. 박경리의 소설 『토지』에 등장하는 용이의 처, 월선의 죽음이 그것이다. 월선은 비록 이 땅에서 삶의 풍파가 많았지만 개인적으로는 원도 한도 없는 삶을 살았다. 김대중 전 대통령이 쓴 『토지』 독후감에는 이런 대목이 나온다. "『바람과 함께 사라지다』의 주인공 스칼렛은 서부 개척 시대를 지나온 미국식 히로인이다. 인간으로서, 여성으로서 끝없이 도전하고 쟁취하는 인물형이다. 그에 비해 『토지』의 월선이는 한국의 여인상이다. 순종형의 조선 여인이 아니라 나머지 것들을 아낌없이 버리면서도 자신이 택한 최고의 가치만큼은 타협하지 않는 '부드럽고 강한' 우리나라 여성의 이미지를 말한다." 특별히 김 전대통령은 용이와 월선의 애틋한 사랑, 특히 용이의 품에 안겨 월선이가 죽어 가는 장면에서 몇 번이나 눈물을 흘렸다고 고백을 한다. 우리도 그 장면을 한번 살펴보자.

방으로 들어간 용이는 월선을 내려다본다. 그 모습을 월선은 눈이 부신 듯[113] 올려다본다. "오실 줄 알았십니다." 월선이 옆으로 다가가 앉는다. "산판 일 끝내고 왔다." 용이는 가만히 속삭이듯 말했다. "야, 그럴 줄 알았십니다." "임자." 얼굴 가까이 얼굴을 묻는다. 그러고 떤다. 머리칼에서부터 발끝까지 사시나무 떨 듯 떨어댄다. 얼마 후 그 경련은 멎었다. "임자." "야." 가만히 이불자락을 걷고 여자를 안아 무릎 위에 올린다. 쪽에서 가느다란 은비녀가 방바닥에 떨어진다. "내 몸이 찹제?" "아니요." "우리 많이 살았다." "야." 내려다보고 올려다본다. 눈만 살아 있다. 월선의 사지는 마치 새털처럼 가볍게, 용이의 옷깃조차 잡을 힘이 없다. "니 여한이 없제?" "야. 없십니다." "그라믄 됐다. 나도 여한이 없다." 머리를 쓸어 주고 주먹만큼 작아진 얼굴에서 턱을 쓸어 주고 그리고 조용히 자리에 눕힌다. 용이 돌아와서 이틀 밤을 지탱한 월선은 정월 초이튿날 새벽에 숨을 거두었다.

군더더기 하나 없이 간결하고, 슬프지만 아름답기까지 하다. 그러나 이 단계로도 가장 좋은 죽음이라 말하면 안 된다. '영혼'의 단계가 아직 더 남아 있는 것이다. 물론 영혼의 존재를 처음부터 아예 부정하는 사람들이 있다는 것을 필자도 잘 안다. 아무리 그렇더라도 인정하지 않는 것과 존재함은 별개이다. 보이지 않는다고 공기와 바람의 존재를 부인할 수는 없는 것이다. 어떤 사람은 '영혼은 정신 활동이 아니므로 인간이 인식할 수도 없을 것'이라는 주장을 하기도 한다. 그러나 인류의 역사가 시작된 이래로 거의 모든 시대, 많은 사람들이 공통적으로 믿어 온 한 가지 사실은 인간에게는 영혼이 있다는 것이었다. 이렇게 영혼의 존재 여부 논쟁은 옛날부터 오늘날까지 끊임없이 계속되고 있으나 이런 쟁론도 사실은 큰 의미가 없다. 땅에서 사는 개미가 거대한 쇳덩어리(비행기)가 하늘을 난다는 것을 개미 일생을 노력해도 이해할 수 없는 것처럼[114], 전지(全知)하지 못한 인간에게는 인식과 이해의 한계가 분명히 존재하기 때문이다. 그러므로 이를(한계를) 인정하는 것은 '실패'가 아니라 오히려 '지혜'라고 생각한다. 윌리엄 셰익스피어의 다음과 같은 경구도 있지 않은가!

"천지간에는 자네의 철학으로 상상하는 것보다 훨씬 많은 것이 있다네."

결국 전지전능(全知全能)하신 하나님의 말씀인 성경[115]을 통하여서 영혼의 문제를 알아보는 수밖에 다른 방법은 없다는 게 필자의 최종 결론이다. 성경 몇 구절을 본다.

"몸은 죽여도 영혼은 능히 죽이지 못하는 자들을 두려워하지 말고 오직 몸과 영혼을 능히 지옥에 멸하실 수 있는 이를 두려워하라"(마 10:28)

"영혼을 거슬러 싸우는 육체의 정욕을 제어하라"(벧전 2:11)

"내 영혼아 네가 어찌하여 낙심하며 어찌하여 내 속에서 불안해 하는가 너는 하나님께 소망을 두라 그가 나타나 도우심으로 말미암아 내가 여전히 찬송하리로다"(시 42:5)

"내 영혼아 야훼를 송축하라 내 속에 있는 것들아 다 그의 거룩한 이름을 송축하라 내 영혼아 야훼를 송축하며 그의 모든 은택을 잊지 말지어다 그가 네 모든 죄악을 사하시며 네 모든 병을 고치시며 네 생명을 파멸에서 속량하시고 인자와 긍휼로 관을 씌우시며 좋은 것으로 네 소원을 만족하게 하사 네 청춘을 독수리 같이 새롭게 하시는도다"(시 103:1-5)

"할렐루야 내 영혼아 여호와를 찬양하라"(시 146편 1절)

영혼이 존재함을 알려 주는 성경 말씀이 수도 없이 많이 있지만[16], 위의 몇 말씀만 보더라도 인간의 영혼이 존재함을 분명히 알 수가 있다. 사람은 몸을 죽일 수 있어도 영혼은 능히 죽이지 못한다. 그러나 하나님은 몸과 영혼을 다 지옥에 멸하실 수 있는 분이시다. 지옥에 간 영혼은 멸절되어 없어지는 것이 아니고 하나님과 단절된 상태에서 영원한 고통 중에 있게 된다. 이것을 지옥에 멸한 것이라고 하였다. 이렇게 영혼은 엄연히 실재한다.

각론하고, 그럼 이제 마지막 세 번째로 영혼까지 아우르는 가장 좋은 죽음이란 무엇인가?[117] 좋은 죽음은 한마디로 생명이신 예수님을 구주로 영접한 자의 죽음이다. "영혼, 예수님, 하나님, 도대체 이런 것들을 어떻게 무턱대고 그냥 인정하고 믿으라는 것인가! 나는 동의하지 못하겠고 그렇게 어리석거나 약하지도 않다."라고 일부 독자들은 항변할지 모르겠다. 그러나 "(하나님을) 믿는 자는 믿지 않는 자가 알지 못하는 새로운 진실을 본 자일 뿐 아니라 훨씬 강한 자이다. … 왜냐하면 실제로 단순한 인간으로서의 조건들을 넘어섰기 때문이다."라는 프랑스 사회학자 에밀 뒤르켐의 말을 인용하면서 필자는 논의를 계속 이어 나가겠다.

18세기에서 19세기 초까지 영국과 미국에서 발행되었던 한 종교 잡지[118]에 실린 '행복한 죽음'에 관한 이야기가 있다. '행복한 죽음'이라니? "어떻게 이런 역설이 가능할까?" 하고 의아해할지는 모르겠으나 놀랍게도 '행복한 죽음'은 기독교에서 수세대를 거쳐 널리 실행되었던 '죽음 의식'의 일종이었고, 실제로 수세기 동안 실행되어 온 엄연한 교회의 산 역사이기도 했다. 하나님의 은총을 경험하고자 하는 많은 이들이 십자가에 달려 돌아가신 예수 그리스도의 죽음이 전하는 역설적인 복음에 기반을 둔 이 종교적 의식을 수행해 왔던 것이다. 이 의식을 통해 '영적 절정(spiritual high)'이라 부르는 '하나님의 은총'

을 직접 경험하게 된 그리스도인들은 죽음과 함께 다가오는 고통과 괴로움 그리고 슬픔을 초월할 수가 있었던 것이다[119]. 미국의 목회자 존 패네스틸(John Fanestil) 목사는 『헌터 부인[120]의 행복한 죽음(Mrs. Hunter's Happy Death)』이라는 그의 책에서 "육체적 죽음에 이르면서 더욱 충만한 영적 절정에 이를 수 있게 하는 것은 무엇일까?"를 줄곧 질문하고 있다[121]. 그리고 이런 죽음을 앞둔 헌터 부인의 고백을 다음과 같이 생생하게 소개한다.

"내가 누리는 은총에 감사할 따름이다. 나는 신앙 안에서 살고 있다. 그리고 내 모든 구원은 하나님께 있다. … 성령의 이끄심에 순종하면 좀 더 밝은 빛으로, 생명으로, 사랑으로 인도하여 주심을 안다. 하나님께 영광을!"

헌터 부인은 그가 남긴 일기에서 죽음을 준비하는 자신의 영적 상태를 반복하여 설명한다. 그러나 그 목소리에는 절망이나 공포가 담겨 있지 않다. 물질적인 것에 무관심했고, 하나님께 깊은 헌신의 마음을 갖고 있었으며, 겉보기에 전혀 이해할 수 없는 쾌활함을 갖추고 있었다. 객관적으로 볼 때 분명히 다른 이들의 걱정과 염려를 받아야 할 상황에서도 오히려 여전히 다른 사람을 염려하고 걱정했다고 저자는 쓰고 있다[122].

말했듯이 필자도 '호스피스'를 하면서 500여 명의 죽음을 직접 목격했다. 많은 경우 그들은 내 손을 붙잡고 죽음을 맞이했는데, 예수님을 영접한 사람의 죽음과 그렇지 않은 사람의 죽음은 너무나 달랐다. 일부는 암 통증으로 인하여 어쩔 수 없이 몸은 고통스러워했지만[123]

예수님을 영접하고 죽음을 맞이하는 그들의 영혼에는 기쁨과 평화가 넘쳤다. 어린아이[124]나 천사와 같은 모습으로 마치 깃털이 땅에 내려 앉듯 그렇게 가볍게 그리고 편안하게 천국에 착륙했다[125]. 가장 좋은 죽음을 맞이한 것이다.

어떤 이는 여기 '가장 좋은 죽음'과 앞에 예로 든 '월선의 죽음(마음과 몸만의 좋은 죽음)'이 어떤 차이가 있을까 하고 의문을 가질 수 있겠다. 그러나 이 둘은 분명 다르며 오히려 큰 차이가 있다. 창조주 하나님께서 피조물인 사람에게 태생적으로 영원을 사모하는 마음을 주셨기 때문에[126] 우리가 영생(영원한 삶)을 얻지 못했다면 좋은 죽음에 이르지 못한 것이다. 따라서 위 둘의 죽음이, 인간이 보기에 혹 같은 것으로 보였을지라도[127] 전혀 다르다. 물론, 월선의 경우가 부족하고 미진한 죽음인 것이다. 많은 사람이 좋은 죽음을 말할 때 눈에 보이는 것(죽어 가고 있는 육신의 상태나 그를 둘러싸고 있는 환경)을 가장 중요한 것(factor)으로 거론하는데, 이는 영적 지식이 부족함에서 오는 오류이다. 사실은 눈에 보이는 것보다 눈에 보이지 않는 것이 더 중요하고 영원하다. 그게 바른 진리이다[128].

결론을 내리자면, '아름다운 죽음'[129]은 다음과 같다.

아름다운 죽음 = 영혼의 랜딩 + 마음의 랜딩 + 몸의 랜딩[130]
랜딩(Landing) = 착륙

그리고 필자가 관찰한 아름다운 죽음은 다음과 같은 특징들을 보여 준다[131].

1. 만족
2. 편함[132]
3. 평안함[133]
4. 평강[134]
5. 감사
6. 기쁨[135]
7. 맑음
8. 자연스러움
9. 깨끗하고 순결함[136]
10. 빛남[137]
11. 통증이 없음(통증이 조절됨)
12. 자신과 다른 이들에게 (바람직한) 변화를 줌
13. 아름다움[138]
14. 감동이 있음
15. 따뜻함
16. 친절함
17. 부드러움
18. 웃음
19. (깃털처럼) 가벼움
20. 우아함
21. 여유가 있음
22. 많은 대화
23. 평화로움

24. 조화를 이룸

25. 존엄함(품위가 있음)

26. 성스러움(거룩함)

27. 엄숙함

28. (몸은 쇠약해지나 영적으로는) 무기력하지 않음

29. 모든 게 잘 정리됨

30. (사랑하는 많은 사람들과) 함께함

31. 사랑이 넘침

32. 착함

33. 온유함[139]

34. 삶에 큰 보람을 느낌

35. 분명한 열매가 있음

36. (생에) 집착하지 않음

37. 질서가 있음

38. 향기가 남

39. (이해할 수 없는 것에도 절대자의 뜻에) 순종함

40. 아무 걱정이 없음

41. 큰 믿음을 보임

42. (천국) 소망이 가득함

43. 모두 용서함

44. 구원의 확신이 있음

45. 간결하고 멋있는 이별 인사를 함

46. 매우 이타적임(끝까지 남을 배려함)

47. 다른 이를 축복하며 자신도 축복을 받음

48. 전혀 두려워하지 않음
49. 삶의 모든 짐을 내려놓고 모든 것을 잘 떠나보냄
50. 주변에 위로가 넘침
51. 많은 추억을 나눔
52. 연명치료를 하지 않음
53. 진솔하고 진실한 기도가 있음
54. 주변에 부담을 주지 않음
55. 용사처럼 용기가 있음
56. (절대자에 대한) 찬양이 있음
57. 영혼을 하나님께 의탁함

아름다운 착륙

03 어정쩡한 죽음

죽음의 두 번째 유형으로 '어정쩡한 죽음'이 있다. 이는 범부(凡夫)의 죽음인데, 어쩌면 이 글을 읽는 많은 독자들의 죽음일 수도 있다. 착륙하는 비행기로 예를 들면 바퀴(랜딩기어)들이 잘 내려지지 않아 [140] 불가불 비행기 동체(몸)로 착륙을 하는 경우다. 이 경우는 (죽음) 상황을 적절하게 통제하지 못하는[141], 불안하고 불안정한 죽음이다. 1925년 노벨문학상을 수상한 영국 소설가 버나드 쇼의 묘지에 쓰여 있다고 전하는, '우물쭈물하다가 내 이럴 줄 알았지[142]'의 경우이다. 준비가 잘 되지 않았는데 어쩔 수 없이 맞이하게 된 '지저분한 죽음'을 말하며, 수필가 이숭녕의 표현을 빌리면 뜻하지 않게 맞이하게 된 '너절하게 죽는' 죽음을 말한다.

'죽음'은 살아 있을 때 미리 준비해야 했음에도 그런 개념은 아예 없었고, 분명한 목적을 가지고 삶을 살지도 못했다. 공기를 가득 불어넣은 풍선을 공중에다 놓으면 향방 없이 마구 이리저리 왔다 갔다

하는 것처럼, 인생을 무가치하고 헛된 목적에 따라 이리저리 그저 바쁘게만 살아가는 사람들이 의외로 많다[143]. 이렇게 정신없이 바쁘게 살다가 막상 그에게 죽음이 닥치면 '아니야! 이건 아닌데, 절대로 아냐!' 라고 울부짖으며 크게 황망(慌忙, 마음이 몹시 급하여 당황하고 허둥지둥하는)해 하는 것이다.

생전에 잘 살고(죽음 준비를 포함한), 예수님을 잘 믿어야만 좋은 죽음을 담보한다. 여러 번 강조하지만 사람은 예수님을 믿는 믿음이 있어야만 애초부터 좋은 죽음이 가능한 것이다. 믿음은 주머니 속의 송곳처럼 뾰죽하게 결국은 드러날 수밖에는 없다. 그러므로 평소 아무리 믿음이 있는 것처럼 완벽히 위장을 했더라도 죽음 앞에 그 같은 허위는 저절로 무장해제가 될 것이다[144]. 이로써 많은 사람은 나쁜 죽음[145]이나 어정쩡한 죽음[146]의 벼랑으로 떨어지고야 만다(탈곡할 때 알곡만 남고 쭉정이는 바람에 죄 날려 가는 것이다). 평소 좋은 믿음을 가졌다고 여겼던 사람들 중에 이런 낭패를 경험할 이들이 우리 주위에 의외로 많을 것이다[147]. 비행기로 비유하면, 그들은 공중에서 아스팔트로 맨몸을 찢으면서 동체착륙을 하는 사람들이다[148]. 물론 아름다운 죽음일 리가 없다. 좋은 죽음을 죽기 위해서 평소에 잘 살아야만 한다. 평소에 잘 살아야만 잘 죽을 수가 있다. '잘 산다'는 말 속에는 죽음을 잘 준비하는 과정도 포함이 된다. 전지(全知)[149]하지 못한 인간의 시각으로 보면 잘 구분이 되지 않겠지만, 어정쩡한 죽음을 죽는 이 범주 안에 겨우(가까스로) 구원을 받아 천국에 가는 사람[150]과 그렇지 못한 사람이 공존할 수 있다. 다음 두 경우다.

하나는 겨우 구원(소위 '부끄러운 구원[151]')을 받아 가까스로 천국에 가는 경우이고, 또 하나는 예수님을 믿지 않아 비록 구원을 받지는 못했지만 이 세상을 선하고 충실하게 살다 간 (『토지』의) 월선과 같은 경우다. 이들의 차이를 어떻게 구별할 수가 있나? 사실 이 경우 그 차이점이 작아서 구별이 어려울 수도 있겠으나, 영안이 밝으면 쉽게 분별할 수 있다. 전자는 영혼을 비롯한 마음의 랜딩기어가 덜 내려온 경우이다. 후자는 조금 복잡하다. 이 경우는 심령(마음과 영혼) 중에서 비록 영혼은 준비되지 못했지만(중생[152]하지 못했지만) 세상에서 충실하고 성공적인 삶[153]을 산 까닭에 마음과 몸의 준비는 비교적 잘된 경우이다[154]. 본인은 모든 랜딩기어를 잘 내렸다고 착각할 수 있겠지만 이 경우 결단코 좋은 죽음을 담보하지 못한다. 실제로 죽음(착륙) 앞에서 큰 어려움을 겪을 수밖에 없다.[155] 죽을 때, 그의 영혼은 마치 폭풍 앞의 촛불처럼 마지막 착지가 흔들릴 수밖에 없다. 바로 이것이 일생을 착하게 산 사람들이 막상 죽음 앞에서 크게 번민하는 이유이다. 때로는 이 흔들림이 미묘하고 작아서[156] 사람들이 인지하지 못할 수 있다. 그러나 단언하지만 사람이 죽을 때까지도 '천국 가는 길'을 찾지 못했다면 아무리 이 땅에서 잘 살았다고 하더라도 절대로 실패한 것이다. 하나님이 태생적으로 영원(영생)을 사모하도록 설계한[157] 인간이기에 이게 채워지지 못하면 그 공허하고 미진한 자리를(마음을) 세상의 그 무엇으로도 대신 채울 수는 없겠기에 커다란 불안과 회한을 가질 수밖에는 없다[158].

그렇다면 위 두 경우의 어정쩡한 죽음을 좋은 죽음으로 바꾸기 위해서 무엇이 필요할까? 전자는 영과 마음이 더 자라나야만 되겠고[159], 후자는 예수 그리스도를 영접하는 것이 선행된 다음에 이후 4장(Ⅳ)에서 열거할 랜딩 매뉴얼을 따르면 되겠다.

결론으로 말하면 '어정쩡한 죽음'은 다음과 같이 말할 수 있다.

어정쩡한 죽음 1[160] = (부실한) 영혼의 랜딩 + (부실한) 마음의 랜딩 + 몸의 랜딩

어정쩡한 죽음 2 = 마음의 랜딩 + 몸의 랜딩

그리고 이 '어정쩡한 죽음'은 다음과 같은 특징들을 보여 준다.
1. 만족과 불만족이 함께 섞여 있음
2. 편하지도 불편하지도 않은 어정쩡한 상태
3. 평안과 불안 사이를 왔다 갔다 함
4. 평강과 공포 사이를 왔다 갔다 함
5. 감사와 불평이 섞여 있음
6. 기쁨과 슬픔 사이를 왔다 갔다 함
7. 회색임
8. 자연스럽지도 않고 그렇다고 아주 부자연스럽지도 않음
9. 깨끗하지도 더럽지도 않으나 분명히 순결하지는 않음
10. 빛과 어둠의 중간 상태
11. 통증 조절이 제대로 안 됨
12. 주변에 애매모호한 영향을 줌
13. 아름다움과 추함 사이를 왔다 갔다 함
14. 가끔은 감동을 주기도 함
15. 따뜻하지도 차갑지도 않음
16. 친절과 불친절 사이를 왔다 갔다 함
17. 부드러움과 딱딱함이 섞여 있음

18. 웃다가 울다가 함
19. 가볍지도 무겁지도 않은 애매한 상황
20. 우아함과 추악함 사이를 왔다 갔다 함
21. 여유가 있는 것 같기도 하고 없는 것 같기도 함
22. 의미 있는 대화가 이어지다 말다 함
23. 평화와 평화롭지 않음을 왔다 갔다 함
24. 조화와 부조화를 왔다 갔다 함
25. 존엄하지도 천박하지도 않음
26. 성스럽지도 않고 속물스럽지도 않음
27. (산처럼) 엄숙하지는 않음
28. 몸과 마음과 영혼이 대체로 무력함
29. 정리된 것도 아니고 그렇다고 아주 뒤죽박죽된 것도 아님
30. 소수의 사람과 함께함
31. 사랑이 가끔씩 나타나기도 함
32. 착하지도 악하지도 않음
33. 약간은 온유하기도 함
34. 보람과 후회 사이를 왔다 갔다 함
35. 열매가 거의 없음
36. 집착함
37. 질서와 무질서가 섞여 있음
38. 냄새가 남
39. 절대자에게 마지못해 겨우 순종하는지 마는지 함
40. 걱정을 하는 편임
41. 믿음이 있는지 없는지 잘 분간이 안 됨

42. 소망이 있는지 없는지 모름

43. 적어도 겉으로는 용서를 함

44. 구원의 확신이 왔다 갔다 함

45. 여유 없고 어설픈 이별

46. 이타적이지도 않고 그렇다고 아주 이기적이지도 않음

47. 축복했다가 말다 함

48. 여전히 두려움이 남아 있음

49. 미련이 남아 있고 삶의 짐을 어중간하게 내려놓음

50. 가끔 작은 위로가 나타나기도 함

51. 소수의 아름다운 추억이 있음

52. 적극적으로 연명치료를 거부하지 못함

53. 형식적 기도를 하기도 함

54. 주변에 상당한 부담을 줌

55. 용기가 있는 듯 보이나 내면적으로는 사실 흔들리고 있음

56. 깊은 찬양을 잘 모르며 한다고 해도 그저 형식적임

57. 마지막까지 어떤 지푸라기라도 잡으려고 애를 씀

어정쩡한 착륙

04 나쁜 죽음

세 번째로 가장 나쁜 죽음이 있다. 이 범주에 자살[161]이 포함이 되며, 이 세상을 줄곧 자기 욕심으로만 살았고[162] 전혀 죽음에 대해 준비를 못한 사람이 마지막에 경험하는 끔찍하고 공포스러운 죽음이다. 물론 필자도 20여 년 호스피스 사역을 하면서 나쁜 죽음을 목격하곤 했다. 그러나 여기에서는 그 구체적인 사례를 밝히지 않는다. 개인 명예에 관한 것이기도 하고, 틀림없이 보통 사람보다 많은 경험을 했다지만[163] 필자의 경험 역시 단편적이고 제한적일 수밖에는 없기 때문이다. 이런 이유로 나쁜 죽음을 보편적으로 설명함에 있어서 다시금 문학을 도구로 사용하겠다[164]. 이것도 유홍준이 책에서[165] 언급했던 '문학의 효용성과 위대성'일 것이다. 『토지』에서 나오는 홍이의 생모 임이네와 조준구 등의 경우를 살펴보자.

임이네는 매우 건강하고 예쁘게 생긴 여자로 자기 자신의 용모에

자만심을 가지고 있다. 남편 칠성이 최치수 살인 사건에 연루되어 처형되자 평사리를 떠나 온갖 곡절을 겪은 끝에 다시 돌아와 이용과 동거한다. 이용과의 사이에서 아들 홍이를 낳지만 이용의 사랑을 받지는 못한다. 이후 동물적이라고 할 수 있는 임이네의 생존 본능은 오로지 물질에 대한 소유욕으로 변형되어 나타난다. 용정(龍井)의 생활을 거치면서 월선의 돈을 착복하여 이자 놀이까지 벌이는 등 재산 소유에 맹목적 집착을 보인다. 그녀의 왕성한 생명력은 오로지 물질에 대한 소유욕으로 대치되어 있다. 월선에 대한 끊임없는 질투, 통포슬에서 살 때 딸 임이에게조차 먹을 것을 나누어 주지 않는 욕심, 월선이 암으로 죽자 하관 때 헛울음을 터뜨리며 월선의 재산에만 관심을 보이는, 오로지 재물에 대한 맹목적인 집착에 사로잡힌 아귀 같은 여자이다. 그녀는 진주로 돌아와 결핵성 복막염에 걸려 마지막 순간까지 죽음과 무참한 투쟁을 벌이다가 죽는다.[166] 죽음은 임이네에게 바짝 다가와 있었다. 전혀 가망이 없어진 상황에서도 삶에 대한 무서운 애착으로 병원에서 퇴원을 권유하는 아들과 며느리에게 그녀는 끔찍한 독설을 퍼붓고 있다.

"우세스럽나? 그거는 아네? 잔소리할 것 없다. 팔자에 없는 며느리, 머몰라 죽은 기이 며누리고. 아들 없는 며누리가 어디 있노? 데리고 썩 가거라! 실데없인께. 체면치레 할라고 연놈들이 애쓴다. 내 돈 가지고 너거들 체면을 세워? 흥! 퇴원? 어림없다! 송장이 돼서 나갔임 나갔지 어느 연놈들 좋은 일 시킬라꼬 내가 나가노! 똥 묻은 중우 팔 때까지 병원에 있일 낀께."[167]

그러나 허망하게도 임이네는 그리 큰소리치던 자신의 말과 다르게 건장한 남정네들에게 '달랑' 들려서 강제로 병원에서 퇴출되었고, 비록 소설에서는 나와 있지 않았지만 유기된 애완동물처럼 비참하고 외롭게 죽었을 것이다. 짐작하기에 임이네는 신이 마지막으로 그녀에게 허락한 선물(삶을 되돌아보고 관계를 바르게 정리할 금쪽같은 기회)을 '분노'로 잃어버렸을 테고, 나중에는 '발악과 분노의 힘'마저도 죽음의 공포에게 송두리째 삼키움을 당했을 게다[168]. 그럼 사랑받지 못한 임이네가 죽음 이후 가족에게 남긴 것은 무엇인가? 소설에서 아들 홍이는, 입원하던 그날 어미를 업고 병원으로 가던 길에서 어깨를 물어뜯던 이빨의 섬찟함이 아직 마음속에 남아 있는 것을 생생히 기억하고 있다. 어깻죽지에 남아 있는 아픔과 함께 말이다. 물론 회한과 고통은 당사자인 남편 이용에게는 더욱 크다. 임이가 죽은 후 용이의 심리를 소설을 통해 살펴본다.

용이는 가슴이 답답하고 고통스러웠다. 속으로 고개를 저어댔지만 임이네 죽음이 되살아난 것이다. 한번도 따뜻하게 대해 준 일이 없는 여자, 죽음은 살아남은 사람에게 회한을 남기게 마련이다. 좋지 않은 추억들을 다 떠내려보내기 위해선 임이네 생각을 말아야 하고, 그것이 그 고독하고 처참한 죽음에 대한, 불쌍한 망령에 대한 최소한의 예절이다. 임이네의 죽음은 슬픔이나 애통보다 용이에게는 충격이었다. 죽음과의 처절한 싸움, 밑바닥을 헤아릴 수 없는 절망, 죽음은 모두 그럴 것이지만 뼛골까지 스며드는 그 외로운 죽음을 용이는 도저히 잊을 수 없을 것만 같았다. 그것은 참으로 견디기 어려운 연민이었으나 임이네에 대한 기억은 언제나 절망이었고, 그 절망감은 죄의식을 몰고 오는 것이다.

이처럼 나쁜 죽음은 당사자는 말할 것도 없고, 사랑하는 가족과 이웃에게까지 가장 몹쓸 경험과 슬픔, 절망의 구렁텅이로 몰아넣는다.

『토지』에서 나오는 또 하나의 악당, 조준구의 죽음은 어떠한가? 임이네와 조준구는 평민과 양반으로 비록 신분과 형편은 달랐지만, 악한 삶의 방향과 형식은 너무도 같았다. 삶이 같았기에 죽어 가는 이들의 모습과 결말은 다시 비슷하게 맞아떨어지는 법이다. 그는 최치수의 재종형으로 최참판가의 불행한 사건을 이용하여 최치수의 재산을 사기(詐欺)로 모두 차지하지만, 간도에서 재기한 최치수의 딸 서희에게 복수를 당하여 모든 재산을 잃고 악처인 부인 홍씨와도 헤어진다. 그에게 마지막 남은 재산인 평사리 집을 원주인인 서희에게 비굴하게 굴신하며 되팔아서 그 돈으로 전당포와 고리대금업을 하며 다시 사오만 원의 재산을 모은다. 부인 홍씨가 죽은 후에는 오직 미식미복(美食美服)을 탐내며, 함께 사는 파주댁에게는 늘 욕설과 매질을 일삼는다. 이렇게 이 세상과 모든 사람에게 조그만 선행이나 가치 있는 일을 단 한 번도 한 적이 없던 조준구에게도 죽음이 찾아온다. 그는 막상 병이 들어 죽을 무렵이 되자 후안무치하게도 오래전에 구박하며 내버렸던 꼽추 아들 조병수를 찾아가서 구차한 자기 몸을 의탁한다. 효자 조병수는 어쩔 수 없이 마음의 갈등을 하면서도 악한 아버지 조준구에게 병시중과 임종을 정성껏 지켜 드리나 그에게 돌아오는 것은 마지막까지 갖은 학대와 구박이었다. 이렇게 조준구는 죽어 가는 과정에서도 아들에게 심한 정신적 학대를 하다가 짐승처럼 처절하고 고통스럽게 죽어 가고 있다[169](옷에 똥을 잔뜩 싸고서 말이다).

　조준구의 처 홍씨 역시 나쁜 죽음을 죽고 있다. 홍씨의 죽음을 목격한 이가 다음과 같이 말하고 있는데, 바로 이것이 나쁜 죽음을 죽는 이들의 맨얼굴이며 가련하고 불쌍한 그들의 슬픈 마지막 모습이 되겠다.

"사람이 그리 살다 갈 게 아니더군요. 방 안의 악취 때문에 염도 제대로 못했다 하질 않소? 살았을 때보다 죽은 형상이 더 무서웠다 했으니 짐작할 만한 얘기지요."[170]

결론적으로 말하자면 '나쁜 죽음'은 다음과 같다.

나쁜 랜딩 = 몸만의 랜딩[171]

그리고 '나쁜 죽음'은 다음과 같은 특징들을 보여 준다.
1. 불만족
2. 매우 답답하고 불편함
3. 극심한 불안
4. 평강이 전혀 없음(공포)
5. 전혀 감사하지 않음
6. 비통과 큰 슬픔
7. 탁함
8. 부자연스러움

9. 더럽고 음란함[172]

10. 깜깜함(암흑)

11. 끔찍한 통증

12. (바람직하지 못한) 변화를 줌

13. 추함

14. 전혀 감동을 주지 못함

15. 냉냉하고 차가움

16. 쌀쌀하고 냉혹함

17. 딱딱함

18. 통곡과 분노

19. 매우 무거운 상황

20. 추악함

21. 여유가 도무지 없음

22. 모든 대화가 단절됨

23. 분쟁과 다툼

24. 부조화

25. 아주 천박함

26. 속물스럽고 불경스러움

27. 엄숙하기는커녕 임종 장소가 마치 시장 바닥과 같음

28. 몸과 마음과 영혼이 몹시도 무기력함

29. 혼란스럽고 모든 게 아주 뒤죽박죽임

30. (모든 관계가 단절돼) 쓸쓸히 홀로 있음(주변 사람들에게 적어도 감정적으로는 쓰레기처럼 버려짐)

31. 전혀 사랑스럽지 못함

32. 극악함
33. 노여움[173](전혀 온유하지 않음)
34. 끊임없는 후회를 함
35. 아무 열매가 없음
36. (삶에 무서운) 집착을 보임
37. 무질서
38. 악취(惡臭)
39. 불순종함, 매사 절대자에게 소리를 지르며 발악함
40. 늘 땅이 꺼지도록 걱정만 함
41. 믿음이 없음
42. 아무 소망이 없음
43. 용서하지 못하고 끝까지 미워함[174]
44. 구원의 확신이 없음
45. 마지막 이별 인사도 제대로 하지를 못함
46. 아주 이기적임
47. 모두에게 저주를 퍼부음
48. 큰 두려움
49. 미련이 가득하고 삶의 짐을 전혀 내려놓지 못함
50. 아무런 위로가 없음
51. 회고할 아름다운 추억이 거의 없음
52. 오직 연명치료에 매달림
53. (절대자에게) 도무지 기도를 하지 않음
54. 많은 이들에게 큰 부담이 됨
55. 겁쟁이처럼 부들부들 떪

56. (절대자와 이웃을) 끊임없이 원망함
57. 결국은 아무것도 의지할 게 없어 큰 고통과 절망에 빠짐

나쁜 착륙

1) 성경은 인생의 (이륙에서 착륙까지) 기간을 보통은 70년이요, 건강해도 80년이라고 알려 준다. "우리의 수명은 칠십 년, 힘이 있으면 팔십 년이지만, 인생은 고생과 슬픔으로 가득 차 있습니다. 날아가듯 인생은 빨리 지나갑니다"(『쉬운성경』 시 90:10.)

2) 한국에서는 노인복지법 및 생활보호법에 노인을 65세 이상으로 규정하고 있으나, '환갑 청년'이 많은 현실에서 적정하지 못하다고 판단하여 본서에서는 71세 이상을 노인기로 정한다.

3) 어느 예화집에서.

4) 수단과 방법을 가리지 않고 '빨리' 그리고 '높이' 성공을 하려는 게 세상 사람의 최대, 최고 목표다.

5) 노년기 10년은 일에서 물러나서 등산을 가거나 여유가 있으면 골프나 치는 등 마냥 노는 시기가 아니다. 오히려 우리 인생에서 가장 중요한 시기(클라이맥스)라고 여겨진다. 농부로 예를 들자면 일평생 농사한 것을 거두고 선별하여 창고에 갈무리하는 시기이기 때문이다. 잘 거두지 못한다면 이때껏 땀 흘려 수고한 게 무슨 의미가 있겠는가? 때문에 10년의 노년기를 계획을 잘 세워 치열하게 살아야만 한다.

6) 사실, 죽음에 대한 이해는 세상을 살아가는 개인의 신념과 가치관의 핵심이다.(건양대학교 웰다잉융합연구회, 『지혜로운 삶을 위한 웰다잉』, 구름서재, 2016)

7) 부제가 'Beautiful Landing' 즉 '아름다운 착륙'이다. '행복한 죽음' 혹은 '좋은 죽음'을 이렇게 표현한 것이다.

8) 강유정, 『죽음, 삶의 질을 바꾸는 인생 퍼즐 한 조각』

9) 땡감이 홍시보다 먼저 떨어질 수도 있다.

10) 죽음이 가장 확실하다. 세상의 어떤 힘도 죽음의 손을 멈추게 할 수는 없다. 의술이 아무리 발달했어도 단 한 사람도 죽음에서 구원할 수는 없다. 세상에 있는 모든 돈과 권력을 다 가지고도 죽음의 때가 올 때는 단 1초도 죽음에서 벗어나게 할 수가 없다. 착함도 죽음을 막지를 못한다. 그래서 이스라엘 왕 다윗은 "죽음과 나 사이는 한 발자국 거리밖에 안 된다."라고 했다.

11) 호스피스(hospice)의 어원은 라틴어의 '호스피탈리스(hospitalis)'와 '호스피티움(hospitium)'에서 기원한다. '호스피탈리스'는 '주인'을 뜻하는 '호스페스(hospes)'와 '치료하는 병원'을 의미하는 '호스피탈(hospital)'의 복합어로서, '주인과 손님 사이의 따뜻한 마음'과 그러한 마음을 표현하는 '장소'의 뜻을 지닌 '호스피티움'이라는 어원에서 변천되어 왔다. 몽골(Mongolia) 주재 개신교 선교사인 필자는 2001년 11월부터 몽골의 수도 울란바타르에서 환우의 가정을 방문

하는(home care) 형태로 호스피스 사역을 시작했고, 2005년 6월에는 필자가 운영하는 '초원의집(Green Home Hospice Hospital, www.himongol.com)'이 몽골 최초의 독립형 호스피스 시설이 되었다.

12) 이성의 한계는 대상은 인식하지만 정작 자기 자신은 누구인지를 발견하지 못한다는 것이다(박태영). 그렇기 때문에 인간은 과학과 사회의 시스템은 발전시킬 수가 있을지 모르지만, 정작 자신의 중요 문제 중 하나인 죽음에 대해서는 바르게 알 수가 없다.

13) 누구도 지식에 의하여 실재를 붙잡을 수는 없다(썬다싱, 『실재와 종교(신·인간·자연에 관한 명상)』)

14) 사람의 영혼이 육체 중에 머물러 있는 것은 병아리가 알 속에 있는 것과 심히 흡사하다. 암탉이 알 속의 병아리에게 '알껍데기 밖에 크고 넓은 세계와 모든 과실과 여러 가지 꽃, 큰 산과 긴 강물이 있음'을 말하고 "어미 닭은 이 가운데서 살고 있으며 때가 와서 네가 껍데기를 벗고 나올 때는 이것을 볼 것이다."라고 말해도 그 알 속의 병아리는 이를 믿지 않을 것이다(썬다싱, 『그 발 앞에 엎디어』).

15) 여러 세기 동안 철학은 아무런 진보를 보지 못한 것이 명백하다. 똑같은 낡은 문제와 똑같은 낡은 해결을 새로운 형식과 말로 되풀이하고 있는 데 지나지 않는다(썬다싱).

16) 가속이기에 마음이 더 아픈 병이 바로 지매이다. 2018년 한국 보건복지부에 따르면 65세 이상 치매 환자가 무려 74만8천945명이었고, 오는 2060년에는 332만3천33명으로 4.4배 증가할 것이라고 한다(출처: 보건복지부 산하 중앙치매센터 '국제 치매정책동향 2018').

17) 그런 노인을 보았는가? 참으로 슬프고 무서운 정경이다.

18) 암성 말기 환자는 죽음을 예측이나 할 수가 있겠는데, 좀처럼 오지 않는 죽음이 더욱 큰 사회적 문제이다. 전문의들은 급속한 고령화로 인해 갈수록 증가하고 있는 비(非)암성 말기 환자의 임종 관리가 시급하다고 주장한다. 비암성 말기 질환은 말기 암 환자보다 임종 예측이 어렵고, 다양한 증상이 나타나 치료가 어려운 것이 특징이다. 세계보건기구(WHO)에서는 후천성면역결핍증(AIDS)·만성폐쇄성호흡기질환·당뇨병 만성간경화·치매·신부전증·심혈관질환·다발성경화증·파킨슨병·류마티스관절염·약제내성결핵 등을 비암성 말기 질환으로 분류해 이들 환자의 죽음의 질을 높일 것을 권고하고 있다. 비암성 말기 환자들은 연명치료보다 완화의료가 바람직하다. 완화의료는 말기 환자와 가족의 삶의 질 향상을 위한 치료로 통증이나 신체·심리사회·영적 문제를 조기에 발견, 평가와 치료를 통해 고통을 예방하고 완화시킨다. 송정윤 강동경희대병원 외과 교

수는 "죽어서 캐딜락을 탈 것이 아니라 말기 환자들이 인간적 존엄을 지키며 평화롭게 죽음을 맞을 수 있도록 개인은 물론 사회적으로 임종에 대한 인식 개선이 필요하다."라고 꼬집었다.(김치중)
19) 이시토비 고조, 『우리는 어떻게 죽음을 맞이해야 하나』
20) 사회적으로 금기시되는 일 혹은 행동을 함으로 인해 그 집단으로부터 절연되는 경우로, 관계적 죽음이다.
21) 베르나르 포르, 『동양 종교와 죽음』
22) 진리는 단순하고 쉽다. 잘 모르니 어렵게들 설명을 한다.
23) 창 23:2, 50:26, 요 8:53
24) '둘째 사망'이라고도 한다.(계 2:11, 20:14)
25) 죽음이 우리에게 부자연스러운 이유이다(필자). 그렇다고 해도 "죽음은 주권적이고 포괄적인 하나님의 계획 속에 있으며, 그 죽음을 통해 생명의 소중함을 깨닫게 하시는 하나님의 깊으신 섭리 안에 있다"(김규욱)
26) '스스로 있는 자', '나는 나다(I AM WHO I AM)'는 뜻. 하나님의 영원하심과 자존(自存)하심, 그리고 원인이 없으신 절대 유일하신 존재임을 강조하는 그분의 고유한 성호(聖號)요 영광스러운 신명(神名)이다(창 2:4; 출 3:14-15; 6:2-3). 이 '여호와'는 하나님이 사람(모세)에게 밝힌 자신의 이름이다(출 3:13-15). 유대인들은 이 '여호와'를 '아도나이(나의 주님이란 뜻)'로 읽고, 천주교에서는 '야훼'라고 읽는다.
27) 하나님은 인간을 자신의 형상과 모양을 따라 특별하게 창조하셨다. 원어적으로 보면 '하나님의 형상'이란 '하나님의 내면적인 모습'이며, '하나님의 모형'은 '하나님의 외면적인 모습'이라고 할 수 있다.(홍성인)
28) 인간의 시조이자 하나님이 창조하신 첫 사람들 이름이 아담과 하와이다.
29) 하나님께서 이 선악과를 내신 목적은 ① 이 동산의 주인은 하나님이심을 알게 하기 위함이고, ② 이 동산은 하나님의 명령을 지켜야 사는 동산임을 알게 하기 위함이고, ③ (그 외) 다른 나무들은 하나님이 허락해 주신 줄 알고 하나님께 감사하게 하기 위함이고, ④ 사람으로 하여금 하나님을 늘 기억시켜 하나님을 섬기며 살게 하기 위함이었다.(이병규)
30) 창 3:22에 보면 생명나무는 인간에게 생명을 유지시켜 준 것으로 되어 있다.(계 22:2 참조) 아담이 생명나무를 먹었더라면 그는 죽지 않았을 것이다.(워어스비 주석) 그리고 창 2:17하 "네가 (선악과를) 먹는 날에는 반드시 죽으리라". '반드시 죽으리라'이 말씀은 하나님께서 인간에게 준 절대 명령이자 인간과 맺은 최초의 행위 언약이다. 즉 이는 ① 하나님의 명령을 순종하는 것이 인간의 본분임

을 깨우쳐 주기 위한 것일 뿐 아니라 ② 역설적으로 그 말씀에 순종하면 영원히 살리라는 약속을 동시에 포함하고 있는 언약(호 6:7)이다(호크마주석).
31) 창 2:17
32) 아무리 좋은 선물이라도 강요된 것은 진정한 선물이 아니다. 하나님은 가장 좋은 것(영생)을 우리에게 주시고도 겸하여 그것을 인간 스스로 선택할 수 있는 '자유의지'를 같이 주셨다. 여호와 하나님은 인격의 하나님이시기 때문이다.
33) 사탄도 원래 하나님의 피조물이었다. 그는 천사장들 중 하나였으나 교만하여 타락함으로써 하나님을 섬기는 고귀한 신분을 박탈당하고 사탄이 되었다(사 14:12-15, 유 1:6, 벧후 2:4).
34) 창 2:17하 "네가 먹는 날에는 반드시 죽으리라". 네가 먹는 날에는(베욤 아칼레카 밈멘누), 여기서 '날' 이란 말에는 전치사(베)가 붙어 '바로 그날 안에'라는 의미도 들어 있다. 이는 명령 거부에 대한 하나님의 단호하고도 엄정한 심판의 긴급성과(필자) 확실성을 나타내고 있다(호크마주석).
35) 영혼의 죽음은 죄 때문에 하나님과 분리됨을 말한다. 하나님은 흙으로 사람을 만드시고 생기를 불어넣으셨다. 사람의 육신의 재료는 흙이다. 그래서 창 3:19 "네가 흙으로 돌아갈 때까지 얼굴에 땀을 흘려야 먹을 것을 먹으리니 네가 그것에서 취함을 입었음이라 너는 흙이니 흙으로 돌아갈 것이니라 하시니라" 하셨던 것이나. 그런데 그냥 흙이 아닌 하나님이 주신 생령을 받은 존재이나. 그러기에 이 영혼은 우리 육신 속에 살아 있는 것이다. 문제는 우리 영혼이 죄로 말미암아 죽었다는 것이다. "그는 허물과 죄로 죽었던 너희를 살리셨도다"(엡 2:1). 그런데 긍휼이 풍성하신 하나님이 우리를 사랑하신 그 큰 사랑으로 인하여 허물로 죽은 우리를 그리스도와 함께 살리셨다(너희는 은혜로 구원을 받은 것이라)(엡 2:5). 원래 우리 영혼은 살아 있는 존재인데 죄가 우리 인간에게 들어옴으로 그 죄로 말미암아 죽었었다. 즉 하나님과 관계가 단절됨으로 죽었던 것이다. 그런데 긍휼이 풍성하신 하나님이 우리를 사랑하시어 죽은 우리를 그리스도와 함께 살리셨다. 우리가 노력하고 힘써서 된 것이 아니고, 하나님의 은혜로 죽었다가 살아난 것이다. 바로 이것이 구원이다. 죄를 지은 인간의 모습은 영적 죽음, 영적 MRI 결과 죽음이라는 것을 이해함이 중요하다. 육체가 살아서 움직이는 외적 조건이 중요한 근본 문제가 아니다.(이무종)
36) 이 말씀은 하나님을 불순종하여 추방된 세상 사람들을 말한다. 하나님의 거룩한 성품이나 태도와는 상반되는 삶을 사는 자, 곧 하나님과 관계가 단절되어 있고 본질적으로 하나님을 대적하는 자(시 1:4)나 하나님의 권위를 무시하고 그 말씀을 순종치 않는 모든 존재를 가리킨다.

37) 영적으로 죽은 세상 사람들 중 이후 예수님을 구주로 영접하는 사람은 분리되었던 하나님과 화해가 일어남으로써 그의 영이 즉시 살아난다. 하나님은 생명 그 자체이시기 때문이다.
38) 이 약속은 하나님과 인간 사이의 언약을 말한다. 이와 같이 하나님께서는 언약을 세우시고 그 언약대로 실천하신다. '여호와'라는 이름도 '언약대로 구원하시는 신'이라는 뜻이다. 천지는 없어지고 변할지언정 하나님의 언약은 일점 일획도 변함없이 그대로 다 이루어진다.
39) 창 2:17. 생명은 하나님께로부터 오는 것이다. 하나님이 생명의 근원이시다. 범죄함으로 생명의 근원이신 하나님으로부터 분리됨으로써 사람은 영적으로는 즉시 죽었으나 육신적으로는 자신의 자원을 가지고 한시적으로 살다가 죽게 된다. 한시적으로 산다는 것은 무슨 말인가? 마치 심해에 내려간 잠수부에게 모선(母船)으로부터 산소 공급 파이프가 끊어지는 사고가 생긴다면 기필코 사망에 이르게 되겠지만 그 즉시는 죽지 않고 전에 공급받은 산소를 가지고 아주 잠깐 동안이나마 생존할 수 있는 것과도 같다. 하나님으로부터 분리된 인간의 육체도 한시적으로 이 땅에서 살다가 곧 죽게 된다. 창 2:17은 행위 언약이다. 이 언약은 하나님과 인류의 대표인 아담과 세우신 언약인데 선악과를 두고 하신 것이다. 사람이 그 금단의 명령을 지키면 살고 지키지 않으면 죽는다는 것이다. 아담은 이 언약을 어겼으므로 하나님께서 언약대로 영혼은 즉시 죽이셨고, 육신도 잠시 후에 죽게 하셨다.
40) 여호와 하나님이 흙으로 사람을 만드시고 코에 생기를 불어넣으심으로(작동하기 전인 새 컴퓨터에 전기를 공급하듯이) 생령('Living being', 생명을 가진 살아 있는 존재)이 되었다(몸 안에 있는 영이 살게 하셨다). 사람이 죽으면(몸과 영혼이 분리가 되면) 몸은 원래대로(재료대로) 흙이 되지만 영혼은 하나님께 간다. 이와 같이 몸과 영혼이 분리되는 것을 일반적으로 우리는 '죽음'이라고 부르고 있다.
41) 하나님의 속성 중에서 하나님이 인간과 공유하시는 성품(물론 그럴더라도 인간의 것은 유한하고 피동적인 반면 하나님의 것은 무한하고 완전함)이 있다. 예를 들어 보면 다음과 같다. 하나님은 거룩하시다(레 22:32; 시 22:3; 요 17:11), 의로우시다(사 56:1; 빌 3:9), 공의로우시다(습 3:5; 행 17:31), 선하시다(출 33:19; 시 119:68), 진실하시다(출 34:6; 시 146:6), 사랑이시다(삼하 12:24; 요일 3:1), 노하기를 더디 하신다(시 86:15; 욜 2:13), 불의함이나 치우침이 없으시다(대하 19:7) 등이다. 이들 중 대표적인 하나님의 성품을 '공의'와 '사랑'이라고 말할 수 있다.
42) 궁휼(矜恤, mercy)이란 '다정히 사랑하며 측은히 여김(시 25:6)', '불쌍히 여겨 동정함(pity)'의 뜻이다. 상대방에 대한 불붙는 마음으로, 있는 그대로 상대를

받아 주고 은혜를 베풂(눅 1:54)의 의미가 있다. 이 말은 택한 백성과 맺은 언약에 기초한 하나님의 사랑을 나타낼 때 주로 사용된다. 특히 호세아 선지자는 택한 백성을 향한 하나님의 사랑을 '긍휼'의 차원에서 다루고 있다.(『라이프성경사전』)

43) 예수님은 모든 인간의 죄를 갚으시기 위하여 십자가에서 대신 죽으셔야만 했다. 이를 대속(代贖, redemption)이라고 한다. 궁극적으로는, 예수께서 십자가의 보혈로 죄인들의 죄를 대신 감당하시고 구원하신 일을 말한다.

44) 요 20:27에서 예수님은 "영은 살과 뼈가 없으나 나는 있으니 만져 보고 믿으라"고 하셨다. 이처럼 부활체는 살과 뼈가 있는 신령한 몸이다. 부활 후에 예수께서 열한 사도와 제자들이 함께 모여 있는 곳에 친히 나타나셨다. 예수님의 부활체는 시공(時空)을 초월(超越)하는 신령한 몸이므로 문을 열지 않고 들어오시기도 하고 나가기도 하신다. 또 사람의 눈에 보이게도 하시고 보이지 않게도 하신다. 그러므로 예수께서 모여 있는 자들에게 문을 열지 않고 들어가서 "너희에게 평강이 있을지어다"라고 말씀하신 것이다. 그리고 눅 24:41-43에 보면 제자들이 부활하신 주님을 보고 너무 기쁜 나머지 오히려 믿지 못하고 반신반의하였으므로 예수께서 그들에게 더 확실한 증거를 주기 위하여 구운 생선 한 토막을 잡수시고 있다("저희가 너무 기쁘므로 오히려 믿지 못하고 기이히 여길 때에 이르시되 무슨 먹을 것이 있느냐 하시니 이에 구운 생선 한 토막을 드리매 받으사 그 앞에서 잡수시더라"). 영은 음식을 먹을 수 없으나 부활체는 음식을 먹을 수 있다. 또한 영원히 먹지 않을 수도 있다. 그리고 부활체는 시공의 제한을 받지 않으며 빛보다 빨리 왕래할 수 있다. 이처럼 예수님의 부활의 몸은 사람으로는 상상할 수 없으리만큼 너무 좋은 몸이다(이병규 목사). 예수님이 성도들의 첫 열매가 되시므로 성도들도 부활 시에 이런 몸을 소유할 것이다.

45) 사실 성령님이 도와주셔야(은혜를 주셔야) 예수님도 믿어진다.

46) 하나님은 인격의 하나님이시기 때문에 그렇다. 아무리 좋은 것이라도 강제하는 것은 진정한 사랑이 아니며 바르지 않다.

47) 예수님이 하나님의 아들이심과 예수님의 십자가(죽음)와 부활(생명)을 믿는 것, 바로 이것이 정확히 예수를 믿는 것이다. 모든 사람이 이를 믿음으로 천국에 간다. 그런데 이 믿음은 하나님의 선물이 된다. 사람이 먼저 예수님을 믿는 것 같지만, 사실은 하나님이 믿게 해 주셔야만 사람이 예수님을 믿을 수가 있다. 이 땅에 사는 동안(오직 이 동안에만 기회가 주어진다) 사람이 예수님을 믿지 않으면 지옥에 간다. 하나님이 주신 사랑의 호의(기회)를 스스로 끝까지 거부하였기 때문이다. 그런데 그 믿음을 주시는 분도 하나님이시라는 것이다. 이게 성경의 가르

침이다. 얼핏 보아도 모순처럼 보인다. 사람들이 도저히 이를 이해할 수 없기에 비논리적이라고도 말할 수가 있다. 그러나 많은 경우 성경은 인간의 논리와 이성을 뛰어 넘어서(구구한 설명도 생략을 한다. 사실 설명을 한다고 해도 도저히 인간은 이를 이해할 수가 없다.) 그냥 진리를 선포한다. 그래도 이게 진리(眞理)다.

48) 하나님의 예정과 인간의 자유의지의 관계는 하나의 신비이다. 어떤 이가 많은 문들 중에서 하나의 문을 (자유의지로) 선택해서 열고 나갔더니 이미 그 문 뒤에는 그의 이름이 쓰여져 있었다(예정). 누군가는 이렇게도 이 둘을 설명 하는데 이마저도 충분하지 않다(필자). 우리 인간의 생각과 지혜를 초월하기에 신비라고 부르는 것이다. 결국 이는 '하나님의 주권적인 작정과 예정' 안에 '종속적 자유의지' 로 이해해야만 한다. 범사가 하나님의 뜻의 실현이며, 그 가운데 인간의 의지는 그 뜻의 실현에 매여 있는 것이다. 예컨대 창 13:9-12에 잘 나타나 있는 대로 롯이 자신의 자유의지대로 가나안 동편 땅(즉, 요단 온 지역)을 선택하는 것처럼 보여도 그것은 하나님의 주권적인 계획을 이루는 과정일 뿐이다. 그래야 아브라함이 약속의 땅, 가나안 땅으로 가게 된다. 즉 이미 정해진 대로 된다는 것이다. 이런 의미에서 인간의 의지는 결코 철학에서 말하는 '자율적인 자유의지' 가 아니라 하나님의 주권에 매여 있는 '종속적인 자유의지' 이다(김규욱).

49) 예수 믿는다는 것은 예수님을 '영접' 한다는 것이다. 예수님을 (인격적으로) 영접하려면 진실한 마음으로 하나님께 기도하면 된다. 기도는 하나님께 아뢰는 것으로, 누구든지(그 아무리 흉악한 살인자와 같은 죄인이라도) 진실한 마음으로 영접 기도를 하면 예수님이 우리(마음) 안에 들어오신다. 즉시 들어오셔서 영(성령님)으로 영원히 거하시며 우리는 하나님의 자녀가 되고 영생을 소유하게 된다. 독자는 지금 예수님을 구세주로 영접하고 싶은가?(예수님을 믿고 싶은가?) 다음이 예수님을 영접하는 기도문이다. "하나님 아버지, 지금까지 저의 인생을 제가 주인되어 살아왔습니다. 용서해 주옵소서. 이제 제 마음의 문을 열고 예수 그리스도를 생명의 구세주요, 저의 주인으로 영접합니다. 하나님의 아들 예수 그리스도께서 제 죄를 사하시려고 십자가에 못 박혀 죽으시고 사흘 만에 부활하셨음을 믿습니다. 그리고 이를 마음으로 믿고 입으로 고백하는 모든 자의 죄를 씻어 주시고 영원한 생명을 주심을 믿습니다. 이제부터 저도 하나님의 거룩한 백성으로 살겠습니다. 이 모든 것을 감사드리오며 예수님의 이름으로 기도합니다. 아멘"

50) 심판은 신자의 심판(상급 심판)과 불신자의 심판(영벌 심판) 두 가지가 있다. 여기서는 신자에게는 영벌 심판이 없다는 말이다.

51) 영적으로 살아나는 것이다. 한국 주재 미국 대사관으로부터 미국 시민권을 전달받은 사람은 바로 그때부터, 비록 몸은 한국에 살고 있다고 하더라도 미국 시

민권자로 이미 신분이 바뀐 것이다. 불신자가 예수님을 영접하는 순간 그는 이 땅에 살더라도 천국 시민권을 얻었다. 이것이 하나님의 말씀, 성경의 약속이다. "내가 진실로 진실로 너희에게 이르노니 내 말을 듣고 또 나 보내신 이를 믿는 자는 영생을 얻었고 심판에 이르지 아니하나니 사망에서 생명으로 옮겼느니라"(요 5:24). "내(예수님) 말을 듣고 또 나 보내신 이(성부 하나님)를 믿는 자는 ① 영생을 얻었고 ② 심판에 이르지 아니하나니 ③ 사망에서 생명으로 옮겼느니라."고 했다. 여기에 예수 그리스도를 믿는 자에게 주어진 ① 현재의 약속은 '영생'을 얻었고, ② 미래의 약속은 '심판'에 이르지 아니하며, ③ 과거에 대한 약속은 '사망에서 생명'으로 옮겼다고 했다. 이 말씀을 『NIV 영어성경』으로 살펴보면 의미가 더 확실히 다가온다. "I tell you the truth, whoever hears my word and believes him who sent me has eternal life and will not be condemned; he has crossed over from death to life." 여기서 'has crossed'는 'have+p.p.'인 현재완료(現在完了) 용법이다. 이는 현재의 동작, 현상, 행위 등이 이미 실현되었음을 나타내는 시제이므로 성도는 죽음에서 생명으로 이미 옮겨졌다는 표현인 것이다.

52) 영생의 본질적인 의미는 시간적 개념으로 영원히 사는 것만을 의미하지 않는다. 만약 그렇다면 지옥에서의 삶도 영생이라 할 것이다. 영생의 본질적인 의미는 삶의 질이 바뀌는 것, 즉 하나님과 떨어져 살던 사람이 하나님과 붙어서 사는 삶을 말한다. 그러므로 영생은 이 땅을 떠나면서부터 얻어지는 것이 아니라 (예수님을 영접하는) 이 땅에서부터 얻는 것이다(원주희).

53) 예방 주사를 맞을 때만 해도 그렇지 않은가? 접종이 주는 유익함을 잘 알고 있기에 기꺼이 팔을 내밀어 주사는 맞지만, 주사를 맞을 때의 긴장과 불유쾌함은 어쩔 수가 없다. '부활'을 꽃이 피고 따뜻한 완전한 봄날이라고 비유를 한다면, 이 땅에 살고 있는 그리스도인들은 (비록 예수님을 영접해서 이미 영생을 얻었지만) 죽음이라는 문을 열고 천국에 가기 전에 있기 때문에 아직은 '시린 겨울바람이 남아 있는 봄날'에 살고 있는 것이다.

54) 이화여대 총장을 역임한 김활란을 보라. 그녀는 자신이 죽는 날을 오히려 축하해 달라고 했다. 김활란의 유언은 "인간의 생명이란 불멸하여 육체가 없어지더라도 죽은 사람이 아니므로, 장례식 대신 화려한 승리의 길로 환송해 주는 환송 예배를 해 주기 바란다."는, 영혼불멸적인 사상이 담긴 유언이었다. 그리하여 그녀의 장례는 대한민국 최초로 음악회로 치러졌다. 그녀뿐만이 아니라 많은 크리스천들은 자신의 죽음을 축제로 여긴다.

55) '성도(聖徒, saint)'란 그리스도를 믿고 하나님의 자녀가 되어 속된 세상에서 거

룩한 하나님의 공동체 일원으로 부름받은 자들이라는 뜻이다. 예수를 구주로 믿는 그리스도교 신앙을 가진 사람이라는 의미를 가진 '신자(信者, believer)'와 흔히 병용이 된다.
56) 이 세상 쪽에서 바라보면 '죽음의 문' 이지만 천국 쪽에서 바라보면 '천국의 문' 이다. 필자는 천국 문(죽음 문)이 열리면 먼저 주님이 보고 싶다. 그리고 육신의 할머니 김성녀 집사님도 보고 싶다.
57) 형제들아 자는 자들에 관하여는 너희가 알지 못함을 우리가 원하지 아니하노니 이는 소망 없는 다른 이와 같이 슬퍼하지 않게 하려 함이라 우리가 예수께서 죽으셨다가 다시 살아나심을 믿을진대 이와 같이 예수 안에서 자는 자들도 하나님이 그와 함께 데리고 오시리라 우리가 주의 말씀으로 너희에게 이것을 말하노니 주께서 강림하실 때까지 우리 살아 남아 있는 자도 자는 자보다 결코 앞서지 못하리라 주께서 호령과 천사장의 소리와 하나님의 나팔 소리로 친히 하늘로부터 강림하시리니 그리스도 안에서 죽은 자들이 먼저 일어나고 그 후에 우리 살아 남은 자들도 그들과 함께 구름 속으로 끌어 올려 공중에서 주를 영접하게 하시리니 그리하여 우리가 항상 주와 함께 있으리라 그러므로 이러한 말로 서로 위로하라 (살전 4:13-18)
58) 박형룡 목사(1897-1978), 1916년 평안북도 선천의 신성중학교를 졸업했다. 1920년 평양의 숭실대학교, 1923년 중국 난징(南京)의 금릉(金陵)대학을 거쳐 1926년 미국 뉴저지의 프린스턴신학교에서 신학석사 학위를, 이듬해 미국 켄터키주 루이스빌의 남침례교신학교에서 기독교변증학으로 철학박사 학위를 취득했다. 1927년 귀국하여 평양 산정현교회에서 목사 안수를 받았다. 1931년 평양 장로회신학교에 교수로 취임하여 기독교변증학을 강의했다. 이후 장로회 총회의 '표준성서주석위원회' 위원장, 만주 동북신학교 교장, 부산 고려신학교교장, 서울 장로회신학교 교장 등을 역임하다가 1951년 대구 총회신학교에 부임하여 1972년 2월 퇴직했다. 그는 한국 교회의 정통적인 보수주의 교리와 개혁주의 신학을 체계화했는데, 그의 신학은 '청교도적 개혁주의 개혁신학'이라고 평가된다. 저서에 『신학난제선평 神學難題選評』・『교의신학 敎義神學』・『비교종교학』 등을 비롯한 다수의 논저가 있고, 1977년 『박형룡박사전집』(전 14권)을 출간했다.
59) 필자가 가장 좋아하는 '글' 중의 하나로 아마 100번도 넘게 설교에 인용하였을 것이다.
60) 일에 어두움
61) 박형룡, 『교의신학』(내세론)
62) 인간에게 예수님을 영접할 기회는 이 세상을 살 동안에만 주어진다.

63) 지옥에 가 있던 죽은 불신자의 영혼도 예수님이 재림할 때에 형벌(멸망)의 심판을 받기 위하여 그의 몸과 연합하게 된다. 박형룡,『교의신학』(내세론)
64) 예수 믿는 신자들에게는 이 죽음이 없다.
65) 계 2:11, 20:14, 21:8
66) 죽음은 예수를 믿지 않는 자에게도 새로운 출발이 된다. 다만 그들 앞에는 영벌, 즉 지옥으로 가는 새 출발이 기다리고 있다.
67) 하나님 여호와는 자신의 영원한 생명과 은혜를 이 땅에서 배워 경외하게 하시려고 이 땅에 죽음과 생명의 과정을 허락하셨다. 말하자면 죽음도 생명도 하나님의 영광을 드러내시고 인간으로 하여금 진리되신 하나님을 깨닫게 하시는 방편인 셈이다. 하나님은 에덴동산을 창설하시고 그곳에 '선악을 알게 하는 나무'와 '생명 나무'를 만드셨다. 하나님은 전능하셔서 얼마든지 에덴동산에 시험이 존재치 않게 하시고 그곳을 영원한 천국으로 바로 만들 수 있다. 그러나 하나님께서는 그렇게 하지 않으신다. 즉 이 땅의 하나님을 알게 하시려는 교육적인 섭리를 하신 것이다. 하나님께서는 먹으면 죽게 되는 나무, 즉 선악을 알게 하는 나무를 주시고 그 반대적 의미를 가진 나무로서 먹으면 영생하는 생명 나무를 만드셨다. 죽음을 통과하게 하신 것은 생명이 얼마나 소중한 것임을 알게 하시려는 것이다. 탕자가 아버지 집을 떠나 보고 나서 아버지 집이 얼마나 소중한 것을 알게 된 것과 같다. 이것은 깊으신 하나님의 섭리였다. 이담은 히나님의 명령을 어기고 선악을 알게 하는 나무의 열매를 먹고 죽음에 이른다. 이것이 '영적인 죽음'이고, 이로 말미암아 인간은 육체를 입는다.(창 6:3) 그 후 육체는 제한된 시간을 살아가다가 '육체의 죽음'을 맞이하게 된다. 이것이 일반적으로 말하는 죽음이다. 아담은 타락 이후 육체를 입고 하나님과 분리되어 육체의 욕망, 즉 죄의 종 노릇하면서 살아가게 된다. 무엇을 하여도 자기중심이고, 하나님의 영광이 아니라 자기 영광을 추구한다. 사탄의 지배 속에 죄의 종으로 살아간다. 그래서 모든 인간은 보이는 것만을 전부로 간주하여 보이지 않는 하나님과 그의 나라를 결코 알지 못한다. 이처럼 죄와 허물로 죽었던 인생을 하나님의 은혜로 불러 하나님의 자녀로 삼으신다. 하나님은 당신의 영원한 작정하심대로 예수를 영생의 구원자로 보내시고 거저 은혜로 택한 백성을 구원하신다. 이를 통해 영원한 하나님의 은혜의 영광을 찬미하게 하시려는 것이다. 요컨대 불순종 가운데 두신 것은 하나님의 긍휼을 알게 하시려는 것이다. 아담이 타락한 이후 모든 인간은 죄와 사망의 종 노릇 하기 때문에 결코 스스로 영적인 죽음과 그로 말미암는 육체의 죽음의 문제를 해결할 수가 없다(김규욱 목사).
68) 초경험적(超經驗的)인 것의 존재나 본질은 인식 불가능하다고 하는 철학의 입장.

69) 김용옥, 『논어강의』
70) 김용옥, 『논어강의』
71) 안도현, 『삶과 죽음 이야기』
72) 『중국철학사』의 저자.
73) 사실, 공자가 조상을 제사하는 문제에 대하여 어떻게 생각하였는가? 공자는 『논어』에서 백성의 생명과 죽음에 관심을 기울이는 일이 국가의 목표라고 말했다. 공자의 기본적인 입장은 '부모(조상)가 살아 있을 때는 예로써 모시고 돌아가시면 예로써 장사하고 (장사한 후에는) 예로써 제사를 지내야 한다(生 事之以禮 死 葬之以禮 祭之以禮)'는 것이다. 공자는 또한 '자기 귀신이 아닌데 제사하는 것은 아첨이다(非其鬼而祭之 諂也)'라고도 하였다. '자기 귀신'이라는 것은 '자신이 섬겨야 할 귀신'으로서 부모나 조상을 뜻한다.
74) 이용주, 『죽음의 정치학(유교의 죽음 이해)』
75) 안도현, 『삶과 죽음 이야기』
76) 기의 발산을 말한다. 특별히 차생의 영생을 추구하는 도교는 기화를 막음으로써 현재의 몸으로 영구히 존속함(物而不化)을 믿는다. 그러나 영혼을 실체시하는 불교는 차생을 고(苦)로 단정하고, 이 고계를 벗어남으로써 윤회도 벗어나 적멸세계에서 왕생하면 다시는 고계에 귀환하지 않는다고 믿는다. 이렇게 불교와 도교는 서로의 입장을 달리하고 있다. 그러나 유교의 입장에서는 양자는 다 진리를 잃은 것이라고 비판한다.
77) 배영기, 『죽음에서 찾는 영원과 삶』
78) 옛 사람들은 죽음을 어떻게 생각했을까? 사람에게는 넋이 있다. 넋은 음양(陰陽)의 기운이 뭉쳐진 것이다. 이를 달리 '혼백(魂魄)'이라고 한다. '혼(魂)'은 양(陽)의 기운이고, '백(魄)'은 음(陰)의 기운이다. 사람이 죽으면 혼백이 육체를 떠난다. 이 때 양의 기운인 혼은 하늘로 올라가고, 땅의 기운인 백은 땅으로 흩어진다. 이렇게 혼이 하늘로 날아가고[飛], 백이 땅으로 흩어진[散] 것을 '혼비백산(魂飛魄散)'이라고 한다. 너무 놀랐다는 뜻으로 흔히 쓰는 혼비백산이란 말은 사실은 '죽을 뻔하였다'는 말이다.[네이버 지식백과] '죽음에 대한 옛 사람의 생각'(『살아있는 한자 교과서』, 정민, 박수밀, 박동욱, 강민경)
79) 이용주, 『죽음의 정치학(유교의 죽음 이해)』
80) 사물에 붙여진 실답지 않은 헛된 이름.
81) 아미타불의 정토, 곧 극락세계를 말한다. 아미타경에 '여기서 10만억 국토를 지나서 한 세계가 있으니, 이름을 극락이라 한다'고 한 데서 나온 말이다. 아미타불은 대승 불교(大乘佛敎)인 정토교(淨土敎)의 중심을 이루는 부처이다.

82) 僧. 理覺 (네이버 카페 '혜안')
83) 법정(法頂, 속명 박재철(朴在喆). 1932~2010)은 한국의 승려이자 수필가이다. 무소유(無所有)의 정신으로 많이 알려져 있으며 수십 권의 저서를 통해 자신의 철학을 세상에 전파해 왔다.
84) 불교에서는 존재에 대해 흔히 파도의 비유를 들어 설명하곤 한다.
85) 베르나르 포르(1948~). 프랑스 태생의 미국 불교학자. 정치학과 종교학을 전공했으며 파리대학에서 불교 연구로 박사 학위를 받았다. 1988년부터 스텐포드대학 종교학과 교수로 있으며 스텐포드 불교연구소 소장을 역임하고 있다. 현재 가장 뛰어나고 창의적인 선불교 연구자로 인정받고 있다.
86) '성스러운 신에 대한 기타(가송(歌頌)'라는 뜻이며, 기원전 2세기에서 기원후 5세기 사이에 성립된 것으로 여겨진다.
87) 크리슈나(Krishna)는 힌두교 서사시 '마하바라타'의 영웅이다. 비슈누의 여러 화신 중 하나로 여겨진다. 크리슈나는 아수데바와 데바키의 아들로 태어났다. 폭군 캄사의 탄압을 피해 유목 집안에서 길러졌다. 장성하여 고향으로 돌아와 캄사를 물리치고 새 땅으로 가서 왕국을 세웠다. 전쟁이 일어나면 지혜로운 태도를 보여 주었다. 이후 왕실 내부에 분쟁이 일어나 크리슈나의 직계 가족들이 희생되었다. 실망한 크리슈나가 숲속에 들어갔는데 사냥꾼이 사슴으로 오해함으로써 크리슈니는 오발시(誤發矢)를 맞고 세상을 떠났다.(위키백과)
88) '마하바라타'에 나오는 판다바 5형제 중 셋째로 사실상의 주인공. '아르주나'라는 이름은 '빛나는 혹은 은빛의 이(사람)'라는 뜻이라고 한다.
89) 힌두교의 삼주신(三主神)의 하나. 파괴 및 생식의 신으로, 과거·현재·미래를 투시하는 3개의 눈이 있고 목에 뱀과 송장의 뼈를 감은 모습임. 특히 시바파(派)의 주신(主神)이며 불교에서는 대자재천(大自在天)으로 부른다.
90) 베르나르 포르, 『동양 종교와 죽음』
91) 한국에서는 힌두교와 불교에서 모두 '윤회'라는 한 단어로 표현하는데 그 뜻을 정확히 이야기하자면 다르다. 즉, 불교는 '재생'이고 힌두교는 '환생'이 맞다.
92) 윤회. 문자적으로는 '방랑'을 의미함.
93) 이를 산스크리스트어로 '탓트밤아시(tattvam asi)'라고 표현하고 한문으로는 '범아일여(梵我一如)'라고 한다.
94) 이이정, 『죽음학 총론』
95) 먼저 호흡이 그치고 이어서 심장이 기능을 정지한 경우를 폐장사(肺臟死)라고 한다면, 반대로 심장이 쇠약해서 심동(心動)이 그치고 이어 호흡이 정지한 경우를 심장사(心臟死)라고 한다.

96) 소위 '속굉(屬紘)' 또는 '속광(屬纊)'이라는 절차이다.
97) 동공 반응 검사 시에는 동공의 크기와 모양, 양쪽의 동질성 등을 관찰한다. 빛을 비추었을 때의 반응, 순간적으로 동공이 수축하는지, 서서히 수축하는지, 빛을 비추고 있는 상태에서도 다시 동공이 산대되는지를 본다. 정상적인 동공의 크기는 2~6mm이다.
98) 호흡과 심장이 멎고 나면 여러 가지 현상들이 뒤따른다. 피부는 바람이 빠지듯이 쪼그라들었다가 다시 적당히 부풀어 오르고, 하얗게 변했다가 천천히 검어진다. 동공은 풀어지고 마지막까지 죄고 있던 괄약근이 풀리면서 변이 나오며 고약한 냄새를 풍긴다.
99) 이이정, 『죽음학총론』
100) 식물인간 상태(vegetative state)는 심장 정지 등의 원인에 의해 심한 저산소성 뇌 손상을 받은 환자들이 깊은 혼수상태에 빠졌다가 지속적으로 생존하는 경우를 말한다. 정의에 따라 다르지만 대략 1~3개월 이상 식물인간 상태가 지속되면 이를 지속식물상태(persistent vegetative state)라고 한다.
101) 다음과 같은 엄격한 조건과 사정하에서는 인위적 생명연장장치를 제거하는 행위를 비난하기는 어렵다고 본다.
① 회복이 불가능한 말기 환자로 죽음이 임박한 경우가 명백하여야 한다.
② 죽음을 무의미하게 연장시키는 생명연장장치를 원치 않는다는 의사를 환자가 서면으로 밝혀야 한다. 이 두 가지 조건이 충족되면 수액 공급 등의 최소한의 일반적 치료(수액 외에 보통 코로 산소와 영양을 준다)만 하면서 자연적 경과를 밟도록 할 수 있을 것이다. 환자가 의식불명에 빠져 자신의 현재 의사를 밝힐 수 없는 경우에는 좀 다르다. 환자가 생전에 그 같은 의사를 밝혔거나 환자 가족이 다른 불순한 동기 없이 환자를 위해 내린 결정인 경우이어야만 하고 환자 가족 2인 이상의 동의가 있어야 한다. 환자의 평소 의사를 확인할 수 없을 때는 가족 전원의 견해가 모두 일치해야만 한다.
③ 생명연장장치를 계속 사용하는 것이 환자 가족들이나 사회적으로 감당하기 힘든 경제적 부담이 되는 경우이어야 한다.
102) 식물인간 상태와 뇌사는 다르다. 뇌사 판정이 내려지면 이는 뇌의 기능이 회복될 수 없다는 것을 의미한다. 뇌사 환자의 경우 장기를 타인에게 이식할 수 있다. 그러나 식물인간 상태는 드물지만 상당 기간이 경과한 후에도 의식을 부분적으로 회복하는 경우가 보고되고 있기에 장기 기증이 불가하다.
103) 사람들은 흔히 뇌사(brain death)와 식물인간(植物人間; Persistent Vegetative State)을 혼동하는 경우가 많다. 뇌사는 뇌의 기능이 완전히 정지된 상태이고, 적

어도 뇌의 일부분은 살아 있다는 점에서(대뇌만 죽음) 식물인간은 뇌사와는 구별된다. 식물인간의 원인은 다양한데 보통 뇌경색, 뇌출혈, 뇌졸중과 같은 뇌혈관 질환이 그 원인일 수 있고 또 저산소성 뇌 손상도 그 원인이 될 수 있다.
104) 서울대학교병원 제공
105) 인간에게는 운동, 감각, 정신 작용의 동물성 기능과 소화 흡수, 호흡, 배설, 혈액 순환의 식물성 기능이 있다. 이 중 동물성 기능이 정지되고 식물성 기능만 가능한 상태의 환자를 식물인간이라고 한다. 인공 호흡기를 쓰지 않으면 살 수 없는 뇌사와는 구분된다.(유성호, 『나는 매주 시체를 보러 간다』)
106) 한국은 '장기 이식에 관한 법률 및 시행령'에서 뇌사 판정 절차에 대해 상세히 규정하고 있다.(장기 이식에 관한 법률 제16조 2항 관련)

1. 6세 이상인 자에 대한 뇌사 판정 기준
   다음의 선행 조건 및 판정 기준에 모두 적합하여야 한다.
   1) 선행 조건
      ① 원인 질환이 확실하고 치료될 가능성이 없는 기질적(器質的)인 뇌병변(腦病變)이 있어야 할 것
      ② 깊은 혼수상태로서 자발호흡(自發呼吸)이 없고 인공호흡기로 호흡이 유지되고 있어야 할 것
      ③ 치료 기능한 약물중독(마취제, 수면제, 진정제, 근육이완세 또는 독극물 등에 의한 중독)이나 대사성(代謝性) 또는 내분비성 장애[간성혼수(肝性昏睡), 요독성혼수(尿毒性昏睡) 또는 저혈당성뇌증(低血糖性腦症) 등]의 가능성이 없어야 할 것
      ④ 저체온 상태[직장온도(直腸溫度)가 섭씨 32도 이하]가 아니어야 할 것
      ⑤ 쇼크 상태가 아니어야 할 것
   2) 판정 기준
      ① 외부 자극에 전혀 반응이 없는 깊은 혼수상태일 것
      ② 자발호흡이 되살아날 수 없는 상태로 소실되었을 것
      ③ 두 눈의 동공이 확대, 고정되어 있을 것
      ④ 뇌간반사(腦幹反射)가 완전히 소실되어 있을 것: 다음에 해당하는 반사가 모두 소실된 것을 말한다.
         • 광반사(光反射: light reflex)
         • 각막반사(角膜反射: corneal reflex)
         • 안구두부반사(眼球頭部反射: oculo-cephalic reflex)
         • 전정안구반사(前庭眼球反射: vestibular-ocular reflex)

- 모양체척수반사(毛樣體脊髓反射: cilio-spinal reflex)
- 구역반사(嘔逆反射: gag reflex)
- 기침반사(cough reflex)

⑤ 자발운동, 제뇌강직(除腦强直), 제피질강직(除皮質强直) 및 경련 등이 나타나지 아니할 것

⑥ 무호흡검사 결과 자발호흡이 유발되지 아니하여 자발호흡이 되살아날 수 없다고 판정될 것

⑦ 재확인: ① 내지 ⑥에 의한 판정 결과를 6시간이 경과한 후에 재확인하여도 그 결과가 동일할 것

⑧ 뇌파검사: ⑦에 의한 재확인 후 뇌파검사를 실시하여 평탄뇌파가 30분 이상 지속될 것

⑨ 기타 필요하다고 인정되는 대통령령이 정하는 검사에 적합할 것

2. 6세 미만인 소아에 대한 뇌사 판정 기준

제1호의 선행 조건 및 판정 기준에 적합하여야 하되, 연령에 따라 재확인 및 뇌파검사를 다음과 같이 실시한다.

가. 생후 2월 이상 1세 미만인 소아

제1호 나 항목 ⑦에 의한 재확인을 48시간이 경과한 후에 실시하고, 제1호 나 항목 ⑧에 의한 뇌파검사를 재확인 전과 후에 각각 실시한다.

나. 1세 이상 6세 미만인 소아

제1호 나 항목 ⑦에 의한 재확인을 24시간이 경과한 후에 실시한다.

107) 근무하는 병원에서 명쾌하게 사망 진단을 잘 내리던 의사도 막상 자신의 딸의 죽음을 인정하는 데 있어서는 시간을 끌며 많이 주저할 수도 있을 것이다.

108) 그는 안락사를 주장했다. '안락사(安樂死, euthanasia, mercy killing)'란 '좋은 죽음', '안락한 죽음'이란 뜻이다. 일명 '자비사(慈悲死)'라고도 한다. 살아날 가망이 없는 병자의 고통을 덜어 주기 위해 인위적으로 죽음에 이르게 하는 것을 말한다. 환자의 승낙 없이 후견인(개인 또는 공적 자격을 갖춘 특정인)에 의해 결정되는 강제적 형태와 환자 본인에 의한 자의적 형태가 있다. 의사가 직접 환자의 생명을 종결시켜 주거나(적극적 안락사) 환자가 죽을 수 있도록 장치나 약제 등을 준비해 줌으로써 환자가 자살하는 행위(소극적 안락사)를 도와 주게 된다. 그런데, 기독교 내에서는 생명의 종결권은 오직 하나님만이 갖는다는 점에서 이같은 안락사를 거부하며, 적극적으로는 안락사를 살인으로 간주한다(『교회용어사전』, 생명의말씀사).

109) 본서는 '좋은 죽음'과 '아름다운 죽음'을 같은 의미로 병용한다.

110) 유교 경전의 하나인 『서경』에서는 인생의 오복(五福)으로 수(壽)·부(富)·강녕(康寧)·유호덕(攸好德)·고종명(考終命)을 들고 있는데, 그중 '고종명'은 제명대로 살다가 편안히 죽는 것을 이른다.
111) 한국죽음학회장, 이화여대 국제대학원 한국학과 교수
112) 최준식, 『죽음학개론』
113) 아아, 사랑하니까 눈이 부신 게다. 겨울 산판에서 오랫동안 일을 하고 막 돌아온 '땀 냄새가 진동하는 사내'가 다른 이에겐 멋있을 리가 없다. 그러나 죽어 가면서까지 오매불망 애타게 기다린 월선의 눈에는 남편 용이가 눈이 부시도록 멋이 있었고, 사랑스러웠을 게다.
114) 승객 524명을 태우고 굉음을 내며 하늘을 날아가는 보잉 747의 작동 원리를 알고 이해한다는 것은 개미에게는 수만 년의 세월이 흘러가더라도 불가능하다.
115) 하나님의 말씀인 성경은 진리에 대해서 애써 부연하여 길게 설명하지 않고 보통은 거두절미하여 그냥 진리만을 선포한다. 하나님의 말씀인 성경은 경이로운 책이다. 성경이 쓰여진 기간은 약 1,600년이다. 성경의 맨 첫 권인 창세기는 B.C. 1,500년경에 모세가 기록했다. 그리고 성경의 맨 마지막 권인 요한계시록은 A.D. 100년경에 사도 요한에 의해 기록되었다. 그러니까 주전 1,500년에다 주후 100년을 더하니까 결국 1,600년에 걸쳐서 구약과 신약이 쓰여진 것이다. 그리고 성경이 쓰여진 장소를 보면 유럽, 아시아, 아프리카 3개 대륙에서 각각 다른 저자들에 의해 기록되었다. 이 책을 기록한 사람들은 왕으로부터 선지자, 목자, 군인, 의사, 어부 등 40여 명의 여러 계층의 사람들이었다. 이렇듯 시간적으로는 1,600년간, 공간적으로는 3개 대륙에 걸쳐서, 40여 명에 의해 쓰여졌기 때문에 성경을 기록한 인간 저자들이 절대로 서로 상의한 일이 없었다. 그런데 너무나도 놀라운 사실은 성경은 마치 한 사람이 쓴 것처럼 그 내용에 모순됨이 없이 '통일성'이 있다는 것이다. 성경을 두 문장으로 요약해 보면 '하나님은 여호와시다(구약)'와 '예수님은 그리스도시다(신약)'이다(박용기 목사). 신·구약 66권이 이렇게 모순됨 없이 주제가 하나로 통일이 된다. 이것만 보아서도 성경이 얼마나 놀라운 책이며, 인간의 작품이 아닌 하나님의 책(성령 하나님이 영감을 주셔서 사람을 통해 쓰신)이라는 것을 우리는 알 수가 있다.
116) 성경(개역개정)에는 '영혼'이라는 말이 무려 206번이나 나온다.
117) 필자는 20여 년 '호스피스' 선교를 한 기독교 목사의 입장에서 말하겠다.
118) 『The Arminian』이라는 감리교 잡지를 말한다.
119) 바로 이러한 경지에 도달하자는 것이 본서의 집필 목적이다.

120) 그녀는 1801년 1월 17일 런던에서 26세의 나이에 알 수 없는 질병으로 죽어 간 젊은 여성이었다.
121) 존 패네스틸(John Fanestil) 목사는 그 답으로 '죽음을 준비하는 사람들의 삶에서 얻는 가르침'을 소개한다. 이 열 가지는 헌터 부인이 죽음을 준비하면서 행했던 행동들을 하나씩 살펴서 나열한 것이다. 기도, 말씀, 십자가, 회고, 하나님과 이웃에 대한 사랑 등 모두 기독교의 역사에 걸쳐 이미 깊이 뿌리박혀 있는 수행의 방법이기도 했다.
122) 이대웅, 크리스천투데이
123) 대략 암 환자의 25%는 상당한 몰핀을 사용해야 할 만큼 육신적으로 많이 고통스러워한다.
124) 하나님 앞에서 우리 모두는 다 어린아이다.
125) 'Beautiful Landing' 이다!
126) 창조주 하나님이 본래 인간을 영원히 살고자 하는 욕구를 가지도록 창조(설계)하셨기에, 우리 인간은 이 욕구가 채워지지 않으면 아무리 좋은 것을 모두 다 얻어도 절대로 만족할 수가 없다. "하나님이 모든 것을 지으시되 때를 따라 아름답게 하셨고 또 사람들에게는 영원을 사모하는 마음을 주셨느니라"(전 3:11)
127) 많이 다르나, 겉모습은 동일하게 보여질 수도 있다.
128) "우리가 주목하는 것은 보이는 것이 아니요 보이지 않는 것이니 보이는 것은 잠깐이요 보이지 않는 것은 영원함이라"(고후 4:18)
129) 아툴가완비는 그의 책 『어떻게 죽을 것인가?』에서 "아름다운 죽음은 없다. 그러나 인간다운 죽음은 있다."라고 쓰고 있다. 그러나 필자는 단언코 말한다. 분명히 아름다운 죽음은 이 세상에 존재한다.
130) 여기서 '+' 기호는 수학의 '더하기' 기능이 아니고 '그리고(and)'의 의미이다. 이하, 어정쩡한 죽음과 나쁜 죽음에서도 같다. 뒤의 가설에서는 이들 관계를 곱하기(×)로 정확하게 설명을 했다.
131) 어디까지나 필자의 임상적인 관찰과 연구에 의한 것이다. 열거한 것이 모두가 나타날 수도 있고, (대부분은) 이중 일부만 나타난다.
132) 몸의 안녕 상태
133) 마음의 안녕 상태
134) 영혼의 안녕 상태. 엘리슨(Ellison, 1983)은 영적 안녕을 설명할 수 있는 다음과 같은 지표들을 제시하였다.
 • 나는 하나님이 나를 사랑하시고 돌보아 주심을 믿는다.
 • 나는 하나님과 개인적으로 의미 있는 관계를 갖고 있다.

- 나는 하나님과 관계를 맺음으로써 고독감을 느끼지 않는다.
- 나는 삶이 긍정적인 경험이라고 느낀다.
- 나는 삶이 충만되고 만족하다고 느낀다.
- 나의 삶의 궁극적 목적이 있음을 믿는다.

135) 한국의 프란치스코(Francesco, 1182-1226)라고 비유가 되는 이현필(李鉉弼, 1913-1964) 선생의 죽음을 살펴보자. 숨이 금방 끊어질 듯 막혀 오는 중에서도 이현필에게는 마지막 이상한 기쁨, 영열의 파도가 밀려왔다. "오, 기쁘다! 오, 기뻐! 오매, 못 참겠네. 아이고, 기뻐!" 숨이 가라앉는 듯하다가도 다시 돌아올 때마다 "아이고, 기뻐! 오, 기쁘다. 못 참겠네. 이 기쁨을 종로 네거리라도 나가서 전하고 싶다."라고 했다. 환희의 물결이 터져 나왔다. 성령의 기쁨이······. 임종 수일 전부터 기쁨이 밀려와서 어쩔 줄 모르더니 이제 절정에 이른 것이다.(엄두섭 엮음, 『순결의 길 초월의 길』)

136) 순결한 사람은 더럽혀지지 않은 육체를 가진 사람이 아니라, 영혼에게 완전히 복종하는 지체(支體)들을 가진 사람이다. 진정한 순결의 표식은 잠자는 동안에도 꿈의 영향을 받지 않는다. 악한 생각이 보내는 신호에 쉽게 굴복하는 것은 순결 부족에서이다(이동휘 목사, 『거룩한 순례자의 길, 같이 걷겠습니다』).

137) 많은 경우, 천국으로 가는 성도들은 죽음 앞에서 빛을 보고 (예수님의 빛을 받아서) 스스로도 빛이 된다.

138) 모나코의 왕립발레학교 교장으로 '베소브라소바' 라는 사람이 있다(별명이 '독재자' 다). 그녀의 신조는 '영혼의 아름다움이 신체의 아름다움에 반영된다' 는 것이었다. 아주 맞는 말이다. 영혼이 아름다운 자는 죽어 가면서도 기품 있는 '조선백자' 처럼 그렇게 아름다울 수가 있다. 조선백자는 조선 도공의 걸작이지만 사람은 하나님의 놀라운 걸작품이다. 우리가 그렇게 본연의 모습으로 아름답게 죽을 수만 있다면 그 얼마나 좋겠는가!

139) 온유는 칭찬을 받거나 받지 못하거나, 존경을 받거나 받지 못하거나 영혼이 영향을 받지 않는 영구적인 상태이다. 온유는 영예를 얻을 때나 치욕을 받을 때나 한결같은 정신을 말한다. 온유는 밀려오는 파도를 부수면서 흔들림 없이 노염의 파도를 바라보는 바위와도 같다(이동휘 목사, 『거룩한 순례자의 길, 같이 걷겠습니다』).

140) 죽음에 대한 여러 준비가 되어 있지 않은 경우이다.

141) 좋은 죽음을 죽는 이는 랜딩기어가 정확하게 내려져 있고 돕는 수호 천사들(보통 2명이라고 알려져 있다)이 그를 잘 인도하기 때문에 그 황망하고 위급한 죽음 상황이라고 하더라도 이를 통제할 수가 있다. 평소 우리의 작은 신음에도 크게

응답하시는 사랑의 하나님께서 인생의 가장 어려운 죽음 과정(그래서 옛날 어른들도 '죽음'을 '가장 힘든 길'이라는 의미로 '된길'이라고 불렀다.)을 유독 안 도우실 리는 절대로 없다. 믿음을 가진 성도들은 아주 기분 좋게(너무나 행복하게) 젖을 배불리 먹고 난 후 엄마의 품에서 깊은 잠으로 빠져드는 어린아이처럼, 그렇게 만족스럽고 편하게 죽을 것이라는 게 필자의 믿음이다. 사람이 죽을 때 죽음의 공포, 고통 따위를 이겨 내기 위해서 뇌에서 '엔도르핀(endorphin)'이라는 호르몬이 분비된다고 한다. 엔도르핀은 뇌의 시상하부에서 나오는 것으로 모르핀처럼 통증을 없애 주고, 행복감을 준다는 주장이 있다.

142) I knew if I stayed around long enough, something like this would happen. '오래 살다 보면 이런 일(죽음)이 생길 줄 내가 알았지'의 오역임.

143) 인생의 올바른 목적은 세상 사람들 모두가 추구하고 인정해 주는 그런 것이 아니라, 오직 예수 그리스도를 믿음으로 그분께 영광 돌리다가 마지막에 하나님이 주시는 상급을 받고자 하는 것이다.

144) 양초가 불 앞에서 저절로 녹아 내리듯이

145) 구원에 이르는 믿음이 없는 죽음

146) 이 중에는 부끄러운 구원을 받는 사람도 일부 있다.

147) 물론 반대의 경우도 생각할 수가 있겠다. 믿음이 없다고 생각되었던 사람이 실은 그때까지 남에게 드러나지 않았을 뿐, 믿음의 대장부여서 실제 착륙 시에 멋진 죽음을 보여 주는 경우도 있을 것이다.

148) 비행기는 랜딩기어(바퀴)가 내려오지 않으면 비행기 본체로 착륙할 수밖에 없다(이 경우 때로는 비행기에 불이 붙어 폭발하기도 한다. 그리되면 부끄러운 죽음이 돌연 나쁜 죽음으로 바뀐다). '동체착륙자'란 이를 비유한 것으로, 죽음의 준비가 미진하여(랜딩기어를 내리지 못하고) 비행기가 하늘에서 맨몸으로 땅에 내리꽂히면서 처절하게 죽는 죽음을 말한다.

149) 하나님만이 전지(全知)하시다.

150) 구원을 받았으되, 겨우 구원을 받은 사람이다.

151) 불 가운데서 받은 구원이라고도 말할 수가 있다. "누구든지 그 공적이 불타면 해를 받으리니 그러나 자신은 구원을 받되 불 가운데서 받은 것 같으리라"(고전 3:15)

152) 계란이 한 번 태어나서 닭이 될 수 없고, 따뜻한 열(섭씨 38도)을 가해서 (21일 후) 다시 한 번 태어나야 닭이 되듯이 사람은 반드시 두 번 태어나야(重生해야)만 하나님도 볼 수 있고 천국에도 들어갈 수 있다. 예수님께서도 그렇게 말씀하셨다. 요 3:3-7에 "예수께서 대답하여 이르시되 진실로 진실로 네게 이르노니 사

람이 거듭나지 아니하면 하나님의 나라를 볼 수 없느니라" 하실 때, 니고데모가 "사람이 늙으면 어떻게 날 수 있사옵나이까 두 번째 모태에 들어갔다가 날 수 있사옵나이까"라고 질문했다. 그때 예수님께서 "진실로 진실로 네게 이르노니 사람이 물과 성령으로 나지 아니하면 하나님 나라에 들어갈 수 없느니라 육으로 난 것은 육이요 성령으로 난 것은 영이니"라고 분명히 말씀을 하셨다. 즉, 육신이 한 번 태어나고 성령의 역사로 영혼이 다시 한 번 태어나야 한다는 말씀이다. 거듭나지 못한 사람은 영혼이 죽은 상태에 있기 때문이고(엡 2:1-3), 마귀를 따르는 존재이기 때문이고(엡 2:2), 하나님의 진노 아래 있기 때문이다(엡 2:3). 또 부패하고 타락한 인간이기 때문이다(엡 2:3, 렘 17:9-10). 육신이 태어날 때는 세상에서만 살 수 있는 육신의 생명을 갖게 되고, 영혼이 태어날 때는 천국에서 영생할 수 있는 영생을 얻게 된다. 그러므로 거듭나지 않으면(중생하지 못하면) 결코 부활을 알 수 없고 천국에도 들어갈 수 없다.(강한빛 목사)

153) 이렇게 인간은 인간 보기에는 선을 행할 수가 있다. 그렇다고 해도 이는 하나님이 인정하시는 선은 아니다. 성경 로마서 3:10은 "기록된 바 의인은 없나니 하나도 없으며"라고 선언하고 있는데, 이 말씀은 하나님이 인정할 수 있는 의인이 하나도 없다는 의미가 된다.
154) 더 이상 원도 한도 없다고 생각하고 막상 착륙에 들어갔지만 곧 큰 낭패를 당하게 된다.
155) 실제로는 세 축 중의 하나인 영혼의 랜딩기어가 전혀 준비되지 못한 나쁜 상황인 것이다.
156) 사람이 죽을 때 모든 기운이 다 소진되었기에 눈을 감을 기운마저도 이젠 없다. 그래서 대부분 사람들은 눈을 뜨고 죽는 것이다. 임종을 지켜보는 사람은 심히 놀라고 경황이 없어 모든 죽음이 대동소이한 것으로 오해를 한다. 그러나 사실 죽음은 모두 다르다. 임종자들은 미묘하지만 작은 차이들을 우리에게 보여 준다. 특별히 예수님을 모르고 죽어 가는 믿음 없는 사람의 눈을 집중하여 가만히 들여다보라. 지옥을 가게 될 비참한 운명을 이제 확연히 깨닫게 된 그들은 계속하여 고민하고 괴로워하고 있음을 보게 될 것이다. 임종 사역을 많이 한 노련한 영적인 사람이라면 쉽게 이를 알 수가 있다.
157) "하나님이 모든 것을 지으시되 때를 따라 아름답게 하셨고 또 사람들에게는 영원을 사모하는 마음을 주셨느니라"(전 3:11)
158) 이는 죽는 순간 곧 공포로 바뀔 것이다. 월선의 죽음은 보통 인간의 시각으로만 보면 좋은 죽음 혹은 어정쩡한 죽음으로 보이지만, 결국 나쁜 죽음으로 귀결이 된다. 사실 어정쩡한 죽음과 나쁜 죽음은 물리적으로나 질적으로 많이 가깝고

큰 차이가 없다. 이에 반하여 어정쩡한 죽음과 좋은 죽음은 질적으로 전혀 다른 개념의 죽음이다. 뒤에서(p113) 상술하겠다.
159) 하나님의 말씀인 성경에서 영적 교훈을 받아 영의 양식으로 먹고 자기 영이 소생하며 자라 나가야만 한다. 겸하여 죽음에 대한 준비도 필요하다.
160) 부끄러운 구원을 받은 자의 죽음
161) 자살이 죄인 것에 대해서 다섯 가지로 말할 수 있다.

첫째로 자살은 하나님의 주권을 침해하는 것이기 때문에 죄다. 다른 모든 것도 다 하나님께 속한 것이지만 특히 생명은 하나님께 속한 것이다. 우리가 그 생명을 함부로 포기한다든지 남의 생명을 취하는 것은 하나님의 주권에 대한 엄청난 도전이다. 하나님께서 다른 것은 참으실지 모르지만 생명권에 대한 인간의 침해는 결코 그냥 계시지 않는다.

둘째로 자살은 분명한 불순종이다. 우리가 예수님을 믿고 하나님을 경외한다고 하면 하나님의 말씀에 순종하는 것은 너무나도 당연한 것이다. 우리들이 순종해야 할 말씀을 열 가지로 요약해 놓은 십계명 가운데 여섯 번째의 계명은 살인하지 말라는 것이다. 살인은 다른 사람 죽이는 것을 의미할 뿐만 아니라 더 나아가서는 자신의 생명도 마찬가지라는 것이다. 자살은 하나의 살인이라는 것을 알아야 한다. 자살은 하나님의 말씀에 대한 분명한 불순종이다.

셋째로 자살은 극도의 불신앙이다. 우리가 자살을 하는 여러 이유가 있지만 결국은 하나님을 믿지 못해서 한다. 하나님께서 그 상황 가운데서 나를 도우실 수 있는데 돕지 않는다고 생각을 한다든지 하나님께는 모든 것이 다 준비되어 있고 모든 것을 합력해서 선을 이루시는데 현재 막다른 골목에서 다른 길이 없다고 생각하는 것은 분명한 불신앙이다.

넷째로 자살은 극도의 이기주의다. 자살은 자기만 생각하지 다른 사람을 생각하는 것이 아니다. 다른 사람을 생각한다면 다른 것은 할 수 있어도 자살만큼은 할 수 없다. 자신들은 그러한 방법으로 현실에서 도피하고 벗어나려고 했는지 모르지만 남아 있는 가족과 형제들, 이웃들, 그것으로 말미암아 사회적으로 끼칠 파장들을 생각할 때에 자살이라는 것은 결코 개인의 문제가 아니다. 그것으로 말미암아 다른 사람에게 끼칠 것을 생각하면 할 수 없는 일인데도 불구하고 혼자 편하려고 자살하는 것은 극도의 이기주의이며 너무나 비겁한 행동이라는 것이다.

마지막으로 자살은 회개할 수 없는 죄다. 우리가 다 죄를 짓고 실수를 하지만 감사하게도 우리에게는 회개할 수 있는 기회가 있다. 회개하면 하나님은 미쁘시사 우리를 모든 불의에서 깨끗하게 해 주신다. 우리가 비록 남들에게 손가락질

받는 죄를 지었다 할지라도 하나님께 회개함으로써 우리가 받았던 구원의 그 감격을 회복하고 그분과의 교제를 회복해서 살아갈 수 있는 특권이 우리에게 있다. 죄를 회개할 수 있다는 것이 얼마나 큰 축복인지 아는가? 우리에게는 그러한 것이 있다. 그런데 자살은 그것을 포기하는 것이다.(이철 목사)

162) 사람은 이타적으로 살 때 오히려 삶의 보람을 느끼며 진정한 행복을 담보한다.
163) 필자에게 기억에 남는 나쁜 죽음의 예는 30여 개쯤 된다.
164) 필자의 임상 경험과 일치 내지 동의되어지는 범위 안에서만 문학을 도구로 사용한다.
165) 유홍준,『나의 문화유산답사기 2』(전라·제주 편)
166)『토지 인물 사전』
167) 퇴원을 권유하는 아들 홍이의 말에 악을 쓰는 임이네의 말.
168) 필자의 임상 경험을 통해 보면 그렇다.
169)『토지』의 인물 소개 중에서
170) 박경리의『토지』중에서, 12권, p248
171) 최악의 경우, 몸의 랜딩 준비도 안 된 경우도 있겠다. 말 그대로 죽음에게 통째로 삼켜지는 최악의 경우이다.
172) 마귀는 음란과 더러운 냄새와 몸의 더러움을 좋아한다.(이동휘 목사,『거룩한 순례자의길, 같이 걷겠습니다』)
173) 노여움은 감추어진 미움이요, 마음에 품고 있는 불평의 표시이다.
174) 악의를 품는다는 것은 마치 독사를 품고 있는 것과 똑같다. 본인도 얼마나 불편하겠는가!

II

아름다운 죽음을 위한 준비

Preparation for the beautiful landing

이제까지 세 가지 유형의 죽음을 살펴보았다. 당연한 것이지만 우리 목표는 '좋은 죽음'을 맞이하는 것이다. 아름다운(좋은) 죽음은 영혼의 착륙(랜딩)과 마음의 착륙(랜딩) 그리고 몸의 착륙(랜딩)을 모두 다 잘하는 것이라는 것도 알았다. 물론 이것은 중요한 요체이자 다달아야 될 결론이지만 그러나 결국 실행의 문제이며 맨 나중 단계가 된다. 실행에 앞서서 준비가 선행되어야만 한다. 비행기 조종사가 조종 기술을 배워 익히지 않고(준비) 오직 자기 의지만으로 착륙을 잘할 수는 없는 것처럼, 좋은 죽음은 살아 있는 날 동안 '미리미리 하는 준비' 없이 거저 주어지지 않는다. 먼저 바른 목적과 의미 있는 인생을 설계하고, 그 설계에 따라서 열심히 준비해야 하며, 간단하지만[175] 실제 착륙(실행)에 대한 몇 가지 지식과 기술도 갖추어야 한다. '설계'와 '준비'와 '실행', 이것이 아름다운 착륙을 가능케 하는 중요한 조건이 된다.

그럼 구체적으로 아름다운 죽음을 준비한다는 것은 무엇인가? 여섯 가지를 준비함을 의미한다. 크게 둘로 양분해 보면 기본적인 준비 세 가지와 본격적인 준비 세 가지이다. 기본적인 준비 세 가지는 비교적 간단하다. 첫째는 영혼에 대한 준비다. 영혼에 대한 준비는 영혼의 양식인 하나님의 말씀을 먹어서 영혼이 날로 강건해져야만 한다. 둘째는 마음의 준비다. 마음의 준비에는 음악이 중요한 도구로 사용된다. 필자는 마음의 양식이 음악이라고 생각한다. 찬송가와 클래식이면 가장 좋겠고(主食이고) 이외에도(副食으로) 자신이 좋아하는 음악을 부르고 들음으로 건강한 마음을 준비해야 된다. 셋째는 몸의 준비인데, 이는 자신에게 알맞은 음식을 먹고, 적당한 운동을 통하여 잘 죽을 수 있도록 몸 관리를 잘하면 되겠다. 특별히 돌연사에 유의하고, 암이나 치매에 걸리지 않도록 유의한다(기본적인 준비는 한마디로 말하자면, '예수를 믿는 것이다'). 이렇게 기본적인 준비가 끝났으면 건축으로 비유하자면 건물을 지을 '땅'은 마련된 셈이다. 이제 이 위에다가 12가지 재료[176]를 가지고 튼튼한 집을 지을 차례이다. 본격적으로 준비해야 할 세 가지가 더 존재한다. 첫째는 '하나님께 대하여 준비'를 잘해야만 하고, 두 번째와 세 번째는 '사람에 대한 준비'와 '일에 대한 준비'를 각각 잘해야만 한다(본격적인 준비를 한마디로 표현하면 '예수를 잘 믿는 것이다'). 주지해야 할 것은 이것들은 평상시에 하는 것이다. 죽음에 임박해서는 대부분 이미 늦거나 크게 미진할 수밖에 다른 도리가 없다. 따라서 아름다운 죽음 준비는 평상시에 바른 개념을 가지고 잘 준비하여야만 한다. 다시 정리해 보자.

01) 영혼에 대한 준비

영혼의 양식인 하나님의 말씀을 날마다 먹어서 영혼을 강건하게 한다.[177]

02) 마음에 대한 준비

마음을 준비하는 데에 음악이 중요하다. 마음의 양식이 음악인 셈이다. 누군가는 음악은 절대자가 인간에게 준 천상의 선물이라고도 했다. 찬송가와 클래식[178]이면 가장 좋겠고 이외에도 자신이 좋아하는 음악을 부르고 들음으로 여유 있는 마음을 준비해야만 되겠다.

03) 몸에 대한 준비

평소 자신에게 알맞은 음식과 운동을 통하여 잘 죽을 수 있도록 몸

관리를 잘하자. 특별히, 돌연사와 치매[179]나 암을 피할 수 있도록 유의해야만 한다.

04) 하나님께 대한 준비

우리를 창조하시고 일평생 사랑으로 인도하신 하나님을 우리는 곧 뵙게 된다. 하나님께 대하여 준비[180]해야 되는 것들은 다음과 같은 것이 있다.

1. 하나님을 사랑하기[181]: 하나님을 사랑함이 먼저다.
2. 할 것
   ① 감사와 찬양: 하나님께 감사와 찬양을 드리는 것이 숨을 쉬는 것처럼 우리의 일상이 되어야만 한다. 주 안에서 죽는 것에도 감사[182]하자.
   ② 우리를 거룩함으로 단장하기[183]: 결혼식장(천국)에서 신랑(예수님)을 만나는 신부처럼 거룩함이란 화장품을 사용하여 몸과 마음을 단장한다.
   ③ 회개[184]: 성경에서 말하는 죄인의 정의는 죄가 많은 사람이 아니라 자신의 죄를 뉘우치지 않는 사람이며, 성경에서 말한 의인은 행동으로 죄를 짓지 않는 사람이 아니라 자신의 죄를 빨리 돌이키고 회개한 사람을 말한다.
3. 하지 말아야 할 것(버릴 것)
   ① 죄: 죄를 멀리하고 짓지 말도록 힘써야 한다[185]. 어쩔 수 없이 죄를 짓게 되면 즉시 회개를 한다.
   ② 욕심: 이 땅의 헛된 욕심을 모두 버린다[186].
   ③ 미련: 우리는 이 땅에서는 잠시 지나가는 나그네다. 세상의

미련을 과감히 버린다.

4. 예비[187](미리 준비)할 것

   ① 천국 갈 준비: 천국은 지금 하나님께서 계신 곳이다. 이미 예수 안에서 죽은 이들이 있는 곳이다. 또 장차 성도가 죽으면 갈 곳이다. 이 세상은 잠시 사는 것에 지나지 않으며, 어느 날 우리 인생의 날이 저물어 예수님이 '오라' 하시면 영광 중에 나아갈 그 천국이 분명히 있다. 이 천국은 장차 예수님이 재림하실 때 완전히 이루어질 것이다. 하나님의 나팔소리가 천지 진동할 때에 예수님이 다시 오셔서 세계 만국 모든 곳에 흩어진 성도들을 모을 것이고, 그때 무덤 속에 잠자는 자들이 다시 일어나 그 모두가 함께하는 가운데 지금의 이 하늘과 이 땅이 없어지고 새 하늘과 새 땅의 주인공이 될 것이다. 성도가 궁극적으로 사모하는 천국이 바로 이것이다. 그러나 이 천국은 '장차 거기서' 누릴 나라뿐만 아니라 '지금 여기서' 우리가 누리는 나라라는 것을 우리는 알아야만 한다[188]. 그러므로 장차 천국에 들어갈 자는 지금 이 세상에서도 천국에 합당한 삶을 잘 준비하며 살아야만 한다. 그것은 사탄의 인(印)을 맞지 않는 삶이요, 자신을 더럽히지 않는 삶이요, 흰 옷을 입는 삶이요, 모든 시련과 환난을 이겨 내는 '이긴 자의 삶'이다. 그런 사람들은 내일을 사모하되 오늘을 내일처럼 살아간다. 즉 내일 천국 백성은 오늘 천국 백성이라는 말이다. 내일 어린양의 신부는 오늘 어린 양의 신부로 살아가야 한다는 것을 꼭 명심하며 천국을 준비하는 삶을 이 땅에서 치열하게 살아가야만 한다.

② 심판 준비[189]: 심판은 하나님의 말씀인 성경의 대주제이고 예수 그리스도의 대교훈이다. 그래서 신앙 교육 중의 중요한 교육은 하나님의 심판을 반드시 가르치는 것이다. 하나님의 심판을 가르치지 않는 윤리 교육, 도덕 교육은 사실 아무런 힘도 없고, 그래서 가치도 없다. 성경은 악인들의 심판, 불신자들의 심판은 영원한 멸망의 심판, 형벌의 심판이라고 하였다. 그러나 성도의 심판은 구원의 심판, 상급의 심판이라고 말하고 있다. 성도의 심판이 상급을 주시기 위한 심판이라면 우리는 어떻게 해야만 하겠는가? 고전 15:58에 "그러므로 내 사랑하는 형제들아 견실하며 흔들리지 말고 항상 주의 일에 더욱 힘쓰는 자들이 되라 이는 너희 수고가 주 안에서 헛되지 않은 줄 앎이라"라고 하였다. 여기 "너희 수고가 주 안에서 헛되지 않은 줄을 앎이라"는 말씀은, 주님을 위한 수고는 반드시 하나님께서 갚아 주시는 상급이 있다는 뜻이다. 그러므로 우리는 하나님의 상급 심판을 바라고 주님의 일에 충성하는 성도들이 되어서 그날에 아무런 상도 받지 못하는 부끄러운 성도들이 되지 말고 반드시 큰 상을 받는 성도들이 다 되어야만 하겠다.(이무종 목사)

③ 상급 준비[190]: 사람들은 인간이 죽은 후에 곧바로 심판을 받는다고 생각하지만, 그러나 최종 심판은 주님께서 재림하실 때 있게 된다. 그때에 주님께서는 모든 사람들을 모으고, 목자가 양과 염소를 분별하는 것 같이 정확하게 심판을 하신다. 바로 이것이 최후의 대심판인 것이다. 하나님의 최후 심판에는 두 가지가 있다. 첫째는 의인의 심판이다. 의인의 심판은

상급의 심판이며[191] 구원의 심판[192]이다. 두 번째는 악인의 심판이 있다. 악인의 심판은 멸망의 심판이며[193] 형벌의 심판[194]이다.

④ 기름 준비: 우리는 골목에 나가서 등불을 들고서 신랑을 맞이하는 신부다. 언제 신랑이 올지 아무도 모르므로 늘 깨어서 기름을 준비하여야 한다.[195]

⑤ 선물: 수학여행을 다녀오는 학생들도 부모에게 기쁨을 드릴 선물을 정성껏 준비한다. 잘 키워 주시고 용돈까지 주어서 여행을 보내 준 부모에게 당연한 도리이다. 70~80년 인생 여행에서 되돌아가는 우리도 하나님께 드릴 좋은 선물을[196] 준비하면 좋겠다.

05) (다른) 사람에 대한 준비

1. 사람[197]을 사랑하기[198]: 사람에 대한 준비는 사람을 사랑하는 것이 먼저다.

2. 나를 용서하고[199] 받아들이기[200]: 생각해 보라. 우리 평생에 작은 성공과 기쁨 그리고 보람도 있었지만 좌절과 실패는 더 많았다. 때때로 넘어지고 실패를 밥 먹듯 하여 남들의 비웃음과 많은 조롱을 받았지만 사실 내 스스로는 얼마나 잘하고 싶었던가! 힘들고 어려운 인생을 이제껏 참고 살아오느라 나 자신도 그동안 수고를 많이 한 것이다. 그러므로 이제 내 자신을 스스로 용납하고 기꺼이 용서해야만 한다.

3. 남을 용서하고 받아들이기[201]: 가족과 친구들과의 관계에서도 후회되는 것을 죽기 전에 모두 깨끗이 해결하자. 생각해 보면 아

쉽고 후회되는 일이 너무 많지만 이제 모두 해결을 하고, 특별히 가족과 이웃들에게는 아쉬움과 사랑을 남기고 가볍게 본향으로 떠나가야 할 때이다. 사람에 대해 구체적으로 준비할 것은 다음과 같다. 오늘날까지 평생 동안 알고 지내던 사람들의 명단을 만들고, 여러 방법으로[202] 그들에게 각각 용서, 감사, 사랑, 그리고 마지막 인사를 전하자. 네 항목이 사람에 따라 겹쳐지기도 할 것인데 겹치는 그대로 진행을 하면 되겠다. 빠뜨리지 말 것은 모든 이에게 따뜻한 격려와 감사를 진심으로 전하는 것이다.

4. 사람을 세우기: 내 다음 세대들을 통하여 나의 뜻과 생명이 계속하여 열매를 맺을 수 있으려면 사람을 세워야만 한다. 예수님도 그러셨다. 사람을 세우는 것을 어떻게 해야 할지 각자 깊이 연구하여 이에 대해 소홀함이 없도록 준비한다.

06) 사물[203]에 대한 준비

1. 자연을 사랑하기[204]: 먼저 자연을 사랑하자.
2. 일 정리: 먼저, 평생 해 왔던 모든 일을 완료와 미완료로 구분한다. 완료된 것[205]에 대해서는 하나님께 감사를 드리고, 아직 미완인 것은 다른 사람에게 계속해서 추진해 주도록 부탁할 것과 미완인 그대로 종료하고 하나님께 갈 것을 다시 구분한 뒤에 이젠 깔끔히 모든 일을 정리한다.
3. 재산 정리: 가지고 있는 전 재산(동산과 부동산)을 모두 기록한 후에 법적 효력이 있는 유언으로 정리를 한다[206]. 우리 민법(제1060조)은 "유언은 본 법의 정한 방식에 의하지 아니하면 효력이 생하지 아니한다."라고 규정하고 있기에 유효한 유언이 되기

위해서는 민법에서 정한 방식을 갖추어야만 하겠다. 그러므로 상황이 미묘하거나 재산이 많은 경우는 유언상속 변호사의 도움을 받는 게 가장 좋다. 재산 외에 일평생 사용했던 옷과 신발 등 소소한 소유물도 어떻게 처리할지를 정하여 미리 정리하는 게 바람직하다[207]. 필자의 생각은 많은 재산을 자식에게 나누어 주려는 어리석은 생각은 꿈에라도 하지 말라는 것이다. 정신적 유산은 기쁘게 물려줄 망정(성도의 경우 '믿음'이다) 재물을 물려주는 것은 오히려 자녀에게 해악이 될 뿐이다[208]. 우리가 가진 모든 재능과 재산은 하나님이 잠시 동안 우리에게 맡겨 주신 것이다. 그러므로 정직하고 바른 청지기의 태도를 가지고 살아야 되겠다. 하나님이 물질을 우리에게 주신 목적은 세 가지이다. 첫째는 우리가 먹고 살라는 것이고, 둘째는 복음을 전하고 선교를 하라고 주셨다[209]. 그리고 셋째로는 이웃과 특별히 가난한 사람들과 나누라고 주신 것이다. 평소에도 이런 개념을 가지고 물질을 사용하다가 죽음이 다가오면 모든 것을 가볍게 훌훌 털고 본향으로 돌아가야만 한다. 사용 후 남은 재산을 사회에 환원하거나 성도라면 다니던 교회에 모두 헌금을 하는 게 가장 좋다.

4. 자연을 보호하기: 아름다운 자연을 보호하며 잘 사용하다가 후손에게 잘 물려준다.

아름다운 죽음을 소유하기 위하여 몸과 마음과 영혼 그리고 하나님과 사람 그리고 사물에 대해서 각각 준비를 잘해야 된다. 이를 간단히 표로 정리해 보자. 우리는 이를 평생 동안(착륙을 예상할 수 있는 시점 전까지[210]) 준비해야만 하는 것이다.

1. 기본적인 준비[211]

    가. 영혼의 준비: 하나님의 말씀을 영의 양식으로 매일 먹는다. 경건 서적도 읽는다.

    나. 마음의 준비: 찬송과 클래식 그리고 좋은 음악을 부르고 듣는다.

    다. 몸의 준비: 평소 자신에게 알맞은 음식과 운동을 통하여 잘 죽을 수 있도록 몸을 준비한다. 특별히, 돌연사를 피하고 치매나 암에 걸리지 않도록 건강 관리에 유의한다.

	주식(80%)	부식 및 간식(20%)
영혼	하나님 말씀	경건 서적
마음	찬양과 클래식	좋아하는 음악
몸	알맞은 음식	알맞은 운동

2. 본격적인 준비[212]

    가. 하나님께 대한 준비

나. 사람에 대한 준비

다. 사물에 대한 준비

	하나님께 대한 준비(4가지)	사람에 대한 준비(4가지)	사물에 대한 준비(4가지)
1	하나님을 사랑하기	사람을 사랑하기	자연을 사랑하기
2	할 것 • 감사와 찬양 • 거룩함으로 단장 • 회개	자신을 용서하고 받아들이기	일을 정리하기 • 완료된 것 • 미완된 것
3	하지 말 것 • 죄 • 욕심 • 미련	남을 용서하고 받아들이기	재산을 정리하기 • 최소한의 것 • 남은 모든 것
4	예비할 것 • 천국 • 심판 • 상급 • 기름 • 선물	사람을 세우기	자연을 보호하기 (아름다운 자연 남기기)

175) 오랜 준비에 비해서 그렇다는 것이다.

176) 본격적으로 준비해야 될 하나님과 사람과 사물에 대한 모두 12가지 항목을 말한다.

177) 우리가 밥을 먹으면 소화의 과정을 거쳐 양분이 되고 몸의 각 부분에 공급되어 힘으로 나타난다. 팔다리를 움직이고 두뇌도 회전시키고 피도 돌게 하고 호흡도 하게 하는 등……. 영혼의 양식인 성경 말씀도 마찬가지다. 우리가 말씀을 섭취하고 소화시키면, 다시 말해서 읽고 묵상하면 우리 영혼에 영적 힘이 되어 여러 가지 유익을 준다. 이런 사실을 잘 아는 원수 마귀는 우리가 성경 말씀을 섭취하지 못하도록 방해한다. 영혼에 대해 무관심하게 만들고 육신적인 존재로 머물도록 유도한다. 그래서 자꾸 육체의 욕망만 추구하도록 시험하고 유혹하는 것이다. 이러다 보면 인간이 하나님을 멀리 하게 되고, 마침내 그 영혼이 멸망하게 된다. 마귀의 이름을 살펴보면 그 궤계를 간파할 수 있다. 마귀는 헬라어로 '디아볼로스'인데, 하나님과 인간 사이에서 이간질하는 자라는 뜻이다. 그러나 하나님은 마귀의 궤계를 파하시고 우리에게 말씀으로 다가오신다. 우리가 마음을 활짝 열고 말씀을 받고 섭취하면 얼마든지 영적인 양분을 공급받으며 영적인 힘을 얻을 수 있다. 그 힘은 여러 가지 방면으로 나타나서 우리의 인생에 축복이 된다.(홍문수)

178) 평소 아인슈타인(Albert Einstein)은 "죽음이란 더 이상 모차르트 음악을 들을 수 없는 것을 의미한다"라고 말했다고 전해진다. 마음을 준비하는 데 클래식이 유용하다.

179) 치매는 치료보다는 예방이 더 중요하다. 치매 예방에는 걷기가 최고다. '530 걷기'를 권장한다. '530 걷기'란 주 5일 1회에 30분 이상 걷기를 통해 건강한 삶을 유지하자는 뜻이다.(성기홍, 대한직장인체육회걷기협회 기억력회복운동센터장)

180) 암 4:12 "… 이스라엘아, 네 하나님 만날 준비를 하여라"

181) 하나님이 우리에게 전인격적인 사랑, 전적인 사랑을 요구하신다. 그 이유는 하나님이 나를 먼저 사랑하시되 그런 수준으로 사랑하셨기 때문이다. 하나님이 먼저 마음을 다하고 목숨을 다하고 뜻을 다하는 수준의 사랑으로 우리를 사랑하셨다. 바로 이것이 우리가 하나님을 사랑해야 하는 이유 중의 이유다. 그렇다면 하나님을 지속적으로 사랑하는 방법은 과연 무엇인가? 사람은 하나님의 은혜와 사랑을 한껏 받았어도 쉽게 잊어버리는 존재이다. 그래서 구약 시대에 하나님은 이스라엘 백성들이 하나님의 사랑을 잊지 않고 하나님을 전적으로 사랑할 수 있는 방법을 주셨다. 신 6:5-9 말씀을 주시면서 하나님은 우선 마음에 이 말씀을 새기라고 하셨다. 그리고 부모들이 자녀들에게 날마다 가르치라고 하신다. 가르치다

보면 부모도 기억하고 자녀도 기억하게 된다. 그리고 이 말씀을 손에 매고, 이마에 붙이고, 문설주와 바깥문에도 기록하라고 하셨다. 이렇게 할 때 사람은 하나님의 사랑을 잊지 않고 즐거운 마음으로 하나님을 전적으로 사랑하게 되어 있다. 실제로 이스라엘 민족은 지금도 이 말씀대로 실천하고 있다. 그러면 신약의 성도들인 우리들도 이 말씀대로 실천해야 할까? 물론 이렇게 할 수만 있다면 좋다. 날마다 가정 예배를 드리면서 하나님을 사랑해야 함을 강조할 수 있다. 온 집과 대문에 그리고 몸에까지 성경 구절을 붙여 놓고 지낼 수도 있을 것이다. 그런데 지금은 율법의 시대가 아니고 은혜의 시대다. 은혜의 시대는 분명히 다르다. 예수님은 제자들에게 구약의 방식대로 하라고 하시지 않았다. 대신에 예수님은 우리에게 성령님을 주셨다. 성령님이 우리 안에 오실 때 하나님의 사랑이 우리 안에 함께 부어졌다. 그래서 우리가 항상 성령 충만한 삶을 산다면 하나님의 사랑을 기억할 것이다. 그리고 즐거운 마음으로 하나님을 전적으로 사랑하게 될 것이다(이무종 목사).

182) 성도에게는 죽음조차 귀중하다. 하나님께서 성도의 죽음을 귀하게 보시기 때문이다.(시 116:5-16) 왜 그런가? 1) 하나님이 우리를 후대하시기 때문이다. 2) 하나님께서 우리에게 성도의 자격을 주셨기 때문이다. 3) 하나님께서 우리의 결박을 푸셨기 때문이다(인생을 산다는 것은 온갖 결박에 묶여 산다는 것을 의미한다. 수고의 결박, 실병의 결박, 사고의 결박, 불질의 결박 등 일일이 다 나열할 수 없는 많은 결박에 묶여 살아간다. 그러나 성도들의 죽음은 하나님께서 그 결박을 푸시고 영원한 자유를 허락하셨음을 의미하는 것이다). 그러므로 성도가 죽는 것, 즉 예수 안에 죽는다는 것은 공포스럽고 두려운 것이 아니라 오히려 복된 것이다.

183) 거룩함으로 단장한다는 것은 다음과 같이 사는 것을 말한다. 첫 번째로, 예수 그리스도의 재림을 확실히 믿어야 한다. 두 번째로, 영적 분별력을 갖고 살아야 한다. 세 번째로, 세속에 물들지 않도록 조심해야 한다. 네 번째로, 항상 기도하며 깨어 있어야 한다.

184) 하나님을 뵙기 전에 우리는 회개해야만 한다. 회개란 우리가 자기 죄를 슬퍼하며 뉘우칠 뿐 아니라, 죄 된 생활을 청산하고 생각과 말과 행실을 새롭게 하는 것을 말한다. 우리가 회개할 때 하나님의 풍성한 은혜가 임한다. 첫째로, 죄 사함을 받는다. 둘째로, 가치관이 달라진다. 셋째로, 말과 행동이 정결해진다. "회개하라 천국이 가까왔느니라" 하신 예수님의 말씀은 천국 곧 하나님 나라에 들어가기 위해서 회개가 필수적인 과정임을 말해 준다.

185) 요 8:1-11에 보면 예수님께서 간음한 여인을 용서하시고 그녀에게 당부하신 말

씀이 나온다. "가서 다시는 죄를 범하지 말라" 그렇게 말씀을 하시고 예수님께서는 이 여인을 있던 그 자리로 보내신다. 지금까지 지은 죄를 다 용서받고 다 씻었으니 이제 있던 그 자리로 돌아가서 다시는 그 죄를 짓지 말라고 말씀하신 것이다. 그런데 이 말씀을 엄밀하게 따져 보면 어폐가 있다. 과연 이 여인이 있던 자리로 돌아가서 다시 죄를 범하지 않을 수 있을까? 이 여인이 앞으로 죄를 짓지 않을 능력이 있을까? 물론 그렇지 않다. 이 여인이 자기 의지로 다시 죄를 범하지 않을 수는 없다. 사람에게 죄를 짓지 않을 능력이란 없는 것이다. 그렇다면 이 말씀은 무슨 뜻일까? 우선 죄와의 전쟁을 선포하라는 말씀이다. 죄가 얼마나 하나님 앞에 무서운 것인가를 깨닫고 죄를 짓지 않으려고 최선의 노력을 기울이라는 그런 말씀이다. 사실 한 번 저지른 죄는 조심하면 다시 짓지 않을 수 있다. 그리고 대부분의 죄는 경계하면 짓지 않을 수 있다. 죄는 대부분 죄지을 환경 속에서 짓게 되기 때문이다. 음란한 환경 속에 있을 때 음란한 죄를 짓고, 부정부패가 만연한 환경 속에서 부정부패를 저지르게 되고, 거짓이 난무하는 환경 속에서 거짓을 감행하게 된다. 그래서 죄지을 환경을 바꾸는 일이 중요하다. 그리고 늘 마음속으로 죄를 경계하는 일이 아주 중요하다. 어떻게 우리가 죄를 짓지 않을 수 있을까? 다음으로 성령의 능력을 덧입어야 된다. 우리는 우리 자신의 힘으로 죄와 싸워 이길 수 없다. 다만 성령의 능력을 덧입을 때만 죄와 싸워 이길 수 있다. 그래서 우리는 더욱 철저하게 성령의 능력을 덧입는 삶을 살아야만 하는 것이다(강한빛 목사). 인간의 죄 중에서 가장 핵심적이며 치명적인 죄는 바로 음란죄이다. 음란죄를 둘로 나눌 수가 있는데, 첫째는 영적인 음란이다. 우상을 섬기는 것이며 하나님보다도 세상을 더 사랑하는 것을 말한다. 둘째는 절제하지 못해서 짓는 모든 성적인 죄를 말한다. 칠흑과 같이 어두운 이 세상에서 빛으로 존재하려면 성도는 거룩해야만 하겠다. 바로 이것이 성도의 사명이다. 때문에 거룩과 음란은 성도에게 있어서 사실, 죽고 살고의 문제가 된다. 거룩하면 살아 있는 생령(하나님과 소통하는 영적인 존재, 창 2:7)이 되어 생명이신 하나님과 교제와 소통을 할 수가 있지만 음란죄를 지으면 즉시 영적으로 죽게 되어 하나님과 교제가 모두 단절되기 때문이다. 그러므로 컴퓨터 용어로 비유하자면 음란은 모든 프로그램을 일시에 날려 버리는 악성 바이러스요, 거룩은 강력한 Free Wifi Zone이 된다.

186) 욕심을 버리지 못하면 욕심을 채워도 불행하고 욕심을 채우지 못해도 불행하다. 많은 사람들의 불행은 욕심만큼 살지 못해서이다. 현실보다 욕심이 늘 앞서 가기 때문에 사람들은 평생 욕심의 노예가 되어 살아간다. 욕심은 끝이 없다. 끝 없는 욕심에 사로잡히면 정말 우리는 욕심의 노예가 될 수밖에 없다. 욕심의 노

예가 되어 욕심을 정복하여 욕심의 주인이 되지 못하면 늘 불만족할 수밖에 없다. 그래서 늘 불행할 수밖에 없다. 그리고 자신의 한계와 능력을 뛰어넘는 욕심을 채우기 위하여 사람들은 수단과 방법을 가리지 않게 되고 욕심을 부리게 된다. 수단과 방법을 가리지 않고 욕심을 채우려고 하다가 사람들은 자동적으로 죄를 짓는다. 그리고 죄가 비수가 되어 자신을 찌르게 된다.(김동호 목사)

187) '예비'와 '준비'는 조금 다른 말이다. '예비'는 어떤 상황에 부딪히기 전에 미리 준비하는 것을 말한다. 그러므로 '미리'가 빠지면 준비가 되는 것이다. 그러기에 시간을 놓치면 '예비'가 되지 않는다. 그 다음에는 준비해 보아야 소용이 없거나 효용이 적다. 우리가 어떻게 하나님께 준비를 해야 하나? 반드시 예비를 하여야만 한다.

188) 눅 17:20,21 "하나님의 나라는 … 또 여기 있다 저기 있다고도 못하리니 하나님의 나라는 너희 안에 있느니라"

189) 하나님의 최후 심판에는 두 가지가 있다. 그것은 의인의 심판과 악인의 심판이다. 의인의 심판은 상급의 심판이요, 구원(생명)의 심판이다(예수를 믿고 구원을 받은 사람은 예수님이 우리 죄를 담당하여 십자가를 지셨기 때문에 죄의 심판을 받지 않고 상급 심판을 받게 된다). 반면에 악인의 심판은 멸망의 심판이요, 형벌의 심판이다(예수를 믿지 않고 예수님을 영접하지 않는 사람은 평생 지은 죄를 나 드러내 놓고 시속 가는 심판을 받는다). 이렇게 하나님은 우리의 모든 행위와 모든 은밀한 일을 모두 그리고 꼭 심판을 하신다. "하나님은 모든 행위와 모든 은밀한 일을 선악 간에 심판하시리라(전 12:14)" 그러므로 심판을 준비해야만 된다. 심판은 어떤 것인가? 다시 정리해 보면 다음과 같다. 1) 누구에게 심판이 있나?: 빈부 귀천을 가리지 않고 모든 사람에게 다 있다. 2) 무엇을 심판받나?: 인간의 모든 행위 언어, 바라던 것, 동기. 3) 누구에 의해 심판을 받는가?: 예수 그리스도에 의해서 받는다. 4) 어떤 규칙에 의해서 심판을 받는가?: 하나님의 말씀에 의해서 받음. 5) 심판은 어떤 결과로 나타나는가?: 영원한 생명(신자, 의인) 아니면 영원한 형벌(불신자, 악인)로 나타난다. 하나님의 심판을 준비하여야 된다.

190) 상급의 심판: 의인(신자)은 죽은 후 곧바로 천국(낙원)에 가 있다가 주님께서 재림하실 때 심판을 받는다. 그러나 그 심판은 벌을 주기 위한 것이 아니라 상을 주기 위한 것이다. 성경을 보면 신실한 하나님의 사람들은 모두 최종 심판 때에 하나님의 상 주심을 바라고 충성하였음을 볼 수 있다. 하나님의 종 모세에 대하여 성경은 이렇게 증언한다. "믿음으로 모세는 장성하여 바로의 공주의 아들이라 칭함 받기를 거절하고 도리어 하나님의 백성과 함께 고난 받기를 잠시 죄악의 낙을 누리는 것보다 더 좋아하고 그리스도를 위하여 받는 수모를 애굽의 모든 보화보

다 더 큰 재물로 여겼으니 이는 상 주심을 바라봄이라" 그러므로 다른 사람이야 어떠하든지, 신자에게 주시는 하나님의 상급 심판을 바라고 주님의 일에 충성을 다하여야 된다.

191) 의인은 죽은 후 곧바로 낙원에 가 있다가 주님께서 재림하실 때 심판을 받는다. 그러나 그 심판은 벌을 주기 위한 것이 아니라, 상을 주기 위한 것이다. 사도 바울은 롬 8:1에서 "그러므로 이제 그리스도 예수 안에 있는 자에게는 결코 정죄함이 없나니"라고 하였다. 이런 찬송이 있다. "심판이 나에게 없네. 주의 피 내 죄 가리네. 예수님 날 위해 돌아가셨으니, 심판이 나에게 없네." 이는 성도에 대한 심판은 정죄의 심판이라기보다는 가치의 심판, 곧 상급과 관련된 심판을 말한다. 예수님께서는 "선지자의 이름으로 선지자를 영접하는 자는 선지자의 상을 받을 것이요 의인의 이름으로 의인을 영접하는 자는 의인의 상을 받을 것이요 또 누구든지 제자의 이름으로 이 작은 자 중 하나에게 냉수 한 그릇이라도 주는 자는 내가 진실로 너희에게 이르노니 그 사람이 결단코 상을 잃지 아니하리라(마 10:41-42)"라고 말씀하셨다. 때문에 우리는 이 땅에서 사는 동안 선한 일에 열심 있는 성도들이 되어야만 한다.

192) 성도들에게 행해지는 심판은 구원의 심판이다. 불신자들에게는 멸망의 심판이 가해지지만, 주님을 믿고 거듭난 사람들에게는 구원이 완성되는 역사가 나타나는 것이다. 그래서 성도들에게는 신부가 신랑을 위하여 예비한 것처럼 새 예루살렘이 기다리고 있고, 하나님께서 친히 저희와 함께 계셔서 "모든 눈물을 그 눈에서 닦아 주시니 다시는 사망이 없고 애통하는 것이나 곡하는 것이나 아픈 것이 다시 있지 아니하리니 처음 것들이 다 지나갔음이러라(계 21:4)"라고 하신 성경 말씀이 그대로 다 이루어지게 될 것이다. 그러므로 하나님의 마지막 심판은 성도들에게 기쁨과 은혜의 심판인 것이다. 열심히 공부한 학생은 시험 날을 기다려 실력 발휘를 하고 싶어 하는 것처럼, 진정한 성도는 그 심판을 겁낼 필요가 없고, 오히려 기다려야만 한다. 왜냐하면 마지막 심판은 우리 성도들의 상급과 구원을 위한 것이기 때문이다.

193) 악인들에 대해서도 마지막 심판이 행해진다. 그러나 그 심판은 구원의 심판과는 다른 멸망의 심판이다. 이것은 악에 대한 보응이며, 이 땅에서의 삶에 대한 하나님의 무서운 평가다. 악인들은 그 몸과 영혼이 멸망당하게 된다. 그래서 영벌에 처하게 되며 어두운 가운데 영원토록 소망 없이 살아가게 된다. 그들은 이 세상에서 살 때에 하나님께서 예수 그리스도를 통해 주신 구원의 길을 거절하였고, 하나님의 은혜의 복음을 무시하였으므로 오직 지옥의 고통만이 그들을 기다리고 있는 것이다. 그런 줄은 꿈에도 모르고 마치 하나님의 최종 심판이란 없을 것처

럼 이 세상을 살아가는 사람은 정말 미련하고 어리석은 사람인 것이다.
194) 악인들에게 예비된 심판은 형벌의 심판이다. 하나님께서는 최후의 심판 때에 마귀를 유황불 못에 던지시고, 마귀는 그 속에서 영영토록 형벌을 받게 되는데, 짐승과 거짓 선지자와 함께, 하나님의 복음을 거절하고 은혜를 무시한 불신자들은 형벌을 받게 된다. 바로 이것이 하나님께서 악인들을 위해 예비해두시고 있는, 마치 하루가 천년처럼 느껴지는 무섭고 고통스러운 영원한 형벌의 심판인 것이다.
195) 여러분이 아직 구원 받지 못했다면 회개하고 예수님을 영접하시기 바란다. 이미 구원 받았다면 성령의 기름을 충분히 준비해야 된다. 어떻게 하면 되는가? 날마다 말씀과 기도로 주님과 교제하면 된다. 새벽 기도를 하면 가장 좋다. 그렇지 않더라도 가정에서 직장에서 날마다 시간을 정해 놓고 말씀과 기도의 시간을 가지기 바란다. 이 시간을 통해서 우리는 성령의 기름을 부음받는다. 이것을 다른 표현으로 성령으로 충만하게 되었다고 말한다. 그래서 하나님의 지혜와 능력과 권세로 무장하게 된다. 이 세상을 이길 수 있는 능력을 받게 된다. 다른 사람을 용서하고 용납하고 사랑할 수 있는 사랑으로 채워지게 된다. 신랑 되신 예수님은 더디 오시지만 반드시 오시며 갑자기 오신다. 그날과 그 시는 오직 하나님 아버지만 아신다. 그리고 예수님이 오실 때 깨어서 기도하고 성령의 기름을 준비한 성도들만 천국에 들어가게 될 것이나.(김창얼 목사)
196) 하나님께 드릴 선물은 물질이 아니다. 그것은 하나님이 각자에게 주신 사명과 소명을 이 땅에서 얼마나 잘 감당했느냐의 여부를 말한다. 그 성과에 따라 하나님은 기뻐하시거나 분노하신다. 명절에 부모를 뵙기 위해 고향을 찾은 자녀가 평소 부모의 가르침을 좇아서 국가와 사회를 위해 훌륭한 일을 하고 있다면 부모의 큰 기쁨이 될 것이나, 세월을 낭비하면서 오히려 남에게 해악을 끼치고 감옥 출입이나 하고 있다면 큰 상심이 될 것이다. 하나님께서는 독생자이신 예수님을 우리에게 구원의 선물로 주셨다. 가장 소중한 독생자를 우리를 위해서 이 땅에 보내 주셨다. 동방 박사들은 예수님께 드릴 선물로 황금과 유향과 몰약을 준비했다. 우리에게 비록 황금이 없어도 괜찮다. 우리 몸을 드리면 된다. 유향이 없어도 괜찮다. 우리의 향내 나는 사랑을 드리면 된다. 몰약이 없어도 괜찮다. 우리의 생명과 우리의 인생 전부를 드리면 되는 것이다. 가장 값진 독생자를 우리에게 선물로 주신 하나님께서는 다만 우리도 하나님께 가장 소중한 것을 드리기를 원하신다. 쓰다가 남은 것으로 드리는 것이 아니라 내게 가장 소중한 것으로 드리기를 원하신다. 하나님께 드릴 선물을 정성껏 준비하자.
197) 나를 포함한 모든 이웃들을 말함이다.

198) "누구든지 하나님을 사랑하노라 하고 그 형제를 미워하면 이는 거짓말하는 자니 보는 바 그 형제를 사랑하지 아니하는 자는 보지 못하는 바 하나님을 사랑할 수 없느니라"(요일 4:20)
199) 나를 용서하기: 안타깝게도 우리는 용서가 무엇이고, 어떻게 용서할 수 있는지 방법을 몰라 우리 자신을 용서하지 못하고 있는 경우도 종종 있다. 타인과의 관계에 앞서 우리는 먼저 자기 자신부터 용서하여야 한다. 자신을 용서한다는 것은 다음과 같다.
- 자신을 용서한다는 것이 내가 다른 사람에게 상처 입혔거나 자신을 괴롭힌 일을 잊어야 한다는 의미는 아니다.
- 자신을 용서한다는 것이 내가 저지른 일에 책임질 필요가 없음을 의미하지는 않는다.
- 자신을 용서한다는 것은 후회스러운 일에 대해, 아니면 했어야 했는데 안타깝게도 하지 못한 일에 대해 당시로서는 내가 할 수 있는 최선을 다했음을 인정하는 것이다.
- 자신을 용서한다는 것은 내가 저지른 실수에서 배웠음을 의미한다. 누군가가 말한 것처럼 경험은 꼭 우리가 그것을 필요로 하는 때가 아니라 그 후에야 얻는다.
- 자신을 용서한다는 것은 오랫동안 자신을 괴롭혀 온 실수를 저질렀을 당시의 자기 자신을 드디어 받아들인다는 것을 의미한다.
- 자신을 용서한다는 것은 내가 그동안 자신에게 불가능한 일을 요구하고 있었으므로 갖고 있는 모든 죄의식과 고통을 놓아준다는 의미이다. 지금에야 저지른 실수를 통해 배워 알지만 그 당시에는 전혀 알 수 없었던 일을 알았어야 했다고 자신을 다그치지 않는 것이다.(알린 하더, 『관계 회복의 기술』)

200) 나를 받아들이기: 나를 그대로 받아들인다는 것은 다음과 같다.
① 인간 자체로서 당신은 소중한 존재다: 외모도, 지위도, 성공도 다 일시적이지만 변하지 않는 것은 내면적인 자존감이다. 이런 자존감은 대개 유년기에 부모와 자식 간의 관계에서 형성된다. 자식이 무능력하거나 장애인이어도 부모는 자식을 있는 그대로 사랑한다. 이런 경험을 반복하면서 아이는 자기가 한 인간으로서 사랑받는 존재라는 자존감을 갖게 된다. 그런데 부모의 눈 밖에 난 아이들, 부모의 기대를 충족시켜 주지 못한 아이들, 우울한 부모의 아이들이나 너무나 바쁜 부모의 아이들은 '무조건적 자기 수용의 경험'을 하지 못한다. 당신이 그런 사람일 수도 있다. 그러나 이제 나를 그대로 받아들여야 한다. 당신은 그 자체로서 이미 소중한 존재이기 때문이다.

② '공사 중'임을 받아들이면 자존감이 유지된다: 인간은 누구나 '공사 중'이다. 그리고 죽을 날이 언제일지 모르지만 죽는 그 순간은 공사 중이던 일을 놓고 가는 순간이다. 글 쓰는 사람은 글을 쓰다가 갈 것이고 사업을 하던 사람은 사업을 하던 중에 갈 것이다. 우리가 하던 일은 미완성인 채로 남겨질 것이지만 그것이 인생이다. 그때까지 우리는 매일매일 일상을 살 뿐이다. 그래서 세상에 완성된 사람은 없다고 단호하게 발할 수 있다. 우리는 누구나 '공사 중'이다.

③ 자신의 참 모습을 직면할 때 자존감이 회복된다: 영국의 정신분석가인 위니코트 박사는 '가짜 자기'와 '진짜 자기'라는 학설을 발표했다. '가짜 자기'는 자기가 그렇게 되기를 바라는 자기이다. '진짜 자기'로서는 부모의 사랑을 받을 수 없다고 판단하고 부모의 사랑을 받기 위해서 만들어 낸 자기이다. 자기가 원하는 것은 숨기고, 부모가 원하는 말 잘 듣는 착한 아이로 위장한 것이다. 아이는 상상 속에서 완벽의 기준을 만들어 놓고 거기에 맞춰 산다. 그리고 그렇게 성격이 형성되면 가짜로서 일생을 산다. 연기 인생이다. '진짜 자기'를 피하는 이유는 수백 가지나 된다. 그러나 언젠가 한번은 자기를 정면으로 만날 필요가 있다. 인간은 아주 주관적이고 독특한 진실을 가지고 있다. 이 주관적 진실이 한 사람의 가치이기도 하다. 누구도 흉내 낼 수 없고 넘볼 수도 없는 개인적 진실이다. 이것이 진정한 자기이다. 자기의 참모습을 회피하지 말고 자신의 참모습을 발견해야 한다. 이때 진정한 자존감이 우러나온다.(이무석 교수)

201) 어떻게 좋은 죽음을 준비할 수 있을까? 우리의 인간 관계를 미완성으로 남겨 두지 않음으로써 죽음을 준비할 수 있다. 내 마음을 상하게 한 사람을 내가 용서해 주었는가? 또한 내가 마음을 상하게 한 사람으로부터 용서를 구했는가? 하는 문제는 죽음에 앞서 해결해야 할 중요한 문제다. 내 생애의 한 부분인 사람들과 내가 화평하다고 느낄 때, 비록 나의 죽음이 큰 슬픔을 불러올 수는 있으나 죄나 분노는 불러일으키지 않을 것이다.

202) 전화나 전자 메일 또는 편지 등으로

203) 사물은 일과 물건을 아울러 이르는 말인데, 본서에서는 자연까지도 아우르는 말로 사용했다.

204) 우리는 그동안 자연 사랑에 대해서 너무 등한시했다. 너무나 나 자신만을 중요하게 여겼다. 하나님과 나와의 일대일만을 너무 강조했다. 그래서 좀 이기적이 되었다. 로마 가톨릭 전통에는 자연 사랑이 깃들어 있다. 그런데 그것은 잘못된 전통이 아니다. 자연은 하나님의 창조와 섭리와 사랑의 손길이 나타나 있는 곳이

다. 하나님은 사람들만 사랑하시지 않고 자연 만물을 세밀하게 섭리하시며 사랑하신다고 말씀했다. 하나님은 자연을 사랑하신다. 우리는 지금 너무나 자연을 사랑하지 못하고 있다. 자연을 학대하고 파괴하고 있다. 동물과 식물을 아프게 하고 공기와 물과 흙을 아프게 하고 있다. 그리고 자기 자신만을 너무나 사랑한다. 이제 자연을 부드럽게 보살피고 사랑하고 싶다. 물을 사랑하고 공기를 사랑하고 동물과 식물을 사랑하고 싶다. 요나단 에드워즈처럼 윌리암 워즈워스처럼 나도 하나님이 지으신 피조물을 바라보고 즐거워하며 자연과 더불어 하나님을 찬양하고 싶다. 우리가 자연 사랑을 힘쓰면 힘쓸수록 우리들의 생명도 빛나고 아름답고 행복해질 것이다.(김명혁 목사). 베네딕도 성인의 '수도 규칙'에 보면 하나님의 피조물은 그 무엇이든, 사람이든 짐승이든 사물이든 그것들을 대할 때 그리스도를 대하듯 하라는 말이 있다(공지영, 『수도원기행 2』).

205) 어떤 것들은 내가 원하는 방향으로 되어지지 않은 것들도 물론 있을 것이다. 그러나 좋으신 하나님께서 내게 최선으로 결과를 주셨음을 믿고 모두 감사하자. 더구나 죽음을 앞둔 지금, 설사 만사가 조금 내 뜻대로 안 되었다고 한들 뭐가 그리 큰 대수인가? 라인홀드 니버도 이렇게 기도를 하고 있다. "주님, 내가 변화시킬 수 없는 일들에 대해서는 받아들일 수 있는 평안을 주시고, 내가 변화시킬 수 있는 일에 대해서는 그것을 바꿀 수 있는 용기를 주시며, 이 두 가지 차이를 깨달아 알 수 있는 지혜를 허락해 주옵소서."

206) 재산은 자식에게 물려주지 않고 교회와 사회에 환원하는 게 가장 바람직하다.

207) 2022년에 창립 예정인 '축복의 통로' 홈페이지 www.trune.net를 참조하라.

208) 자식에게는 교육만을 시켜 주고(서구에서는 대학 학자금도 스스로 벌어 해결하는 것을 당연하게 생각한다.) 그래도 정 부족하다고 느끼면 작은 집 한 채면 너무나 족하다. 이에 더한 재물을 물려주는 것은 오히려 자녀에게 해악이 될 뿐이다.

209) 성도가 아닌 독자는 이 둘째 항목에 대해서 이해가 없을 수 있다. 그런 사람들은 셋째 항목이 말하는 가난한 자에게 나누는 것으로 마음을 정하면 좋겠다.

210) 죽음 2개월 전까지이다.

211) 기본적인 준비를 한마디로 표현하면 '예수를 믿는 것이다'.

212) 본격적인 준비를 한마디로 표현하면 '예수를 잘 믿는 것이다'. 한경직 목사님이 돌아가시게 되자 수많은 후배 목사님들이 모여서 목회에 도움이 될 마지막 말을 구하였다고 한다. 그때 기운이 다하신 목사님은 조그마한 목소리지만 한 마디를 전하였다. "목사님들, 예수님을 잘 믿으라우!"(이북 분이셨다.) 그렇다. 예수님을 잘 믿는 게 무엇보다 가장 중요하다. 필자는 이를 하나님께 대한 4가지 준비, 사

람에 대한 4가지 준비 그리고 사물에 대한 4가지 준비를 잘하는 것으로 나누어서 이해를 한다.

Ⅲ

아름다운 죽음의 실행

Beautiful Landing

이제 본격적으로 '아름다운 죽음의 실행(Beautiful Landing)'이 무엇인지 살펴보자. 인생의 착륙 과정인 '죽음'의 과정이다. 온누리교회의 고(故) 하용조 목사는 '죽을 때는 그냥 팍 죽자!'라고 말했다는데, 어떤 의미에서 이 말은 죽음에 대한 좋은 통찰력을 우리에게 제공한다. 그렇다! 사랑하는 독자 여러분, 드디어 이제 우리 차례가 되었다[213]. 비행 중인 항공기 앞에 낙하를 위해 우뚝 서 있는 특전사 군인처럼 심호흡을 깊이 한번 했는가? 마음을 다잡고 용기를 내어 우리 그럼 '팍' 한번 잘 죽어 보자! 까짓것, 한 번 죽지 두 번은 죽지 않는다. 통상적으로 비행기는 착륙(Landing)을 위해 세 개의 바퀴(Landing Gear)가 필요하다. 앞에 하나 그리고 양 옆에 쌍을 이루며 두 개씩의 바퀴가 있다. 사람이 잘 죽기 위해서 우리도 영혼과 몸과 마음이라는 세 바퀴를 필요로 한다. 먼저 영혼과 몸과 마음의 유기적 관계는 어떠한가? 몸(신체) 안에 영혼이 탑재되어 있고, 그 영혼의 창이 사람의 마음이 된다[214]. 각설하고, 지금부터는 어떻게 몸과 마음 그리고 영혼의 세 바퀴를 잘 내릴지를(죽을지를) 살펴볼 텐데, 그 전에 가설 둘을 세워서[215] 좋은 죽음을 죽기 위한 몸과 마음 그리고 영혼에 대한 상관관계를 밝혀 보자.

$$\text{가설1: } L = \frac{m \times b \times s^{216)}}{10}$$

죽음(Landing)에 영혼과 마음과 몸이란 변수가 있다. 그리고 아름다운 죽음(Beautiful Landing)은 영혼과 마음과 몸의 착륙을 모두 잘한 죽음이다. 그러면 과연 어느 정도를 잘해야만 잘 착륙했다고 말할 수가 있는가? 그저 '착륙을 잘했다'는 추상적인 선언에서 나아가, 이를 한번 수치로 계량화해 보자. 이는 죽음의 좌표를 알기 위해서도 꼭 필요한 작업이 되겠다.

필자는 아름다운 죽음은 최소한 영혼과 마음과 몸의 각각 절반 이상을 잘한 것이라고 본다. 세 부분 공히 모두 절반 이상을 잘하는 것이면 물론 가장 좋고 이상적이다. 그러나 어느 한(혹은 두) 부분이 절반 이상을 잘하지 못했다면 몸과 마음과 영혼은 유기적으로 연결이 되었기에, 잘된 쪽에서 미진한 쪽에 어느 정도는 보완을 해 주겠으나 미진한 그 부분을 연구하여 개선해 주는 것이 가장 좋을 것이다.

아름다운 죽음은 무엇인가? 계량화하기 위하여 다시 두 번째 가설을 세운다.

$$\text{가설2:} \quad 15 \leq \text{Beautiful L} \leq 100$$

아름다운 죽음은 영혼과 마음을 모두 묶어서 절반 이상을 잘 착륙한 죽음이다. 가설의 근거를 살펴본다.

성경 마태복음 25장에는 달란트 비유가 나온다. 장사의 밑천으로 다섯 달란트, 두 달란트 그리고 한 달란트를 주인으로부터 받은 세 사람이 있었다. 다섯 달란트와 두 달란트를 받은 사람은, 각각 다섯 달란트와 두 달란트를 다시 이익으로 남기어서(100%다.) 주인의 칭찬을 받고 있다. 그러나 한 달란트를 받은 사람은 아무것도 하지를 않고 그냥 한 달란트를 땅에 묻어 두었다가 원금만을 돌려주었다며 주인에게 질책을 받고 있다.

주인의 관점에서 이 한 달란트를 받은 사람의 문제는 무엇인가? 얼마를 받았는가에 상관없이 '최선을 다하여 장사하지 않았다'는 것이었다. 사실 주인의 의도는 이익을 많이 남겼느냐는 것보다 이것이 더욱 중요했다. 주인이 그에게 원한 것은 맡겨 준 일에(여기서는 장사다. 마 25장과 병행 구절인 눅 19:13에 잘 나와 있다.) 최선을 다하는 삶이었다. 그러면 증식은 자연히 뒤따르게 되어 있었다(맡은 일에 최선을 다한다면 땅에 심겨진 식물이 시간이 지나가면 싹이 나고 열매를 맺듯이 증식은 자연스럽게 따라오게 되어 있다).

우리 각자도 하나님으로부터 받은 달란트가 있다. 우리가 받은 달란트를 가지고 맡겨진 일에 최선을 다함으로 이 땅에서 얼마만큼 증식의 삶을 살았는가로 장차 예수님께 최종적 평가를 받을 것이다(평가의 기준은 ①맡은 일을 했는가? ②최선을 다했는가? 이 둘의 자연스러운 결과로 ③증식이 있었는가?이다).

그렇다면 우선 첫째로, 하나님이 맡겨 주신 일을 하고 있다고 가정을 하고(이 문제는 너무나도 중요하다. 주인이 맡겨 준 일을 하지 않으면 두 번째와 세 번째를 아무리 잘해도 사실 아무런 의미가 없다. 그러므로 매순간 우리는 하나님의 부르심(소명)과 보내심(사명)에 부응하는 삶을 살고 있는지 기도하면서 자신을 돌아보야만 하겠다) 이와 더불어 두 번째와 세 번째의 평가 기준을 함께 살펴보자.

여기서 우리의 관심은 "과연 예수님의 의도에 부합되는 합격선(커트라인)은 얼마인가?"이다. 필자는 이를 사람의 입장에서 '최소한의 최선'이란 개념으로 부르겠다. 적어도 이 이상의 결과를(삶의 열매를)얻어야 예수님으로부터 최선을 다했다고 인정이 되어지는 그 최소의선(혹은 최솟값, The Minimum Value)을 말하는 것이다.

이제부터 얼마가 '최소한의 최선'인지를 알아야만 되겠는데, 필자는 이 '최소한의 최선'을 "아무리 적더라도 예수님께 받은 것의 절반 이상을 삶을 통해서 세상에 드러내야만 한다"는 것으로 보았다.

이렇게 주장을 펴는 근거도 성경(마 25장, 눅 19장)에 있다. 한 달란트를 받아서 아무 일도 하지 않고 땅에 묻었다가(혹은 수건에 싸 두었다가) 돌려준 사람이 주인(하나님)에게 받은 질책의 이유를 다시금 살펴보자.

마태복음 25장(누가복음 19장)을 보면 주인에게 그는 '아무 일을 하지 않으려면 차라리 은행에라도 주인에게 받았던 돈을 맡김으로써 원금에 이자라도 더하여 반환하지 않았음'을 명확하게 지적을 받고 있는 것이다(마 25:27, 눅 19:23 참조).

때문에 우리는 맡은 일에 최선을 다하되 결과로도 최소한 은행 금리 이상을 증식시켜야만 되겠다. 그렇다면 은행 금리는 얼마인가? 단언컨대 세상 모든 은행 금리는 아무리 많더라도 원금의 50%를 넘지를 않는다(고리대금업이 아니고 은행이다). 그러므로 이자 금리를 원금의 50% 이상으로 계산하여 원금과 함께 돌려 드린다면(주인에게 받은 것의 절반 이상을 증식함을 말한다) 여유 있게 위 조건을 충족시키고도 남을 것이다(따라서 150%를 넉넉한 '최소한의 최선 값'으로 한다).

이렇게 되기에 필자는 하나님께 받은 달란트 전체의 절반 이상을 살아 낸 것을(몸, 마음, 영혼 각각의 절반 이상의 착륙을 잘한 것을) 아름다운 죽음의 시작점(합격점)이라고 보았다. 몸과 마음과 영혼의 허용값이 1~10, 1~10, 0~10이므로 각 부분의 절반 이상은 최소 5.5(몸), 5.5(마음), 5.0(영혼)이 되겠다.

따라서 가설1 (m×b×s)/10 결괏값은 15가 된다[(5.5×5.5×5.0)/10=15].

이를 표로 만들어 보자.

$$가설1: L = \frac{m \times b \times s}{10}$$

아름다운 죽음	어정쩡한 죽음	나쁜 죽음
15 ≤ Beautiful L ≤ 100[217] (아름다운 착륙)	0 < Crash L[218] < 15 (동체 착륙)	Explosion = 0 (폭발)

L= landing, 착륙

m=1-10, m=마음의 착륙(mind[219] landing)

b=1-10, b=몸의 착륙(body landing)

s=0-10[220], s=영혼의 착륙(spritual landing)

이 가설에서 주목해야 할 것이 몇 가지 있다.

1. 영혼의 착륙 허용값 범위에 다른 두 경우와는 달리 0이 포함 된

다는 점이다. 이 의미는 무엇인가? 아무리 '마음의 착륙'과 '몸의 착륙' 준비가 잘되었다고 하더라도, 예수님을 믿지 않으면 '영혼의 착륙' 값이 0이 되어서 결과 값이 0으로 수렴이 된다는 것이다. 이는 나쁜 죽음(폭발, Explosion)을 의미한다.

2. '아름다운 죽음'은 15 이상이 되어야만 한다. 100점 만점에서 겨우 15이냐고 쉽게 말해서도 안 된다. 하나님이 우리에게 주신 모든 능력[221]의 절반 이상을 발휘해야만[222] 이 점수를 얻을 수 있기 때문이다.

3. 어정쩡한 죽음과 나쁜 죽음은 물리적이나 질적으로 많은 차이가 없다(두 죽음의 차이값이 15보다도 적다). 그러나 아름다운 죽음과 어정쩡한 죽음 사이는 매우 큰 차이가 난다(100-15=85; 85다). 앞의 15와는 무려 5배 이상(5.7) 차이가 난다. 이로써 어정쩡한 죽음과 나쁜 죽음은 별로 차이가 없지만, 아름나운 죽음과 어정쩡한 죽음은 질적으로 전혀 다른 죽음이라는 해석이 가능하다.

나쁜 착륙

어정쩡한 착륙

아름다운 착륙

Ⅲ. 아름다운 죽음의 실행 115

01 영혼의 착륙[223] (Spiritual[224] Landing)

영혼이란 무엇인가?
1. 영혼은 창조주 하나님께서 오직 인간에게만 주신 선물이다[225].
2. 영혼은 살아 있는 존재이다[226].
3. 영혼은 무형이지만 인격체이다[227].
4. 영혼은 사람의 비물질적(또는 내적) 실체이다[228].

우리 영혼은 무엇으로 살아가는가?
1. 하나님의 은혜가 있어야만 한다[229].
2. 하나님의 말씀이 있어야 한다[230].
3. 영혼은 지속적인 관리가 필요하다[231].

그럼 이제 '영혼의 랜딩을 어떻게 잘 할 수 있을까?'를 알아보자. 비행기가 착륙 직전에는 기수(機首, 영혼에 비유(해당)되는 앞바퀴가 있는 부분)를 약간 들어 올린다[232]. 우리 영혼의 랜딩 자세도 그래야만 된다. 죽을 때 사람도 하늘을 보는 자세가 바로 정(正) 자세이다. 하나님과 천국을 지향해야만 하는 것이다. 이렇게 기수를 들어 올린 채 나아가던 비행기는 양옆의 랜딩 기어(뒷바퀴)들을 먼저 착지하고[233], 다음엔 앞(기수) 부분의 기어를 살짝 땅에 '툭' 하고 내린다[234]. 그리고 이어서 관성력에 의해 얼마간 그대로 진행 방향으로 미끄러져 가다가는 이윽고 완전히 멈추는 것이다[235].

'영혼의 랜딩'을 위해 필요한 것들은 다음과 같다.
1. 하나님께 영혼이 순종하기
2. (삶을 정리하고 죽음을 감사하는) 예배[236] 드리기
   - 말씀[237] 묵상
   - **복**된 죽음을 감사함
   - 주님의 섭리를 찬양함[238]
   - 영혼을 부탁하는 기도[239]
3. 믿음: 절대 구원의 확신[240]
4. 성령님과 동행함
   - 하나님의 위로하심과 친밀한 영적 교제로 죽어 가는 중요한 순간에, 우리 스스로 방전이 되지 않도록 주의한다[241].
   - 영혼의 밤이 올 때, 더욱 주님을 바라보자[242](시40:1-17).
   - 마침내, 영혼의 평화를 발견하기[243]
   - 주님과 깊은 교제로 들어가기[244]

02 마음의 착륙(Mind[245] Landing)

아름다운 죽음을 위하여 두 번째로, 안정적인 '마음의 랜딩'이 필요하다.

'마음'을 국어사전에서는 다음과 같이 정의하고 있다.

① 사람이 본래부터 지닌 성격이나 품성
② 사람이 다른 사람이나 사물에 대하여 감정이나 의지, 생각 따위를 느끼거나 일으키는 작용이나 태도
③ 사람의 생각, 감정, 기억 따위가 생기거나 자리 잡는 공간이나 위치
④ 사람이 어떤 일에 대하여 가지는 관심
⑤ 사람이 사물의 옳고 그름이나 좋고 나쁨을 판단하는 심리나 심성의 바탕
⑥ 이성이나 타인에 대한 사랑이나 호의(好意)의 감정
⑦ 사람이 어떤 일을 생각하는 힘

사람의 구성 요소는 '영혼'과 '몸(신체)'이다. 이 경우 영혼은 사람의 비물질적(또는 내적) 실체이고, 몸(신체)은 물질적(또는 외적) 실체이다[246]. 영혼은 무형적이고 불멸의 존재이며 인간의 인격 그 자체를 말한다. 그러므로 영혼은 곧 '나'이고 내가 곧 '영혼'이 된다. '몸'은 또 무엇인가? 몸은 영혼을 담고 있는 '그릇'과도 같다. 또는 영혼이 입고 있는 '옷'과도 같다. 우리가 옷을 벗어도 여전히 우리 자신이듯이 몸이 죽어도 '나'의 존재가 소멸되는 것이 아니다. 그렇다면 '마음'은 무엇일까? 마음은 우리 영혼의 중심 기관이라고 말할 수 있다[247]. 우리의 영혼은 마음을 통해서 느끼고 생각하고 판단한다. 기쁨이나 슬픔, 사랑과 미움, 동정과 분노 따위를 '마음'이라는 기관을 통해서만 느끼는 것이다[248]. 결국 마음은 '영혼의 창'이며, 마음은 '영혼 활동의 중심 자리'인 셈이다[249]. 그러므로 영혼과 마음, 이 둘은 본질상 서로 같다. 유기적으로 하나의 존재인 것이다. 하나의 존재지만 상태적으로는 다르게 나타난다. 이렇게 상태적으로는(현상적으로는) 각기 존재하기에, 분리해서 탐구하면 얻는 유익이 있는 것이다. 이용(利用)의 한 예를 들어 보자. 고체의 얼음을 끓이면 액체인 뜨거운 물이 된다. 이 둘은 H_2O로서 비록 분자 구성 성분은 완전히 똑같지만 물질의 존재 양식인 상태는 고체와 액체로 서로 다른 것이다. 이 다름을 적절히 이용한 것이 일상에서 우리가 마시는 아이스 커피(냉커피)와 아메리카노(뜨거운 커피)이다. 이런 유익이 있기에 좋은 죽음을 찾아가는 데 있어서도 필자는 영혼과 마음을 분리하여 가설을 진행해 나가겠다. 죽음이 다가오면 영혼의 중심인 우리 마음이 스스로 준비하는 것이 있다. 지금부터 그것을 살펴보자.

가) 위축

환자는 반응이 없어지고 위축되며 많은 사람들과 함께 이야기하고 싶어 하지 않게 된다. 이런 상태는 환자가 주변의 모든 관계로부터 해방되고 떠나기 위해 준비하고 있는 것이다. 환자는 마지막까지 들을 수 있기 때문에 가족은 사랑하는 분에게 정상적인 목소리로 이야기하고, 말할 때는 자신이 누구인지를 밝혀 주고 환자가 편안히 죽을 수 있도록 도움이 되는 이야기를 해 주는 것이 좋다.

나) '환상'과 같은 경험

환자는 이미 죽은 사람과 얘기하거나 또는 다른 이에게는 보이지 않거나 실제로 없는 것을 봤다고 이야기하는 경우가 있다. 이것은 환자가 세상으로부터 분리되기 시작하는 것이고, 차원(次元)이 전환되려기에 생기는 현상이다. 환자가 들리는 것에 대하여 무시하거나 따지거나 부정하지를 말자(환자의 환상이 늘 옳다는 게 아니다. 비록 틀린 이해를 할 수도 있겠지만 중요한 것은 그가 우리는 이해하지 못하는 어떤 경험을 실제로 하고 있다는 것이다. 환자는 한 차원에서 다른 차원으로 넘어가는 임계점(Critical Point)에 있기에 두 차원을 넘나드는 신비한 경험을 할 수 있다). 모두가 겪는 것은 아니지만 이런 경험은 정상적이고 평범한 것이다. 만약 그런 것들이 죽어 가는 사람을 놀라게 한다면, 지극히 정상이라고 설명해 주는 것이 좋다.

다) 안절부절못함

환자는 자꾸 무언가를 되풀이하고 안정하지 못할 수 있다. 이것은 아직 해결하지 못한 어떤 문제로 인해 마음이 불편하여 편안하게 죽음을 준비하지 못하는 경우이다. 환자를 편하게 해 줄 수 있는 좋은 방법 중 하나는 평소 환자가 즐겼던 장소, 좋았던 경험을 상기시켜 주는 것이다. 좋아하는 성경 구절을 읽어 주며 찬송과 좋아하던 음악을 들려주고 환자의 죽음을 인정하고 받아들이는 태도를 보여 주는 것도 추천한다.

라) 대인 관계 감소

환자는 몇 사람 혹은 단 한 사람과만 함께 있으려 한다. 이는 환자가 떠나기 위해 준비한다는 징조이며 그가 죽기 위해서 어떤 사람이 제일 필요한지를 보여 주는 것이다. 만약 당신이 환자가 마지막까지 함께 있고 싶어 하는 소수의 사람 속에 포함되지 않았다 해도 당신이 중요하지 않다거나 환자가 당신을 사랑하지 않는다는 의미는 아니라는 사실을 알아야만 한다. 이는 당신이 이미 환자에 대해 해 주어야 할 당신의 책임을 다했으며, 다만 이제 '안녕'이라고 말할 수 있는 때라는 의미이다. 만일 당신이 환자가 마지막까지 함께 있고 싶어 하는 소수의 사람 중 하나라면 그것은 환자가 편히 죽기 위해 당신의 지지와 도움이 필요하다는 의미이다.

죽음이 다가올 때 저절로 우리에게 어떤 마음(심리) 상태가 되는지에 대해 알아보았다. 이미 그렇게 되도록 인간, 우리는 처음부터 설계되어 있었던 것이다. 그러므로 이런 증상이 다가오면 두려워하지 말고 우리 마음을 하나님께(하나님의 인도하심에) 온전히 순종하자. 우리가 의지적으로 가져야 할 바른 마음의 태도이다. '마음의 착륙'을 위해 필요한 것은 이 '하나님께 순종하기' 외에 3가지가 더 있다. 이 모두를 살펴보자.

1. 하나님께 순종하기: 죽음이 다가올 때 우리 마음에 바로 위에서 기술한 것들(위축, 환상을 봄, 안절부절못함, 대인 관계 감소)이 나타나게 되어 있다. 그러므로 이를 자연스럽게 우리 마음에 받아들이는(순종하는) 태도가 필요하다.

2. 가지기: 다음과 같은 것들을 마음에 가지자.
   - 예수님의 마음을 품기[250]
   - 평상심을 가지기: 죽음이 가까이 와도 마음이 흔들리지 않도록 평상심을 유지하고 건강한 마음을 가져야 한다[251].
   - 마음의 여유 가지기: 마음을 천국 시계에 맞추고[252] 마음의 여유와 '쉼' 얻기[253]
   - 행동과 말은 되도록 천천히 하고, 진실하고 올바른 생각[254]하기
   - 하나님께 깨끗한 마음을 드리기[255]

3. 지키기(잠4:23)[256]: 다음과 같은 것들을 마음에 지키자.
   - 주님의 마음 지키기: 죽음을 이기신 주님이 함께 하시면(주님의 마음을 지키면) 늑대와 같이 흉포한 죽음도(죽음에 떠는 우리 마음도) 순한 개처럼 충분히 다스릴 수가 있다[257](잠 16:32).
   - 평강으로 마음과 생각을 지키기[258](빌 4:4~7)
   - 애통[259]으로 마음을 지키기

- 마음을 지켜서 하나님께 찬양과 감사[260]하기

4. 벗어나기: 벗어나야 할 마음은 다음과 같은 것들이 있다.
   - 묶인 마음에서 벗어나서 진정한 자유 찾기[261]
   - 헛된 욕심을 버리고 마음에 두어야 할 것만을 잘 챙기기[262](전 7:1~4)
   - 두려운 마음을 주께 모두 맡겨 버리기[263]

"아버지께서 내게 주시는 자는 다 내게로 올 것이요
내게 오는 자는 내가 결코 내쫓지 아니하리라
내가 하늘에서 내려온 것은 내 뜻을 행하려 함이 아니요
나를 보내신 이의 뜻을 행하려 함이니라
나를 보내신 이의 뜻은 내게 주신 자 중에 내가 하나도
잃어버리지 아니하고 마지막 날에 다시 살리는 이것이니라
내 아버지의 뜻은 아들을 보고 믿는 자마다 영생을 얻는
이것이니 마지막 날에 내가 이를 다시 살리리라 하시니라"
(요 6:37-40)

03 몸의 착륙(Body Landing)

세 번째로 몸의 착륙이 있다. 죽음이 다가오면 우리 몸도 죽음을 받아들이기 위해 준비해야 하는 것들이 있다. 물이 높은 곳에서 낮은 곳으로 스스로 알아서 흐르듯이 자동적으로(automatically), 자연스럽게(naturally), 스스로(for yourself) 우리 몸이 준비하는 것들이다. 이 준비는 아래 기술하는 여러 증상들로 나타난다. 명심해야 될 것은 이런 죽음 증상이 친구처럼 다가오면[264] 너무 슬퍼하거나 두려워하지 말라는 것이다. 오히려 이런 것들이 아주 정상임을 아는 게 매우 중요하다. 이제 우리가 70~80년 사용한 몸은 이 땅에서의 비행을(비행 임무를) 마쳐 가고 있으며, 우리 영혼은 하나님이 주시는 새로운 비행기(부활의 몸[265])로 갈아타기 위한 여러 절차를 착착 제대로 밟아 나가고 있는 것이다.[266] 이런 믿음을 가지고 하나님의 부르심에 온몸으로 순종하는 태도가 지금 우리에게 필요하다. 죽기 위해서 먼저 우리 몸에 나타나는 여러 증상으로 다음과 같은 것들이 있다.

가) 잠

환자는 임종에 가까워지면서 수면 욕구가 강해져 시간에 관계없이 잠을 청하게 되며 결국 의식이 없어지게 된다. 이것은 신진대사의 변화에서 오는 정상적인 진행이다. 때로는 상황에 맞지 않는 이야기를 하기도 하고, 침대에 가만 누워 있지 못해 계속 일어나려고 하거나, 흥분이 잦아지며, 낮과 밤이 바뀌기도 한다. 또한 환자는 시간과 장소, 자신의 주위에 있는 사람들에 대해 혼돈을 일으키기도 한다. 이럴 때에는 환자에게 자신이 누구인지 묻기보다는 스스로 자신을 확인시켜 주는 것이 좋다. 의사소통이 필요할 때에는 소통하는 이유를 설명해 주는 것이 도움이 되며, 반의식 상태에 있는 사람이라도 만져 주거나, 껴안고, 지지하고 진정시켜 주는 등 애정을 표현해 주는 것이 바람직하다. 응답할 수는 없더라도 듣고 느낄 수는 있기에 이런 일련의 행동들은 환자에게 큰 위안이 된다[267].

나) 물과 음식을 기피함

환자는 점차 음식이나 수분의 섭취를 기피하게 되는데, 이는 환자의 몸이 소화하는 일보다 다른 기능에 에너지를 소모하기 때문이다. 임종에 가까워지면 환자는 허기를 느끼지 못하게 된다. 가족들은 환자가 음식 섭취를 중단하는 것을 '항복' 또는 '자포자기' 하는 것으로 해석한다. 그래서 환자가 '굶어 죽지' 않을까 걱정한다. 의사는 이 단계에서는 식욕을 잃는 것이 정상이라고 가족들이 이해하도록 도울 수 있다. 환자는 이제 음식이 끌리지 않거나 음식 때문에 오심(惡心)이 생기기도 하므로 배고프지 않으며, 만일 먹고 싶으면 먹을 것이지만 이를 악물고 있는 경우는 먹지 않겠다는 바람을 표현한 것임을 인지해야 한다. 식욕 감소는 케톤증[268]을 유발하여 안정감을 높이고 통증을 완화하기 때문에 오히려 환자를 보호하는 효과가 있음을 가족들에게 이해시켜야 한다. 대부분의 환자는 죽기 오래 전부터 수분 섭취가 줄거나 물을 전혀 마시지 않는다. 수분 섭취가 저하되면 주위 사람들은 환자가 고통을 받지 않을까 하는 걱정에 휩싸인다. 그러나 음식물 섭취의 저하처럼 이 역시 예상되는 문제라는 것을 가족이 이해하도록 도와야 한다. 대부분의 전문가가 임종 전의 탈수 현상이 환자를 고통스럽게 하기보다는 엔도르핀(endorphin)의 분비를 촉진해서 환자의 안정감을 높인다고 보고 있다[269].

다) 통증

의식이 감소되어 언어로 통증을 표현하지 못하는 환자의 고통은 표정이나 몸짓을 보고 판단할 수 있다. 이마와 미간이 긴장되어 있거나 찡그려진 경우 통증을 느끼고 있을 가능성이 높다. 그러나 찡그린 표정과 뒤척이는 몸짓이 반드시 통증을 뜻한다는 보장은 없다. 환자의 전반적인 상태를 고려해서 판단해야 한다. 초조 및 안절부절과 동반되어 작은 신음 소리를 내거나, 끙끙거리거나 얼굴을 찌푸리는 것이 흔히 통증으로 잘못 해석될 수 있다. 말기 섬망[270] 또한 있을 수 있다. 통증을 평가하기 어려운 의식이 없는 환자의 경우 마약성 진통제를 시도해 보는 것이 도움이 될 수 있으며, 말기 섬망인 경우 벤조디아제핀(benzodiazepine)이나 진정 작용이 있는 신경이완제(sedating neuroleptics)를 써 볼 수 있다.

라) 근육 이완

몸의 근육들이 이완되어 턱이 아래로 처지면서 입이 다물어지지 않게 된다. 대부분의 환자들은 수분 섭취가 감소하고 입으로 숨을 쉬는 경우가 많아 혀가 건조해진다. 이럴 때에는 얼음 조각이나 주스 얼린 것을 입에 머금을 수 있도록 해 주는 것이 입안을 상쾌하게 하는 데 도움이 된다. 또 물을 묻힌 거즈로 자주 닦아주어 불쾌감을 감소시켜 줄 수 있다.

마) 호흡

호흡이 평소와 달리 거칠어지고, 간격이 일정치 않고 몰아서 하는 호흡 증상이 점차 늘게 된다. 한참 동안 호흡을 하지 않는 무호흡 상태가 나타나다가 한번에 몰아쉬는 호흡을 하게 된다[271]. 이는 내부 기관의 순환 감소로 인해 일어나는 일반적인 현상이다. 간혹 숨을 내쉴 때 신음 소리가 날 수도 있다. 이는 가슴에 있는 호흡 근육이 이완되어 나는 소리이므로 통증에 의한 소리가 아님을 이해해야 한다. 상체를 높여 주면 가슴이 넓게 펴지고 갈비뼈가 열려 숨을 쉬는 데 도움이 되며, 환자의 손을 잡아 주며 대화를 하는 것이 좋다. 가족들은 호흡의 변화를 환자가 임종이 임박하였다는 가장 고통스런 징후 중 하나로 받아들이게 된다. 많은 사람들은 의식이 없는 환자가 질식감과 비슷한 느낌을 겪지 않을까 두려워한다. 그러나 의식이 없는 환자는 호흡 곤란 혹은 질식감을 느끼지 않는다는 점과, 산소를 주는 것이 별로 도움이 안 되며 임종의 과정을 연장하는 데 지나지 않는다는 점을 알 필요가 있다. 환자가 숨찬 느낌, 호흡곤란을 인지하여 힘들다면 저용량의 마약성 진통제 혹은 벤조디

아제핀의 사용이 도움이 될 수 있다[272].

바) 맥박

맥박이 빨라지다가(산소가 모자라므로 심장 박동이 많아진다) 임종이 다가오면 이번엔 오히려 아주 느려진다(체력이 떨어지므로).

사) 눈

평소와 달리 눈을 뜨고 있는 것조차 힘들어하는 수가 많다. 아니면 한번 뜬 눈을 잘 감았다 떴다를 하지를 못한다[273]. 허공을 응시하듯이 하고, 임종이 가까울수록 동공이 크게 열려 보인다. 이때 입을 다물고 있을 기력도 모자라 자꾸 입을 벌리고 있는다.

아) 가래

기도 내에 분비물이 증가하고 축적되어 호흡할 때 가래 끓는 소리가 들리게 된다. 그르렁 혹은 가르릉거리는 소리가 특징이다. 환자의 가슴에서 마치 돌이 구르는 듯한 소리도 들리게 되는데, 이는 새로운 통증이 생겼거나 상태가 심각해져 나오는 소리가 아니다. 수분 섭취가 감소하고, 분비물을 기침으로 해소하는 기능이 저하되어 나타나는 정상적인 변화이다. 환자 본인은 가래에 대한 고통을 느끼지 못하는 경우가 많지만, 주위 사람들에게는 견디기 힘든 소리가 될 수도 있다. 흡인기를 이용해 가래를 빨아낼 수 있지만, 환자에게 구역질과 기침을 유발시켜 가래가 더 증가하는 악순환이 되므로 가급적 흡인기의 사용은 자제하는 것이 좋다.

자) 기립근

 반듯이 누워 있을 때, 건강한 경우에는 허리춤 밑으로 손바닥을 펴서 밀어 넣는 것이 가능하지만, 임종이 가까워질수록 허리가 내려앉아 손바닥을 집어 넣을 수가 없게 된다[274]. 척추뼈를 지지하고 있는 기립근의 긴장이 풀린 것이다.

차) 차가워짐

 따뜻한 온기를 간직하던 수족이 싸늘해지며, 웬만큼 이불을 덮고 주물러도 따뜻해지지를 않고, 부드럽던 근육과 피부가 뻣뻣한 장작개비 같은 느낌을 주게 된다. 싸늘함은 환자의 손과 발부터 시작해 팔과 다리의 순서로 올라간다. 피부색도 하얗게 혹은 파랗게 변하게 된다(입술, 손톱 밑, 발톱 밑의 색깔이 분홍색이나 흰색에서 서서히 자주색으로 변한다). 이는 혈액순환의 지하가 점차 몸의 중요한 기관으로 이행되는 정상적인 순서이다. 이때 환자에게 담요를 덮어 주어 따뜻함을 유지시켜 주는 것은 좋으나 전기 기구는 가급적 사용을 피하는 것이 좋다. 임종 전 열이 났던 환자는 체온이 바로 떨어지지 않는 경우가 있기도 하다.

카) 대소변

 수분 섭취가 적어지고 신장을 통한 수분의 순환도 감소하므로 자연히 소변량이 줄어들게 된다. 이런 경우 소변 줄의 이용에 대해 의료진과 상의가 필요하다. 무기력해진 환자의 근육으로 인해 대소변을 조절하지 못하고 실금 또는 실변이 잦아진다. 이는 모두 환자와 가족들을 힘들게 할 수 있는데 특히 이러한 문제가 발

생활 것을 모르는 경우는 더 심각하게 나타난다. 대소변의 실금이 발생하면 깨끗하게 닦고 피부를 관리해야 한다. 소변 카테터를 사용하면 옷을 갈아입히고 치우는 것을 줄일 수도 있고 피부를 보호할 수 있으며, 가족 등 돌봄 제공자의 일을 줄일 수가 있다. 그러나 카테터가 꼭 필요한 것은 아니며 소변량이 매우 적어지면 흡수성 기저귀나 패드로 관리가 가능하다. 설사가 심한 경우 직장관(rectal tube)이 마찬가지로 유효하다. 홑이불 밑에 비닐을 씌우거나, 환자에게 성인용 기저귀를 채워 주는 것이 좋은 방법이다. 중요한 것은 환자의 몸과 침상을 항상 청결하고 편안하게 유지시켜야만 한다.

타) 경직

자연사의 경우, 대개는 사지에서부터 혈액이 제대로 공급되지 않는 관계로 경직되어 올라오는데, 간지름도 타지 않고 꼬집어도, 화상을 입어도 모를 만큼 신경이 둔해지거가 마비가 이루어진다.

죽음이 임박한 몸의 여러 증상들에 대해서 알아보았다. 우리 몸은 참으로 신비스럽다. 세계에 겨우 500대만 있다는 슈퍼컴퓨터보다도 더욱 정교하게 잘 만들어졌다. 죽을 때에도 이처럼 스스로 완벽하고 멋지게 떠날 준비를 잘하는 것이 너무나도 놀랍다. '몸의 착륙'을 위해 고려해야 될 것은 이 '하나님의 뜻에 순종하기' 외에 몇 가지가 더 있다. 모두를 살펴보자.

1. 하나님의 뜻에 순종하기: 먼저, 위의 12가지 증상들은 죽음을 받

아들이기 위한 우리 몸의 자연스러운 현상임을 알고 하나님의 뜻에 기쁘게 순종한다[275].

2. 3개월~1개월 전: 죽기 1개월 전까지 우리가 해야 될 일이다.
   - 평상시 본인에게 적합한 운동[276]을 꾸준하게 함으로써 하나님이 주신 삶을 죽을 때까지 즐겁고 건강하게 누릴 수 있도록 해야만 한다. 기본적으로 건강한 몸이 행복한 죽음을 담보한다. 이 말은 건강수명[277]을 최대한 고유수명과 근접할 수 있도록 해야 한다는 의미이다. 운동해야 건강하고, 건강해야 잘 죽는다.
   - 행복한 죽음에 체중은 중요한 변수이다. 필자가 지켜본 경험에서도 보면, 몸이 가벼운 사람보다 비대한 사람이 훨씬 더 죽음이 자연스럽지 못했고 고통스러운 죽음을 맞이할 확률이 더욱 많았다. 낙상사(落傷死)나 낙상 사고를 줄이기 위해서라도 평상시 체중을 줄여 몸을 가볍게 해야만 한다(죽을 때는 평상시 체중의 1/2로 만든다).
   - 최소한의 음식과 물: 몸이 음식을 받지 않을 때가 되면[278] 무리하게 먹으려고 하지 말고[279] 최소한의 음식만 입으로 먹는다. 입으로 먹을 수 없는 경우가 된다면 이제 몸이 음식을 거부하는 것이다. 이때부터는 물만 먹는다[280]. 나중에는 물도 필요하지 않다(고농도의 포도당과 그 밖의 영양제를 정맥을 통해 주입하는 것은 바람직하지 않다. 정맥주사를 지속하는 것은 일반적으로 고려되지 못했던 다른 부작용들을 초래할 수가 있다. 복부 벽에 관을 심은 후 그 관을 통해 우주식과 같은 유동식을

공급하는 위루술(PEG)은 절대로 사양해야 한다).
- 필자는 죽음이 임박해 오면 의식이 있을 때에[281] 커피 관장을 하려고 한다.
- 마지막이 점점 다가올수록 더욱 몸을 깨끗이 한다.
- 몸이 깨끗할 뿐 아니라, 늙은 매화처럼 몸에서 향기가 나면 가장 바람직하다. 허브를 말린 것 등 자연에서 얻은 향료면 가장 좋겠고(향 주머니로 만들어서 침상 주변에 놓아 둔다.) 없으면 자극적이지 않고 은은한 오데코롱(향수 원액이 가장 옅은 것)을 사용해도 좋다.

3. 1개월~일주일 전: 죽기 일주일 전까지 해야 될 일이다.
- 의식이 아직 있는 경우는 위 항에 기술한 사항을 계속 지켜 나간다. 그러나 곧 의식이 있다 없다를 반복할 것이다. 그리하여 나중에는 스스로 의사를 표현하지 못하는 상황이 된다. 이렇게 의식이 없게 된 경우는 작성된 '사전의료의향서'와 연명의료계획서를 따르는 게 가장 좋다. 무의식 상태로 링거 줄을 주렁주렁 매단 채 고통스러운 연명치료를 받다가 중환자실에서 홀로 죽는 것만은 절대로 피해야만 한다.

최종적으로 이제, 우리 몸에 일어나는 임종 직전과 임종 확인에 대해서 알아보자.

1. 임종 직전: 경기를 하듯이 몸을 빳빳이 하는 듯한 행동이 오기 시작하고, 목 안에서 가래 끓는 소리가 커지고, 힘겹게 숨을 몰

아쉬기를 시작하면 바로 임종 직전이다. 드디어 착륙 마지막 단계인 착지 준비가 필요한 시간이 되었다.

2. 임종 확인: 임종의 최종 확인은 맥박이 완전히 멎고, 호흡이 없으며, 빛이나 자극(고통)에 대하여 반응을 못하면 죽었다고 확정을 한다. 그 이후 체온의 저하, 굳어짐 등이 사망의 증거로서 추가적으로 나타난다.[282] 또한 근육과 괄약근이 이완되어 대소변을 보기도 하고, 눈은 뜬 채로 있을 수 있다. 턱이 아래로 처지면서 열릴 수 있고, 체액이 몸 안에서 흐르는 소리가 들릴 수도 있다. 맥박은 목 양 옆의 경동맥이 뛰는지를 짚어 보아야 하고, 호흡은 코에다 귀를 대어 보아야 하며 손전등으로 동공의 반응을 살펴야만 한다. 임종 확인을 했는가? 드디어 오랜 비행을 마치고 우리 비행기는 막 착륙을 한 것이다.

필자와 몽골 초원의집 공동체 직원들(환우들의 착륙을 돕고 있다)

소결론

아름다운 죽음을 위해서 결국은 영혼과 마음 그리고 몸의 착륙을 잘해야 된다고 말했다. 이를 표로 정리해 보면 역시 12가지(4-4-4가지)로[283] 다음과 같다.

공항이 보이면(바로 죽음이 가까이 오면, 보통은 3~1개월 전이다) 이제 조종간을 착륙 모드로 바꾸어 놓고[284], 이 12가지를 유념하여 아름답게 착륙을 하자.

	영혼의 착륙(4가지)	마음의 착륙(4가지)	몸의 착륙(4가지)
1	하나님께 영혼이 순종하기	하나님께 마음이 순종하기	하나님께 몸이 순종하기
2	예배: • 말씀 • 감사 • 찬양 • 기도	가지기[285]: • 예수님 마음 • 마음의 여유(쉼) • 올바른 생각과 마음 • 깨끗한 마음	~3개월 전: • 몸 만들기 • 체중을 1/2로 감량
3	믿음: • 절대 구원의 확신	지키기: • 예수님 마음 • 평강의 마음 • 애통의 마음 • 평상심	1개월 전: • 최소한의 음식 • 주로 물을 먹음 • 커피 관장 • 자주 몸을 씻기
4	성령님과 동행: • 주님만 바라봄 • 주님과 교제 • 평화를 발견함 • 방전에 주의함	벗어나기: • 묶인 마음 • 헛된 욕심 • 두려운 마음	1주일 전: • 사전의료의향서와 연명의료계획서 실천

04 죽음의 좌표(my Landing)

좋은 죽음을 담보하기 위한 몸과 마음 그리고 영혼의 착륙 상관관계에 대한 두 가설을 살펴보았고, 이 셋의 착륙을 구체적으로 각각 어떻게 잘할 수 있는지에 대해서도 알아보았다. 그럼 현재 우리에게 죽음이 다가오고 있다면 '아름다운 죽음'과 '어정쩡한 죽음' 그리고 '나쁜 죽음' 중에 우리는 어떤 범주에 해당이 될까? 독자들은 너무나도 궁금할 것이다. 지금부터는 이에 대해서 살펴본다.

먼저, 공식(가설)은 다음과 같았다.

$$L = \frac{m \times b \times s}{10}$$

아름다운 죽음	어정쩡한 죽음	나쁜 죽음
15≤ Beautiful L ≤100 (아름다운 착륙)	0 < Crash L < 15 (동체 착륙)	Explosion L = 0 (폭발)

L= landing, 착륙

m=1-10, m=마음의 착륙(mind landing)

b=1-10, b=몸의 착륙(body landing)

s=0-10, s=영혼의 착륙(spritual landing)

지금부터 변수 m, b, s의 값을 찾는다. 마음의 착륙이 무엇인지 그리고 몸과 영혼의 착륙이 무엇인지는 이미 설명을 했으니, 이를 머리 속에 유념하면서 각자 본인의 값을 구해 보자. (변수)값을 정하는 데 사용하는 도구는 바로 우리의 양심(conscience)이다. 하나님께서 우리 각자에게 정확하고 정밀한 양심을 주셨기에, 우리의 현재 상황은 사실 우리 자신이(선한 양심이) 그 누구보다도 가장 잘 알고 있는 것이다[286]. 그러므로 냉정하고 엄격하게 우리 좌표를(현재 상황을) 다음 표를 이용하여 찾아본다. 그 후 얻어진 값을 공식 L=(m×b×s)/10에 대입하면 되는 것이다.

값 착륙	0	1	2	3	4	5	6	7	8	9	10
			남에게 도움을 받음			스스로 걸음			남에게 도움을 줌		
		시작 (아기)	하하 (유치 원생)	하중 (초등- 1,2,3)	하상 (초등- 4,5,6)	중하 (중등)	중중 (고등)	중상 (대학)	상하 (대학원)[287]	상중 (박사)	상상[288]
M (마음)	–			@				*			
B (몸)	–					@	*				
S (영혼)	믿음 없음					@	*				

(@: 오뜨마 전도사의 경우, *: 필자의 경우)

먼저, 다음 설명을 잘 읽고 스스로 값을 정한다.

① 0: 실재가 없는 무의 상태다.
② 1: 막 태어나서 걸음마를 시작하는 어린 아기와 같은 상태다.

아기는 어른이 된다. 이를 상(上)·중(中)·하(下)로 구분하여 2~10의 점수를 주겠다.
다음과 같다.

③ 하(下): 남에게 도움을 받는 자(2~4)
④ 중(中): 스스로 걷는 자(5~7)
⑤ 상(上): 남에게 도움을 주는 자(8~10)

위의 상·중·하를 다시 9가지로, 비유를 하며 세분을 한다.
다음과 같다.

① 하하(下下): 남에게 도움을 받되 그 정도가 가장 많은 상태이다.
   (유치원 수준: 산수에서 덧셈, 뺄셈을 알게 됨)
② 하중(下中): 남에게 도움을 받되 그 정도가 중간 정도인 상태이다.(초등학교 저학년 수준: 구구단을 외움)
③ 하상(下上): 남에게 도움을 받되 그 정도가 가장 적은 상태이다.
   (초등학교 고학년 수준: 산수를 배움)
④ 중하(中下): 스스로 걷되 그 정도가 가장 나쁜 상태이다.

(중학교 수준: 이차방정식을 배움)
⑤ 중중(中中): 스스로 걷되 그 정도가 중간 정도의 상태이다.
　　(고등학교 수준: 미적분을 배움)
⑥ 중상(中上): 스스로 걷되 그 정도가 가장 좋은 상태이다.
　　(대학교 수준: 수학을 정식으로 전공하게 됨)

⑦ 상하(上下): 남에게 도움을 주되 그 정도가 가장 적은 상태이다.
　　(대학원 수준: 심화 과정임, 조교 단계)
⑧ 상중(上中): 남에게 도움을 주되 그 정도가 중간 정도인 상태이다.(박사 수준: 남에게 교수를 잘할 수 있는 단계임)
⑨ 상상(上上): 남에게 도움을 주되 그 정도가 가장 많은 상태이다.
　　(인간으로서는 가장 완전하고 온전한 수준의 단계임)

위를 참조해서 현재 독자들의 몸과 마음의 준비, 그리고 영혼의 준비가 현재 어느 수준에 와 있는지를 파악하여 세 가지(세 부분)의 값을 얻어서 본 공식에 대입을 한다.

아래에는 필자가 이해한 여러 사람들의 경우(좌표)를 적어 보았다.

1. 임이네와 조준구의 경우(나쁜 죽음)
　　$L = (m \times b \times s)/10 = 1 \times 1 \times 0/10 = 0$

2. 월선의 경우(어정쩡한 죽음 혹은 어정쩡한 죽음 같았는데 결국

나쁜 죽음이 됨)

L = (m×b×s)/10 = 8×8×0/10 = 0

3. 자신의 달란트를 반절만 사용한(남긴) 사람의 경우(겨우 아름다운 죽음)

L = (m×b×s)/10 = (5.5×5.5×5.0)/10 = 15.1

4. 헌터 부인의 경우(90점)

L = (m×b×s)/10 = (9.1×9.1×9.0)/10 = 74.5(좋은 아름다운 죽음)

5. 성 프랜시스의 경우(95점)[289]

L = (m×b×s)/10 = (9.55×9.55×9.50)/10 = 86.6(매우 좋은 아름다운 죽음)

6. 이현필 선생의 경우(95점)

L = (m×b×s)/10 = (9.55×9.55×9.50)/10 = 86.6(매우 좋은 아름다운 죽음)

7. 예수님의 경우(100점)

L = (m×b×s)/10 = (10×10×10)/10 = 100(온전하고 완전한 아름다운 죽음)

8. 부끄러운 구원을 받은 사람의 경우(어정쩡한 죽음)

$$L = (m \times b \times s)/10 = (2 \times 2 \times 1)/10 = 0.4$$

9. 현재 필자의 경우[290] (보통 아름다운 죽음)

    $$L = (m \times b \times s)/10 = (7 \times 6 \times 6)/10 = 25.2$$

10. 현재 몽골 노공빌체르(푸른초장)교회 오뜨마 전도사의 경우[291]
    (비록 구원을 받았지만 아직은 어정쩡한 죽음)

    $$L = (m \times b \times s)/10 = (3 \times 5 \times 5)/10 = 7.5$$

11. 그럼 현재[292] 독자의 경우는?

    $$L = (m \times b \times s)/10 = ?$$

성 프랜시스

이현필

213) 서양의 어떤 묘지에 단 세 줄로 짤막했지만, 흥미로운 글이 적혀 있는 묘비가 하나 있었다. 어떤 사람이 그 묘비를 읽기 시작했다. 첫 줄은 이렇게 시작했다. "나도 전에는 당신처럼 그 자리에 그렇게 서서 남의 묘비를 읽었소." 첫 줄을 읽은 그는 자기도 모르게 피식 웃었다. 그런데 두 번째 줄에 "나도 전에는 당신처럼 그곳에 서서 그렇게 피식 웃었소."라고 적혀 있었다. 그는 순간 정신이 번쩍 들었다. 재빨리 다음 줄을 보자 거기에는 "이제 당신도 나처럼 죽을 것이니까 빨리 준비하시오."라고 적혀 있었다. 자신의 삶을 진지하게 되돌아보며 성실하게 살아 가야 된다는 경고였던 것이다. 누구든지 남의 묘비를 읽을 때 자신은 죽지 않을 줄 착각한다. 그러나 언젠가는 다른 사람들이 우리의 묘비를 읽을 때가 틀림없이 다가온다. 이제 우리 차례가 되었다.

214) 김길성 교수

215) 필자의 가설이다. 검증을 할 수도 없기에 의심 내지 동의하지 않는 이도 많을 것이다. 그러나 필자의 직관적 확신이다.

216) "mbc(문화방송)가 아니고 mbs다." 이렇게 외워 두면 쉬 잊지 않겠다.

217) '아름다운 죽음'의 최댓값을 100으로 보았다. 100이란 값이 과연 가능한가? 적어도 마태복음 25장 달란트의 비유에서는 그렇다. 두 달란트와 다섯 달란트를 받은 자들은 장사를 하여 각각 두 달란트와 다섯 달란트씩 그렇게 두 배로 더 남겨서(100%를 남겼으니 점수로 치면 100점이다) 주인의 칭찬을 받고 있다. 그러나 물론 이게 우리 모두에게 가능한 일은 절대로 아니다. 100점(L=100)은 커녕 보통 사람이면 90점(L=74.5)을 얻는 것도(본전의 90%를 이익으로 남기는 것도) 그리 녹녹지가 않겠다. 필자는 한계가 있는 피조물 인간에게 95점이 우리가 얻을 수 있는 가장 최고의 점수라고 추정을 한다(95점, 즉 받은 달란트의 95%를 삶의 현장에서 발휘한다면 그는 초인적 성자의 삶을 산 게다. 95점을 위의 식에 도입하면 L=86.6이라는 결괏값을 얻는다). 100에서(하나님이시자 인간이신 예수님의 죽음은 완전하고 온전하기에 100점이다.) 보통 인간이 얻을 수 있는 최댓값 86.6을 빼면 13.4가 나온다. 이 13.4가 어쩔 수 없는 신과 인간의 간격(interval)이 된다. 사실이 이런데도(86.6점을 겨우 얻을 수 있는데도) 마태복음 25장에서 100점이라고 인정한 것은(각각 다섯 달란트와 두 달란트를 남겼다고 칭찬을 한 것은) 무엇을 의미하나? 신이 우리에게 베푸시는 보너스인가?(기독교식으로 표현하면 '하나님의 은혜'다. 은혜로 하나님이 13.4를 보너스로 거저 주신 것이다. 그렇게 거저 은혜를 베푸시고도 '착하고 충성된 종'이라고 칭찬을 하신다). 아니면 성도 안에 거주하시는 성령님 그분이 우리 대신에 몸소 하신 것인가? 복음서에 예수님도 "너희가 나보다 더 큰일을 할 수가 있다."라고 말씀하셨다(요 14:12; 내(예

수님)가 진실로 진실로 너희(인간)에게 이르노니 나를 믿는 자는 나의 하는 일을 저도 할 것이요 또한 이보다 큰 것도 하리니 이는 내가 아버지(성부)께로 감이니라). 이 둘 중 어떤 것이 더 옳은지는(둘 다 옳을지도 모른다) 우리는 나중에 천국에 가면 자연히 알게 되리라. 아무튼 본서에서는 95점(L=86.6)을 인간이 달성할 수 있는 최대 점수로 가정하겠다. 또 하나 더 밝혀 둘 게 있는데, '하나님의 은혜든 우리 안에 성령님이 하셨든' 간에, 이 둘 모두는 하나님의 절대 주권이라는 것이다. 하나님께서 그분의 기뻐하심에 따라 사람마다 다르게 은혜를 배분해 주고 계시기에 사실 인간은 이를 쉽게 짐작을 하거나 정확히 계량화할 수도 없겠다.

218) 동체 착륙, 'Belly Landing' 이라고도 한다.
219) '마음' 을 영어에서는 'mind' 와 'heart' 로 같이 쓴다. 그런데 mind와 heart는 차이가 있다. mind는 '정신, 생각, 의견과 관련된 것' 이고 heart 는 '희로애락의 감정' 이다. 본서에서 말하는 마음이란 이 둘을 다 아우르는 것이지만, 어쩔 수 없이 한 단어를 택하여야 하겠기에 mind를 사용했다.
220) 마음과 몸의 랜딩은 그 범윗값을 둘다 1에서 10으로 잡았으나, 영혼의 랜딩은 0에서 10으로 한다. 아무리 마음과 몸의 착륙이 잘 되었다고 하더라도(비록 10이라고 하더라도) 영혼의 착륙 준비가 없다면(예수님을 믿는 믿음이 없으면) 나쁜 죽음이 된다(동체 착륙은 커녕 폭발하고 만다). 이게 맞다. 그러나 간혹 사람의 눈에 괜찮은(어정쩡한) 죽음으로 보여지고 있을 뿐이다.
221) 성경은 이를 '달란트' 라고 말한다. 마 25장.
222) 만약 하나님으로부터 두 달란트를 받았으면 그 절반(50%)인 한 달란트라도 남겨야만 한다(이게 점수로는 50점이며, 최선의 최저점수다). 성경은 장사를 하여 본전의 100%(두달란트)를 남긴 사람을 '착하고 충성된 종' 이라고 말하고 있다(마 25:21, 25:23, 점수로는 100점이다). 반면 아무 일도 하지 않은 게으른 종을 꾸중하면서 주인(하나님)은 맡겨 준 돈(달란트)을 은행에라도 맡기어서 본전에다가 아무리 적어도 은행 이자를 합하여 되돌려 달라고 말씀하고 있다(마 25:27). 은행 이자는 아무리 많아도 금리 50% 이내일 것이다. 그러므로 우리는 최선을 다하여 두 달란트를 받았다면 적어도 한 달란트를 남겨야만 한다. 그러면 50점이며, 가까스로 아름다운 죽음을 얻게 된다.
223) 영혼은 죽지 않는다. 사람들이 죽을 때 그 영혼은 천국 혹은 지옥 중 한 곳으로 옮겨 가는 것인데, 그냥 여기서는 착륙(Landing)이라고 했다.
224) 또는 Soul.
225) 동물에게는 영혼이 없다. 오직 사람에게만 영혼이 있다. 영혼은 하나님이 사람을 창조하실 때 직접 주신 선물이다. 여호와 하나님께서 사람의 육신을 흙으로

창조하셨다. 그러므로 사람의 육신은 흙으로 말미암았고 죽으면 흙으로 돌아가는 것이다(전 3:20). 그러나 사람의 영은 하나님의 형상대로 창조(창 1:27)된 영적 존재이므로 영원히 존재한다.

226) 원래 사람의 영혼은 살아 있는 존재인데 죄가 우리 인간에게 들어옴으로 그 죄로 말미암아 죽었다. 즉, 하나님과의 관계가 단절됨으로 죽었던 것이다. 그런데 궁휼이 풍성하신 하나님이 우리를 사랑하시어 죽은 우리를 그리스도와 함께 살리셨다. 이는 우리가 노력하고 힘써서 된 것이 아니고, 하나님의 은혜로 죽었다가 살아난 것이다. 바로 이것이 구원이다. 그래서 우리가 예수님을 믿어 구원을 받은 것은 우리 영혼이 소생하여 살아 있는 존재가 된 것을 의미한다. 그러나 아직도 믿지 않는 사람들은 영혼은 있으나 죽은 영혼이다. 이들도 복음을 듣게 되면 믿게 하시는 하나님의 은혜로 구원을 얻는데 이때 영혼이 소생하는 것이다.

227) 우리 영혼이 낙심하고 불안해하기도 한다("내 영혼아 네가 어찌하여 낙심하며 어찌하여 내 속에서 불안해 하는가 너는 하나님께 소망을 두라 그가 나타나 도우심으로 말미암아 내가 여전히 찬송하리로다"시 42:5). 그리고 우리가 자기 영혼에게 말하기도 한다. 이것은 영혼이 인격체라는 증거이다. 더 나아가서 우리 영혼은 아픔을 느낀다. 그리고 가끔 두려워 떨기도 하며, 반면에 평안을 누리고 주를 찬양하기도 한다. 이 영혼은 인간의 행동을 지시하기도 하고 하나님의 은혜를 사모하게 하고 좋은 일로 만족할 수도 있다. 한마디로 우리 영혼은 형태는 없으나 우리 속에 살아 있는 인격체이다.

228) 반면에, 신체(몸)는 인간의 물질적(또는 외적) 실체이다(김길성 교수).

229) 예수를 믿지 않는 영혼은 잠든 영혼이고 죽은 영혼이다. 이 영혼을 살리려면 무엇이 필요할까? 다른 것이 필요 없고 오직 하나님의 은혜가 있어야만 한다. 우리는 하나님의 은혜로 말미암아 믿음으로 구원을 받는다. "너희는 그 은혜에 의하여 믿음으로 말미암아 구원을 받았으니 이것은 너희에게서 난 것이 아니요 하나님의 선물이라"(엡 2:8). 그렇다. 하나님의 은혜가 없으면 우리 영혼은 소생할 수가 없다.

230) 사람의 육신의 양식은 밥(빵)이다. 그러나 영혼의 양식은 하나님의 말씀이다. 창 2:7에 "여호와 하나님이 땅의 흙으로 사람을 지으시고 생기를 그 코에 불어넣으시니 사람이 생령이 되니라"라고 되어 있는데, 여기서 '생기를 그 코에 불어넣으시니'라는 말은 하나님이 사람의 영을 불어넣었다는 것이 아니고 하나님께서 진리와 영감을 사람에게 불어넣어서 영적 생명을 살려 놓았다는 뜻이 되는 것이다(이병규 주석). 이렇게 우리의 영혼에게 진리(하나님의 말씀)는 양식이 된다. 선악과를 따 먹을 때, 하와는 마귀의 미혹을 알지 못하고 그 마귀의 말을 받아들

였다. 이처럼 자기 속에 하나님의 말씀이 없으면 사람은 마귀의 말을 받아들이게 됨으로써 망하고 죽게 된다.

231) 우리 영혼은 살아 있는 인격체다. 그러기에 영적인 능력을 가지고 늘 경건한 삶을 살아야만 한다. 그러려면 살아 역사하는 성령님이 우리를 붙잡아 주셔야 하고 성령으로 늘 충만해야만 한다. 우리는 육체의 건강을 위해서는 운동도 하고 몸에 좋다는 보약도 먹고 별짓을 다하는데, 영혼은 관리를 잘 안 한다. 어떻게 영혼 관리를 해야만 하나? 우선 우리 영혼은 영이기에 말씀과 영력이 있어야 한다. 그러려면 말씀으로 충만해야 하고, 성령의 충만함을 받고 성령의 인도를 받아야만 한다. 그래야만 우리 영혼이 강건해진다. 그래야만 원수 마귀를 이길 수가 있는 것이다(김일환). 예수님의 40일 광야 시험에서도 우리 영혼을 돌보는 원리와 내용을 배울 수 있다. 예수님은 광야에서 세 가지 시험을 받았다. "돌을 명하여 떡이 되게 하라.", "성전 꼭대기에서 뛰어내리라.", "내 앞에 절하라. 천하 만국을 주겠다." 여기서 마귀의 시험의 가장 중요한 특징은 '지금 하라' 는 것이다. 떡도 지금 만들고 성전에서도 지금 뛰어내리고 절도 지금 하라는 것이다. 그럼 당장 축복(?)을 주겠다는 것이다. 그러나 예수님은 이 시험에 속지 않으신다. 우리 영혼은 하루아침에 달라지지 않기 때문이다. 영성가 리처드 포스터도 "서두름은 영혼의 원수다."라고 말했다. 이처럼 우리 영혼을 돌보는 일에는 시간이 필요하다. 평상시에 꾸준하게 오래 해야만 한다.

232) 착륙할 때, 가급적 느린 속도에서도 비행기가 갑자기 땅으로 뚝 떨어지지 않도록 양력을 만들어야 하는데 그러려면 비행기 머리를 위로 약간 치켜올려야만 한다.

233) 몸에서 영혼이 떠나기 전(앞바퀴가 착륙하기 전)에 몸과 마음의 착륙이 먼저이다(뒷바퀴들부터 먼저 착륙한다). 비행기는 구조상 앞쪽의 밸런스가 무거운 상태이기 때문에 앞바퀴 먼저 착륙하면 사고의 위험이 있다. 뒷바퀴들부터 착륙 후 플랩(날개에 부착된 기어, 속도를 감속시키는 역할을 함)이 올라가고 엔진리버스(엔진 힘의 방향을 반대로 전환함) 후 정지한다.

234) 드디어 몸에서 영혼이 분리되었다. 죽었다는 말이다.

235) 임사(臨死) 경험(죽었다가 다시 살아난 경험)을 한 사람들의 주장 중 하나는 죽은 뒤에도 영혼이 약 30여 분을 허공에서 그대로 머물며 자기의 주검을 둘러싸고 슬퍼하는 사람들을 잠시 지켜보다가 출발한다는 것이다. 비행기가 땅에 기어를 내린 뒤에도 관성으로 앞으로 나아가듯이 사람은 죽고 나서(몸과 영혼이 분리되고도) 우리 영혼도 아주 잠시 동안 이 땅에 머물게 된다. 그리고 (예수를 믿어) 천국에 가는 영혼은 터널을 통과하게 되면(꽃밭이나 초원을 지난다고 하는 임사 경

험자도 있다) 곧 빛의 나라에 도달하게 되고 그곳이 바로 천국인 것이다. 이렇게 천국은 어둠과 밤이 없는 영원한 빛의 나라이다.

236) 교회 예배 의식에는 ① 기도(행 6:4, 딤전 2:1), ② 찬송(골 3:16, 4:6, 시 9:11, 엡 5:19), ③ 성경낭독(행 15:21, 눅 4:16-17), ④ 성경 해석과 강도(딛 1:9, 행 9:20, 10:4, 눅 24:47, 딤후 4:2), ⑤ 세례(마 28:19-20, 막 16:15-16), ⑥ 성찬(고전 11:23, 28), ⑦ 금식과 감사(눅 5:35. 빌 4:6, 딤전 21, 시 50:14, 시 95:2), ⑧ 성경 문답(히 5:21, 딤후 3:14, 17), ⑨ 헌금(행 11:27, 고전 16:1-14, 갈 2:10. 6:6), ⑩ 권징(히 13:17, 살전 5:12-13, 고전 5:4-5 딤전 1:20, 5:12), ⑪ 축복(고후 13:13, 엡 1:2)이 있다. 특별히 말씀을 묵상하고, 복된 죽음을 감사하고, 주님의 섭리를 찬양하고, 영혼을 부탁하는 기도를 힘써야 된다. 이를 통틀어서 여기서는 '예배'라고 항목을 정했다.

237) 성령과 말씀으로 눈을 뜨면 세상에 두려울 것은 없다. 이제는 오직 깊은 평안만이 있을 뿐이다. 예수님은 "평안을 너희에게 끼치노니 곧 나의 평안을 너희에게 주노라 내가 너희에게 주는 것은 세상이 주는 것과 같지 아니하니라 너희는 마음에 근심하지도 말고 두려워하지도 말라"(요 14:27)고 말씀하셨다. 평소에 근검히 살아 저축을 많이 했다면 사회적으로 경제가 어려워져도 파산을 걱정하지 않듯이 평소에 체화(體化)된 하나님의 말씀을 많이 저축해 놓아야만 한다. 우리는 이 것으로 죽음의 공포를 능히 이길 수가 있다.

238) 찬양은 마귀를 내쫓는다. 마귀는 상상 이상으로 끈질기고 무섭도록 집요하다. 그러나 우리가 어떤 환경에서도 변함없이 감사와 찬양을 드릴 수만 있다면 마귀도 더 이상 우리를 감당하지 못한다. (연안 항해 시) 풍랑을 만난 배가 정해진 묘박지(錨泊地)에 닻을 잘 내리면 매우 안전하듯이 감사와 찬양은 우리를 단단히 하나님께 붙들어 매 준다.

239) 어떤 시인이 '두 가지 기도'라는 제목으로 시를 썼다. "주님, 제 두 가지 기도를 받아 주옵소서. 첫째는 제가 살아 있을 때 제 영혼을 지켜 주옵소서. 둘째는 제가 죽을 때 제 영혼을 받아 주옵소서." 결국 우리의 기도는 이렇게 두 가지라는 것이다. 살아 있을 때는 '제 영혼을 지켜 주옵소서.' 죽을 때는 '제 영혼을 받아 주옵소서.' 성도는 이렇게 기도해야만 한다. 예수님께서도 육체로부터 분리되려는 순간에 있는 자신의 영혼을 성부 하나님께 부탁하셨다(눅 23:46).

240) 예수 그리스도를 믿는 자들에 주어진 약속이 있다. 요 5:24에서 "내가 진실로 진실로 너희에게 이르노니 내 말을 듣고 또 나 보내신 이를 믿는 자는 ① 영생을 얻었고 ② 심판에 이르지 아니하나니 ③ 사망에서 생명으로 옮겼느니라"라고 하셨다. 여기에 예수 그리스도를 믿는 자에게 주어진 ① 현재의 약속은 영생을 얻었

고, ② 미래의 약속은 심판에 이르지 아니하며, ③ 과거에 대한 약속은 사망에서 생명으로 옮겼다고 했다. 하나님은 신실하셔서 한번 약속한 것은 꼭 지키시는 분이시다. 믿는 자들에게 구원을 주신다는 이 놀라운 약속을 믿어야만 한다.

우리에게 구원받은 확실한 증거도 있다. 첫째, 객관적인 증거인 하나님의 말씀이다. 롬 10:13에 "누구든지 주의 이름을 부르는 자는 구원을 받으리라"라고 했다(요 5:24, 요일 5:11-12). 이것은 사실이기 때문에 기다리거나 느낌으로 확증할 필요가 없다. 다만 깨닫고 인정하기만 하면 되는 것이다. 둘째, 주관적인 증거로 성령으로 말미암는 삶의 변화. 고전 12:3에 "그러므로 내가 너희에게 알리노니 하나님의 영으로 말하는 자는 누구든지 예수를 저주할 자라 하지 아니하고 또 성령으로 아니하고는 누구든지 예수를 주시라 할 수 없느니라"라고 했다. 또 롬 8:5에는 "육신을 따르는 자는 육신의 일을, 영을 따르는 자는 영의 일을 생각하나니"라고 하였으며, 갈 5:22-23에는 "오직 성령의 열매는 사랑과 희락과 화평과 오래 참음과 자비와 양선과 충성과 온유와 절제니 이같은 것을 금지할 법이 없느니라"라고 했다. 한 사람이 구원받은 것이 사실이라면 그는 예수께서 자신의 주인이 되심을 생활의 전 영역에서 고백하고 인정하며, 이전에 즐기던 세상의 일보다 영적인 일(말씀, 기도, 예배, 전도, 교제, 봉사 등)에 더 관심을 가지고 더욱 더 그리스도를 닮아 가며 생활 속에서 성령의 열매를 맺게 된다. 그렇다면 여러분은 ① 예수 그리스도가 구주이심을 믿는가? ② 삶의 관심사가 육적인 것에서 영적인것으로 바뀌고 있는가? ③ 성령의 열매가 맺히고 있는가? 이와 같은 일이 이루어지고 있는 것은 바로 내가 구원을 받았다는 확실한 증거이다. 그런데 구원을 받았다면 왜 내게는 기쁨이 없을까? 왜 감정적인 변화가 오지 않는가? 남들에겐 다 있는데 내겐 없다면 어떤 잘못이 있는 것은 아닌가? 하는 생각을 하게 된다. 그러나 구원받은 기쁨은 구원받은 사실에 뒤따라 생기는 것이지 선행하지 않는다. 그러므로 내가 구원받은 사실(Fact)은 하나님의 말씀에 있다(요 5:24, 요일 5:11-12). 그리고 그 구원에 대한 믿음(Faith)은 내가 구원을 받고 영생이 있음을 믿는 믿음이다. 그 느낌(Feeling)은 행복이요, 만족이며, 기쁨과 감사와 찬양이다(이무종 목사).

241) 현대인들은 일상이 너무 바쁘고 분주하다. 그러다 보니까 피로와 스트레스가 쌓이고 심지어는 거의 탈진 상태에 이르기도 한다. 이런 불쌍한 모습을 심지어 죽는 자리까지 이어 가는 사람도 많다. 절대로 이는 바람직하지 못한 것으로 우리는 로뎀나무 아래의 엘리야처럼 육체와 영혼이 완전 방전이 되지 않도록 주의해야 한다(왕상 19:1-12). '육체와 영혼의 재충전'에는 하나님의 위로와 도움이 필요하고, 특히 영혼의 방전을 막는 방법은 평소에 꾸준한 하나님과의 영적 교제로

만 가능하다.

242) 16세기의 성인으로 추앙받는 십자가의 성 요한(1542~1591)이 『어둔 밤』이라는 책을 썼다. 인생을 살다 보면 시련의 때가 오듯이 믿음의 여정에서도 어두운 밤을 경험하게 된다는 것이다. 은혜의 눈이 뜨이면 너무 기쁘고 황홀하다. 하나님이 계시고 영생이 있고 하나님이 나를 아시고 사랑하시고 나는 하나님의 자녀가 되었고 주님은 내 마음에 임하셨다. 그런데 문제는 그 충만함이 곧 사라진다는 것이다. 침체가 다가온다. 마음의 기쁨이 사라지고 버림받은 느낌, 두려움, 수치심, 불안감, 아무리 주님의 이름을 불러도 그 목소리가 들리지 않고 도대체 하나님은 계시나? 어디 계시나? 왜 침묵하시나? 이런 영혼의 밤은 우리 모두에게 다 있다. 하나님께서 왜 이런 단계를 겪게 하실까? 큰 죄 때문에 주시는 것이 아니다. 오히려, 십자가의 성 요한은 우리가 주님과 온전히 연합하는 과정에서 체험하는 단계라고 이해했다. 영혼의 밤을 만나니 비로소 아직 죽지 않은 자신의 모습, 실체가 드러난다는 것이다. 그래서 철저한 영혼의 정화가 일어나고, 온전히 자아가 십자가에 처리되는 단계라는 것이다. 그러므로 우리에게 중요한 것은 영혼의 밤이 오는 것을 두려워하지 말아야 한다는 것이다. 하나님께서 우리에게 필요하니 주셨다고 믿는 것이 중요하다. 따라서 우리는 영혼의 밤이 올지라도 얼마든지 기쁨으로 감당할 수 있음을 믿어야만 하고(유기성 목사), 영혼의 랜딩을 준비하는 지금은 더욱이나 그렇다.

243) 단테의 인생을 연구하는 학자들은 두 가지의 상처였던 사랑의 상처(베아드리체)와 고향의 상처(피렌체)가 단테로 하여금 영원한 고독한 순례자가 되게 했다고 말한다. 일평생 외로운 방랑자였던 단테는 이런 상처를 끌어안고 마침내 그의 인생의 한복판에서 그의 나이 43세가 되던 해 어느 날 영혼의 진정한 평화를 찾기 위해 붓을 들어 무려 13년간에 걸친 자기 영혼의 깊은 순례를 시작한다. 바로 이것이 그 유명한 단테의 『신곡(神曲, La divina commedia)』의 시작이다. 그리고 1321년 그의 나이 56세가 되던 해에 그는 이 책을 완성하고 드디어 그리스도 안에서 그가 발견했던 영혼의 평화를 경험하고 "평화여! 평화여! 이제 나는 평화를 경험합니다."라는 말을 남기고 조용히 눈을 감았다. 범부인 우리는 대부분 비록 단테처럼 큰 업적을 남길 수는 없겠지만 하나님의 은혜로 영혼의 평화만은 꼭 얻으면서 천국으로 나아가야만 된다. 마음의 평화를 얻는 데 시편 131편은 우리에게 좋은 '통찰력'을 준다. 본문에서 발견할 수 있는 영혼의 평화를 경험하는 비밀의 처방은 무엇인가? 영혼의 참된 평화를 경험하는 첫 번째 비밀, 그것은 바로 헛된 욕심을 버리는 것이다. 그리고 나서 우리가 정말로 영혼의 참된 평화를 원한다면 두 번째로, 다윗과 같이 오직 주의 임재로만 만족할 줄 알아야 될 것이다.

이제까지 살아온 모든 것이 다 놀라우신 하나님의 은혜였다. 당신은 이제까지 너무나 잘해 왔고, 이제 우리는 주님의 임재만을 의지하고 단지 착륙을 해야 할 시점(시간)인 것이다.

244) 다윗은 나이가 들어 그 육체가 늙고 쇠약해졌으나 영은 오히려 더 강건했다. 비록 육안은 어둡고 침침해서 잘 보지 못했지만 영안은 밝아서 하나님을 더 잘 볼 수 있었다. 비록 육체적인 귀는 기능이 약화돼서 잘 듣지 못했지만 영적인 귀는 활짝 열려서 하나님의 말씀을 더 잘 들을 수 있게 되었다. 사도 바울도 사람이 나이 들면서 육체는 쇠약해지지만 그 영혼은 강건해지는 것을 이렇게 말씀했다. "우리의 겉사람은 낡아지나 우리의 속사람은 날로 새로워지도다(고후 4:16)." 바로 이것이 우리 그리스도인의 아름다운 노년의 모습이다. 우리 그리스도인들도 나이가 들면 노화 때문에 겉사람은 낡아질 수밖에 없다. 그러나 참된 그리스도인들은 나이 들수록 그 속사람은 더욱 새로워진다. 성도는 나이 들면서 더욱 깊이 하나님과 영적 교제를 나눈다. 예배를 드릴 때 젊을 때보다 더 영과 진리로 예배를 드린다. 기도드릴 때 젊을 때보다 더 깊은 기도를 드린다. 말씀을 묵상할 때도 젊을 때보다 더 깊은 깨달음을 얻게 된다. 이렇게 주님과 영적으로 깊은 교제를 가지게 되는 것이다.

245) 또는 heart. 우리말의 '마음'에는 두 가지 의미가 담겨 있다. 첫 번째는 정신, 생각, 의견과 관련된 것이고, 두 번째는 희로애락의 감성을 의미한다. 첫 번째 의미일 때는 주로 'mind'를 쓰고, 두 번째 의미일 때는 'heart'를 쓴다. 본서에서 '마음을 준비한다'고 할 때의 '마음'은 'mind'와 'heart'가 가지는 의미를 모두 다 포함하는 것이다.

246) 김길성 교수

247) 서철원 교수

248) 인간이 음식의 맛을 몸 모두가 아닌 '혀'를 통해서만 느낄 수 있는 것처럼, 인간의 영혼은 '마음'을 통해서만 감정을 느끼고 판단한다. 필자는 이런 의미에서 마음은 영혼의 혀이자, 영혼의 심장이라고 생각한다.

249) 김길성 교수

250) 마지막이 가까울수록 마음가짐을 바르게 해야만 한다. 마음의 폭을 넓혀야 한다. 다른 사람을 배려하고 축복하며 칭찬하고 격려해야 한다. 이렇게 되려면 어떻게 해야 할까? 성경 빌 2:5을 보면 사도 바울은 이렇게 권면하고 있다. "너희 안에 이 마음을 품으라 곧 그리스도 예수의 마음이니" 죽음을 앞두고 자칫 마음이 오그라들 수 있다. 그러므로 그 속에 새 마음을 불어넣어야 한다. 바로 그리스도 예수의 마음이다. 우리의 마음속에 그리스도 예수의 마음을 품으려고 힘쓰자.

우리는 곧 하나님을 뵐 것이기 때문이다.

251) 건강한 마음을 가지고 산다는 것은 결코 쉬운 일이 아니다. 그것은 오직 예수 그리스도 안에서만 가능한데, 건강한 마음을 가지기 위해서 주님은 우리에게 ① 주 안에서 항상 기뻐하라, ② 모든 사람에게 관용하라, ③ 아무 것도 염려하지 말라고 말씀(빌 4:6-7)하셨다.

252) 어떤 사람은 외국을 여행할 때 시차 때문에 애를 먹는다. 시차를 빨리 극복하는 좋은 방법 중 하나는 출발할 때부터 여행할 현지 시간에 시계를 맞추고 현지 시간에 맞추어서 생활하는 것이다. 우리도 이 땅을 출발할 때가 되면 마음의 시계를 도착할 천국의 현지 시간으로 바꿔 놓고 그 시간에 따라 남은 삶의 계획들을 실행해 나가면 좋겠다. 천국 언어도 배우고, 천국 예절도 배우고, 천국 문화도 익혀서 천국으로 떠난다면 아주 유익하고 좋을 것이다.

253) 예수님께서 "수고하고 무거운 짐 진 자들아 다 내게로 오라 내가 너희를 쉬게 하리라"라고 하셨을 때, 이는 단지 우리 인생들을 말로만 위로하기 위해서가 아니었다. 실제로 주님께서는 우리의 수고와 무거운 짐을 맡아 주시는 분이시다. 우리를 동정하실 뿐 아니라 실질적으로 우리의 문제를 해결해 주시고도 남는 능력을 갖고 계신다. 복음서를 읽어 보면, 주님께서 그에게 나아온 모든 자들의 무거운 짐을 해결해 주신 사례를 얼마든지 대한다. 모든 것이 다 하나님의 놀라운 은혜였다. 이제 이 땅을 떠나가면서 마지막 남은 짐도 예수님께 맡기자. 좋으신 우리 주님의 신실한 약속을 굳게 믿고서.

254) 생각은 마음의 하급 개념으로 마음의 지배를 받는다. 생각이 밖으로 드러난 것이 말과 행동이다.(차영섭,「영혼과 마음과 몸의 관계」)

255) 정적을 실행해야 한다. 정적은 생각들을 배제하는 것, 심지어 합리적인 염려까지도 거부하는 것이다. 하나님께 깨끗한 마음을 바치기 위해서이다(이동휘 엮음,『거룩한 순례자의 길, 같이 걷겠습니다』).

256) "모든 지킬 만한 것 중에 더욱 네 마음을 지키라 생명의 근원이 이에서 남이니라."(잠 4:23) 우리는 무엇보다도 '마음'을 지켜야만 된다. 왜냐하면 우리 삶의 현실에서 형체를 입고 나타나는 모든 것은 우리 마음속에 생각의 형태로 있었기 때문이다. 마음을 지킨다는 것은 무엇일까? 첫째는 과거의 불행을 현재로 끌고 오지 말 것이며, 두 번째로는 좋은 씨앗과 미래의 꿈을 현재의 생각에 심는 것을 의미한다.(조용기 목사)

257) 마음을 다스린다는 것은 마음을 지킨다는 의미와는 조금 다르다. 그것은 ① 마음을 청소하고 정리하라는 것이고, ② 말로써 마음을 다스리라는 것이다. 우리가 죽음의 순간에도 '믿음'을 말하고 '하나님의 약속하신 말씀'을 선포하며 붙잡으

면 꿈과 믿음이 우리의 마음을 점령하게 된다. 사람에게 말이 중요한 것은 말을 통해서 생각하고 말을 통해서 바라보고 말을 통해서 믿고 말을 통해서 행동하게 되기 때문에 그렇다.

258) 이 세상 모든 것을 다 가져 본 솔로몬은 하나님이 주신 복 중에서 가장 큰 복을 '평강(平康)'이라고 여겼다. 빌 4:7에도 "모든 지각에 뛰어난 하나님의 평강이 예수 안에서 너희 마음과 생각을 지키시리라" 하였다. 평강의 근원은 오직 하나님께 있다. 하나님께로부터 평강이 온다. 사람은 스스로 평안을 얻을 수 없다. 어거스틴(Augustine)도 말하기를 "하나님을 발견하기까지는 그 어디서도 참 평안을 얻을 수 없었다."라고 하였다. 누구도 하나님을 만나기까지는 평강이 없다는 것이다. 평강은 '구속이 없는 상태'를 의미한다. 어떤 방해도 받지 않고 자유스럽게 행동할 수 있는 상태이다. 성경에 보면 구약의 평강은 '하나님이 백성들에게 주신 안녕(安寧, 즉 샬롬)'을 의미하며, 신약의 평강은 '하나님과 화해를 맺어 저주와 징계가 없고 고통과 슬픔이 없는 상태'를 말하고 있다. 빌립보서는 '하나님께서 주시는 평강이 마음과 생각을 지키시리라'고 말씀한다. 그렇다. 우리는 평강으로 마음과 생각을 지켜야만 된다. 평강으로 마음과 생각을 지키려면, 첫째로 주안에서 기뻐해야 하고 둘째로 관용을 베풀어야 하며 셋째로 감사로 간구해야만 한다.

259) 에통은 기록힌 슬픔에 의해서 마음을 지키는 황금 마차이나.

260) "시와 찬미와 신령한 노래들로 서로 화답하며 너희 마음으로 주께 노래하며 찬송하라(엡 5:19)", "그러므로 우리는 예수로 말미암아 항상 찬송의 제사를 하나님께 드리자 이는 그 이름을 증언하는 입술의 열매니라(히 13:15)"

261) 많은 사람들이 무엇엔가 마음이 묶여 있다. 그런데 사람들의 마음을 묶고 있는 것들은 저마다 다르다. 사람들의 마음을 묶고 있는 것들 중에 대표적인 것들을 열거해 보면 이런 것들이 있다. ① 죄 ② 욕망 ③ 과거 ④ 세상. 그런데 우리가 잘 죽으려면 이러한 것들로부터 묶인 마음을 마침내 자유롭게 해야만 한다.

262) 솔로몬은 사람이 사는 동안 유념해야 될 가장 중요한 것을 일러 주고 있다. 곧 '올바른 삶의 목적과 그 방법'이다. 그는 평생 동안 세상의 모든 영화를 다 누렸지만 거기에서 삶의 진정한 의미를 찾지 못했다. 결국 그는 세상 모든 것을 "헛되고 헛되며 헛되고 헛되니 모든 것이 헛되도다(전 1:2)"라고 갈파하였다. 인간이 수고하여 이루어 놓은 업적이나(전 1:3) 끝없는 욕심을 가지고 그것을 채우려는 노력이나(전 1:8) 남보다 많은 지식을 가지는 것도 다 헛되다고 하였다(전 1:18). 그는 또 인생의 죽음이 짐승의 죽음이나 다를 바 없다고 하였는데(전 3:19), 이와 같은 인간의 실존 문제를 깨닫게 되면 반드시 사는 날 동안 마음에 담아 두어야

할 중요한 내용이 있다고 결론을 지었다. 그것은 바로, ① 하나님이 주신 생명의 존엄성 ② 하나님을 경외하는 것 ③ 영원히 사는 것에 마음 두기이다.

263) 하나님은 확실히 우리의 염려나 두려움보다 훨씬 더 크신 분이시다. 하나님은 우리의 염려와 두려움을 다 맡아 주실 만큼 위대한 분이시다. 그래서 사 41:10에서 확실히 말씀하시고 계신다. "두려워하지 말라 내가 너와 함께 함이라 놀라지 말라 나는 네 하나님이 됨이라 내가 너를 굳세게 하리라 참으로 너를 도와 주리라 참으로 나의 의로운 오른손으로 너를 붙들리라"라고. 우리는 이 말씀을 붙잡고 죽음이 임박해 올 때 두려운 마음을 모두 주께 맡겨야 된다.

264) 그렇다! 죽음의 여러 증상은 오랜 친구처럼 다정하게 웃으면서 어느 날 우리에게 '문득' 다가온다.

265) 죽은 자들은 어떠한 몸으로 부활하는가? 성경 고전 15:35-38을 보면 이 질문에 사도 바울은 두 가지로 대답한다. 첫째, 부활의 몸은 지금의 몸과 질적으로 완전히 다른 몸이 될 것이라는 것이다. 옥수수나 밀의 씨앗을 심으면 각각 전혀 다른 형체가 나온다. 이처럼 질적으로 다르다. 현재의 몸은 육신의 능력도 약하고 정신의 능력도 약하고 공간의 이동도 제한되어 있지만 부활의 몸은 천사들처럼 되어서 육신적, 정신적, 공간적 이동의 능력도 천사들처럼 되는 몸이다. 현재의 몸은 썩을 몸이고, 욕된 몸이고, 약한 몸이고, 육의 몸이고, 낮은 몸이다. 그러나 부활의 몸은 썩지 않을 몸이고, 영광스러운 몸이고, 강한 몸이고, 신령한 몸이다. 신령한 몸이라는 것은 비물질적인 몸이라는 의미가 아니고 영적인 세계에 합당한 몸이라는 의미인 것이다. 현재의 몸은 추한 몸이지만 부활의 몸은 영광스러운 몸이 될 것이다. 현재의 몸이 부활의 몸으로 변하는 것은 오랜 기간에 걸쳐서 일어나는 일이 아니다. 우리 주 예수 그리스도께서 재림하시는 날 순식간에 홀연히 일어나는 것이다. 둘째, 현재의 몸과 부활의 몸은 동일성과 연속성이 있다. 오늘날을 살아가고 있는 어떤 사람이 부활하면 그 사람이 다른 사람이 되는 것이 아니라 바로 그 사람이 되는 것이다. 베드로가 부활하면 베드로가 되고, 바울이 부활하면 바울이 된다. 그리고 우리도 부활하면 우리 자신이 된다. 동질성이 있다. 그 사람이 지니고 있는 독특한 인격적인 특성들은 유지되면서 영화된 동일한 사람이 된다는 것이다. 그러므로 부활을 하면 우리가 서로 알아볼 수가 있는 것이고, 현재의 몸과 연속성이 있는 존재가 된다. 현재의 몸과 부활의 몸 사이에는 질적인 차이도 있지만 동일성도 있는 것이다. 차이성과 동일성이 함께 공존한다는 것이 바울의 대답이다.(피영민 목사)

266) 새로운 비행 여정을 위한 환승(transfer), 그게 바로 죽음이다.

267) 『네이버 지식백과』, '암 알아야 이긴다', HIDOC(건강 분야의 한 애플리케

이션)

268) 케톤증이란 체내의 에너지원인 포도당(glucose)이 충분하지 못하면서 일어나는 대사과정의 문제로 저장되어 있던 지방이 분해되어 에너지원으로 쓰이게 됨으로써 체내에 케톤(ketones)이라 불리는 산이 축적되는 것을 말한다. 케톤증은 때로 환자에게 안정감을 주고 통증을 완화시키는 기능을 한다.

269) 최화숙, 『임종 돌봄』

270) '말기 섬망'은 임종이 '힘든 과정'으로 진행되는 것을 알리는 첫 번째 신호다. 혼란과 초조함, 흥분 등을 보이는 경우가 자주 일어나며 이때 낮과 밤이 바뀌는 증세가 동반되기도 하고 그렇지 않은 경우도 있다. 흥분된 말기 섬망에 대한 이해가 부족한 가족과 돌봄 제공자는 매우 곤란한 처지에 빠지게 된다. 이전에 아주 훌륭하게 환자를 돌보아 왔더라도 섬망을 잘못 진단하거나 제대로 치료하지 않을 경우, 가족들은 '끔찍한 고통' 속의 무서운 죽음을 떠올리게 될 것이다. 또한 자신들의 죽음도 이와 비슷할까 봐 걱정을 하게 된다. 말기 섬망이 예측될 때 이러한 상황이 마지막이고 더 이상 돌이킬 수 없으며, 그 원인과 치료 등에 대하여 가족과 돌봄 제공자가 이해하도록 교육과 지지가 필요하다. 환자의 경험은 그들이 보는 것과는 매우 다른 것임을 이해시켜야 한다. 섬망이 있지만 환자가 아직 죽음의 과정에 있지 않은 것으로 보이면 재평가를 해서 섬망의 원인 중 치료 가능한 것을 교성하는 것이 적절하다. 그러나 환자가 생의 마지막 순간에 임박해 있다면, 이는 몇몇 경우를 제외하고는 별로 효과적이지 못하다. 죽음이 임박하면 섬망의 기저 원인을 치료하기란 불가능하다. 말기 섬망 관련 증상을 관리하는 데 초점을 주고 환자와 가족을 안정시켜야 한다(최화숙).

271) 체인스톡 호흡(Cheyne-Stokes respiration)이 나타난다. 이는 무호흡을 하다가 서서히 호흡이 증가하다가 다시 서서히 감소하여 무호흡에 이르는 양상이 반복되는 상태로 대개 임종직전에 특징적으로 나타난다.

272) 최화숙, 『임종 돌봄』

273) 쇠약함이 지속되면 안와 뒤 지방층이 사라짐으로 안구가 뒤쪽으로 이동하게 된다. 눈꺼풀은 뒤쪽으로 늘어난 거리로부터 결막까지 덮기에는 길이가 부족하여 감기지 않게 된다. 이로 인해 환자가 수면을 취할 때에도 눈을 완전히 감지 못하게 되고 결막이 노출된다. 이러한 현상을 이해하지 못하는 경우 잘 때도 눈을 뜬 채 있는 환자의 모습은 주위 사람을 힘들게 할 수 있다. 결막이 지속적으로 노출되면 결막이 마르지 않도록 안과적인 윤활제, 인공 누액, 생리 식염수를 사용하여 수분을 공급해야 한다(최화숙).

274) 허리춤 부위에는 그 유명한 혈 자리인 '명문혈(命門穴)' 두 군데가 자리하고 있

다. 명문혈은 글자 그대로 '생명이 드나드는 문'이란 뜻이다.
275) 어떻게 순종을 할 수가 있는가? 하나님께 순종하게 해 달라고 기도하라. 기도하면 순종할 수 있다.
276) 나이별, 개인별로 본인에게 각자 적합한 운동이 있다. 한 예를 들면 세계보건기구(WHO)의 연령대별 운동지침은 다음과 같다. ① 5~17세: 매일 60분 이상 운동 ② 18~64세: 일주일에 300분 이상 유산소 운동 ③ 65세 이상: 균형 감각, 근육 강화 운동.
277) 건강수명(disability adjusted life expectancy, 健康壽命)은 평균 수명에서 질병이나 부상으로 인하여 활동하지 못한 기간을 뺀 기간을 말한다. 단순히 얼마나 오래 살았느냐가 아니라 실제로 활동을 하며 건강하게 산 기간이 어느 정도인지를 나타내는 지표로 선진국에서는 평균수명보다 중요한 지표로 인용된다.
278) 경구로 음식 섭취가 어려울 때를 말한다.
279) 임종 직전 비경구적 또는 장관 내 영양 공급은 증상을 완화하지도, 생명을 연장하지도 못한다는 것을 알아야 한다. 오히려 입안에 모여 있는 음식을 환자가 삼키지 못할 경우는 위가 아닌 기관지나 폐로 흡입되어 염증을 유발하거나 가래를 생기게 하므로 음식을 억지로 권유하는 것은 오히려 환자에게 위험할 수 있다.
280) 음식 대신 영양제를 맞는 것이 도움이 될까? 그렇지 않다. 환자가 누워만 있고 수면 시간이 길어진 상태에서 영양제를 투여하면 되려 영양제가 순환하지 않아 손과 발을 붓게 하거나 폐에 수분이 차 폐부종이 유발되기도 한다. 이는 환자의 정상적인 호흡을 방해하며 기침, 가래를 증가시켜 환자를 불편하게 만들 수도 있다(『네이버 지식백과』, '암 알아야 이긴다', HIDOC). 그러므로 이 경우엔 물만 먹는 게 가장 좋다.
281) 필자는 죽기 10일 전 정도라고 생각이 될 무렵에 커피 관장을 하려고(부탁하려고) 한다.
282) 사망의 추가 증거를 더 자세히 알아보면 다음과 같다.
   ① 몸에 멍이 든다: 심장과 혈액 순환이 정지하면 몸속의 피는 그 자리에 그대로 머물게 된다. 이렇게 고여 있는 피는 신체의 특정 부위에 멍이 든 것처럼 적색 얼룩을 형성하게 되는데, 이것을 시반이라고 한다.
   ② 체온이 하강한다: 죽은 후 체온이 급하강하여 외부의 온도와 같아진다. 사후의 체온 저하를 사랭이라고 한다. 체온 하강 속도는 사망 원인과 계절, 시체가 놓인 환경 등에 따라 달라지는데, 일반적으로 사후 10시간까지 1시간당 1도씩 하강한다.
   ③ 몸이 돌처럼 단단해진다: 숨이 멈추고 2~3시간 후면 근육이 굳기 시작한다.

근육 이완에 필요한 화학물질인 아데노신 3인산이 감소하면서 일어나는 현상이다. 이렇게 근육이 굳어져 관절 등을 움직일 수 없게 되는 것을 시체경직 또는 사후경직이라고 한다. 그런데 죽는 순간 심한 정신적 긴장 상태였다면 그 시점의 근육이 그대로 경직되기도 한다. 그러나 보통 하루 이틀이면 단백질의 분해가 진행되어 경직됐던 근육이 이완된다.

④ 그러나 놀랍게도 (죽음이후에도) 신체 일부는 조금 더 살아 있다. 심장이 멈췄다 해도 그 즉시 모든 장기와 세포가 죽는 것은 아니다. 특별히 각막, 골수, 심장판막 등은 호흡이 멈춘 후 15시간까지는 살아 있는 상태다. 그래서 각막의 경우는 사후 기증이 가능한 것이다.(조성빈)

283) 하나님과 사람 그리고 사물에 대한 준비도 큰 항목으로 보면 각각 4-4-4, 12가지이며 영혼과 마음 그리고 몸의 착륙 항목도 역시 4-4-4, 12가지이다.

284) 이제 아름다운 죽음을 위한 오랜 준비 기간이 모두 끝났다. 실제로 죽음을 맞이할 때가 드디어 온 것이다. 그동안 준비를 잘했으므로 너무 걱정할 필요도 없다. 이제 다른 것에는 미련이나 마음을 쓰지 말고 죽음에만 집중하면서 나아가자. 유념할 것이 12가지가 있다.

285) 가지기와 지키기는 조금 다르다. 가지고 있지 않거나 밖에 있는 것을 내 안으로 들여오는 게 '가지는' 것이고, 내 안에 있는 것을 밖으로 나가지 못하게 하는 게 '지키는' 것이다. 예수님의 마음을 내 안으로 가져왔고, 또한 이것을 밖으로 나가지 못하게 지킨다는 의미이기에 여기서는 '가지기'와 '지키기' 두 항목에 공히 다 기술을 했다.

286) 죽음을 앞둔 현 상황을 포함하여 우리의 모든 상황과 처지에 대하여 창조주이신 하나님께서 완벽하게 다 알고 계신다. 그리고 사람들 중에서는 그 어떤 사람보다는 우리 자신 스스로가(정확하게는 우리의 선한 양심이) 가장 잘 알고 있다.(필자) 양심(良心, conscience)이란 사물의 선악(善惡)을 구별하고 판단하는 마음의 기능이나 도덕적인 정서, 또는 하나님의 뜻을 통찰하고 죄를 책망하며 선을 추구하려는 선한 능력을 말한다. 한편, 성경에서는 양심의 역할에 대해, 선악을 분별하며(롬 2:15), 하나님 앞에서 부끄러움이 없는 양심으로써 각 사람의 양심에 호소할 때 설득력이 있게 하고(고후 4:2; 5:11), 죄를 책망하며(요 8:9; 히 10:22), 기쁨의 근원이 되고(고후 1:12), 성령 안에서 증거하며(롬 9:1-2), 하나님을 향하게 한다고(벧전 3:21) 설명했다. 그리고 성경은 양심이란 다른 사람의 영향을 받기 쉽고(고전 10:28-29), 쉽게 약해지고 더러워질 수 있으므로(고전 8:7, 10-12), 그리스도의 피로 씻음받아야 하고(히 9:9, 14), 항상 거리낌 없도록 힘써야 하며(행 24:16), 하나님을 향해 늘 선한 양심을 가질 수 있어야 한다고 가르친다(롬 2:14-

15; 고전 8:10).(『라이프성경사전』, 생명의 말씀사).
287) 대학원 석사과정 수준이 되면 이때부터 대학교 조교가 되어 남에게 가르칠 수가 있다. 대학 교수도 보통 조교를 하면서부터 가르침을 시작한다.
288) 절대 온전하고 완전한 단계, 소위 신의 단계이다.
289) 프랜시스(Francis)는 1182년 2월 이태리 앗씨시의 부유한 포목상의 아들로 태어났다. 그러나 그는 재산도 평안한 삶도 세상의 향락도 아버지로부터의 상속권도 아버지도 모두 버린 채 한평생 가난과 청빈의 삶을 살았다. 그는 예수님의 말씀 한마디 한마디를 글자 그대로 실천하며 살려고 했다. 프랜시스는 두 벌 옷을 가지지 않고 신을 신지 않고 맨발로 걸어 다니며 살았다. 프랜시스는 자기는 가난이라는 이름의 여인과 결혼했다고 선언하며 절대 청빈과 완전 무소유의 삶을 살았다. (중략) 그는 우주와 모든 것을 사랑했는데 고통과 죽음까지도 사랑했다. (중략) 사실 그의 삶은 주님 사랑에 깊이 빠진 삶이었고 주님과의 깊은 기도에 빠진 삶이었다. 그가 죽기 2년 전 라베르나 산에 들어가 깊은 기도에 빠졌다. 그는 이렇게 기도했다. "사랑하는 주님, 도대체 당신은 누구이시오며 작은 벌레 같은 저는 무엇입니까? 오, 내 주 예수 그리스도시여, 제가 죽기 전에 두 가지 은총을 허락해 주소서. 한 가지는 당신께서 수난당하셨던 그 고통을 제 영혼과 육체도 체험할 수 있도록 허락해 주시옵소서. 또 한가지는 그 어떤 고통도 사랑으로 감내할 수 있는 극치의 사랑을 제게도 넘치게 주시옵소서." 바로 그때였다. 프랜시스의 몸에는 마치 불덩어리를 댄 것 같은 고통이 일어나 그는 그만 까무러쳐 버리고 말았다. 그의 두 손과 발, 그리고 옆구리에 심한 통증이 일어났다. 상처가 생겼고 붉은 피가 흘러내리고 있었다. 그는 그 이후 죽기까지 극심한 몸과 영혼의 고통을 지니며 살다가 고통스럽게 죽었다. 그러나 그의 영혼은 무한한 기쁨을 누렸다. 그는 1226년 10월 3일 45세를 일기로 세상을 떠나 주님 품으로 옮겨졌다. 그는 주님이 벌거벗은 몸으로 죽으셨던 것처럼 자기도 벌거벗은 몸으로 죽고 싶다고 말했다. 형제들이 옷들을 모두 벗겨 내고 그를 맨땅 위에 뉘었다. 그는 이렇게 노래했다. "나는 하나님께 부르짖습니다. 나는 하나님께 애원합니다. 당신은 나의 피난처, 나의 모든 것, 이 부르짖는 소리를 들어 주소서. 나에게 입혀 주신 당신의 성총으로 이 몸이 의인들에게 둘러 싸이리이다." 그리고 둘러서 있는 형제들에게 이렇게 말했다. "나는 여기 서 있는 형제들과 여기 없는 형제들의 죄들을 용서합니다. 그리고 여러분들에게 진정으로 하나님의 축복을 전합니다." 그는 다음과 같은 마지막 말을 하고서 눈을 감았다. "오, 나의 자매 죽음이여." 프랜시스는 주님과 가난과 고통을 너무 사랑하다가 가난과 고통 자체가 되면서 살다가 그렇게 죽었다.(김명혁 목사)

290) 부족하고 미진하지만, 필자는 매일 좋은 죽음에 대해서 묵상을 하고 있다. 교만이 될지 두려우나 오늘 죽음을 맞이한다면 내 점수가 25.2이어서 '보통 아름다운 죽음'은 가능하지 싶다. 필자의 목표는 헌터 부인 정도 수준으로 되어 보는 게 평생의 바람이다. 만약에(정말, 만약에) 하나님께서 큰 은혜를 주신다면 그 정도에 이르지 않겠나 기도하면서 정진(精進)하고 있다.

291) 한국에서 성결교신학대학원을 졸업하고(M. div), 필자가 담임으로 있는 몽골노공빌체르교회의 전도사로 열심히 교회 사역을 하고 있다. 최근에(2018년 4월) 심장 수술을 했는데 이 어려움 속에서 오히려 큰 하나님의 사랑을 더욱 깨닫게 되었다. 더 많은 준비와 노력을 해서 조만간에, 적어도 아름다운 죽음의 단계로 올라서기로 필자와 약속을 했다.

292) 현재 독자의 죽음 점수는 얼마인가?' 처음에는 적잖이 실망할 수도 있겠지만(우리 대부분은 아름다운 죽음에 대한 개념조차도 없이 그냥 바쁘게만 살아왔다. 그러니 점수가 좋을 리가 없겠다.) 이제 앞으로 부족한 점을 보완하며 준비해 나아간다면 좋은 죽음은 가능한 것이다. 이렇게 우리가 아름답고 좋은 죽음을 죽을 수만 있다면 모든 이에게(특별히 사랑하는 사람들에게) 죽음이 오히려 가장 좋은 선물이 될 수가 있다. 필자는 이것을 굳게 확신한다.

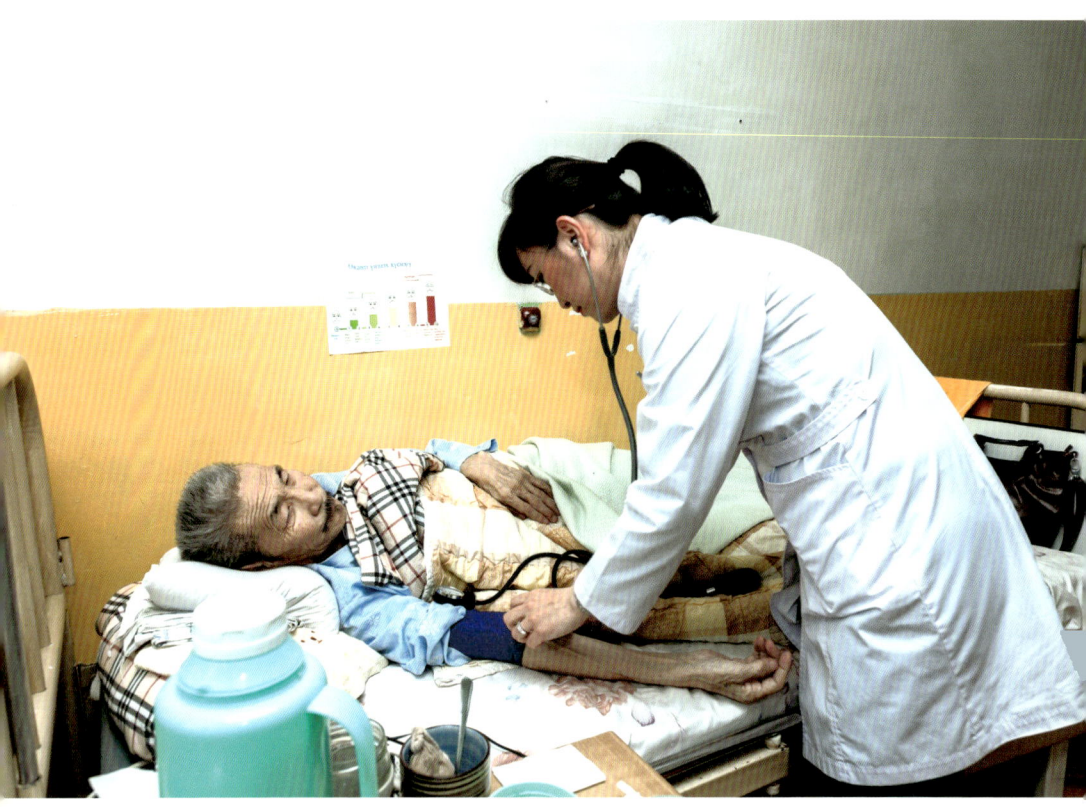

초원의 집 환우 A(준비하기)

"누구든지 주의 이름을 부르는 자는 구원을 얻으리라"
(롬 10:13)

"주 예수를 믿으라
그리하면 너와 네 집이 구원을 얻으리라"
(행 16:31)

초원의 집 환우 B(착륙하기)

Ⅲ. 아름다운 죽음의 실행

IV

아름다운 죽음을 위한 매뉴얼

Landing Manual

아름다운 죽음을 위한 매뉴얼(지침)의 요체는 '사랑으로 준비' 하고 '순종으로 착륙' 하는 것이다.

1. 사랑으로 준비하기
2. 순종으로 착륙하기

우리는 잘 죽기 위한 기본 준비(몸과 마음과 영혼에 대한 준비)가 마쳐지면 평상시에 하나님과 사람 그리고 사물 이 세 가지 영역에 대해 본격적인 준비를 잘해야 한다. 그리고 공항에 다다르면(죽을 무렵이 되면) 몸과 마음과 영혼의 착륙을 지금껏 준비한 대로 잘해야만 한다[293]. 잘 살고 잘 죽는다는 것이 무엇인가? 한마디로 말하자면, 위에서 열거한 것에 대하여 바른 개념을 가지고 이를 실천하며 최선을 다해(치열하게) 사는 것이, 바로 잘 살고 잘 죽는 것이다[294]. 하나님과 사람 그리고 사물에 대하여 준비를 잘해야 한다고 했는데, 그럼 이렇게 준비하는 동기(motive)는 무엇인가? 그것은 바로 '사랑' 이다. 결국 우리가 하나님을 사랑하기 때문에 하나님께 대하여 준비를 잘한다. 사람을 사랑하기에 자신을 포함한 사람들을 위해 준비를 잘하며, 자연(사물)을 사랑하기에 또 자연(사물)을 위하여 준비를 잘하는 것이다[295]. 그러므로 준비의 동인(動因)은 '사랑' 이 된다. 그리고 다음에는, 영혼과 마음과 몸의 착륙을 잘해야 한다고 했다. 착륙에서 가장 중요한 관건(key)은 그럼 무엇인가? 그것은 '순종' 이다. '순종' 이 착륙의 핵심 개념이 된다('내려놓음' 이라고 말해도 좋다). "너는 먹기 위하여 얼굴에 땀을 흘리고, 열심히 일하다가 마침내 흙으로 돌아갈 것이다. 이는 네가 흙으로 지음을 받았기 때문이다. 너는 흙이니, 흙으로 돌아갈 것이다.(창 3:19)"라는 하나님의 지엄한 말씀에 절대 순종하기 위하여 우리는 영혼과 마음과 몸을 '의지적으로' 내려놓는 것이다[296]. '내려놓는다'는 이 말에 오해가 없기를 바란다. '내려놓는다는 게' 마치 우리가 죽음을(죽음의 때를) 선택하는 것으로 생각해서는 안 된다. 하나님이 우리에게 생명을 주셨고, 하나님만이 우리 생명의 주인이시기에 죽음의 때도 오직 하나님 홀로 결정하신다. 따라서 여기에서 '내려놓음'이라는 말의 의미는 하나님의 마지막 부르심에 반(反)하려는(죽지 않으려는) 내 의지를 '믿음'으로 내려놓고 '의지적으로' 주님의 뜻에 순종함을 일컬음이다. 죽음의 부르심에 순종을 잘할 때에 우리는 좋은 죽음을 죽을 수가 있다[297]. 그럼 영혼과 마음과 몸, 이 셋 중에 가장 순종을 잘하는 게 무엇일까? 필자는 몸이라고 생각한다. 죽을 무렵이 되면 몸은 자동적으로 착륙의 준비를 거의 완벽하게 스스로 아주 잘한다[298]. 그러나 마음과 영혼을 멋지게 내려놓기란 말처럼 그리 쉽지만은 않기에, 이 경우 흔들리지 않는 큰 믿음이 필요하며 각고의 노력도 의지적으로 필요하다[299].

이렇게 우리는 '사랑하기에' 하나님과 사람 그리고 사물 이 세 영역에 대해 평상시 준비를 잘하고, 공항에 다다르면(죽을 무렵이 되면) '순종으로' 영혼과 몸 그리고 마음의 착륙을 각각 잘해야만 한다. 아주 중요한 개념이 되겠는데, 그럼 지금부터 이 여섯 가지를 모두 아우르는 (좋은) 죽음의 지침(매뉴얼)이 무엇인지를 살펴보자. 필자는 이를 33가지 항목으로 한데 묶어서 아래에 기술하려고 한다. 본서에서 이것을 '아름다운 죽음의 지침(Landing Manual)'[300]이라고 부른다. 사실 이 매뉴얼이 과일나무에 달린 열매처럼 본서에서 중요하고 핵심적인 내용이다. 책 말미의 부록에는 필자의 경우를 들어서 예시도 해 놓았다. 부끄럽지만 이는 거의 10여 년 동안 필자 나름대로는 고민하고 연구해 온 변변찮은 결과물이다. 어떤 독자에게 혹 작은 도움이 될지도 모르겠으나[301] 모두에게 걸맞는 해결책이나 답[302]이라고 생각해서는 안 된다.[303] 아무리 그렇더라도 필자처럼 독자들도 자신에게 가장 적합한 자신만의 랜딩 매뉴얼을 가지기를 강력히 권장한다. 바로 이것이 정확히 죽음을 잘 준비한다는 것이 되겠고, 아무리 강조를 해도 지나치지 않는 것은 이와 같이 잘 준비된 소수만이 가장 멋진 죽음(Beautiful Landing)을 이 땅에서 누릴 수가 있는 것이다[304].

지침을 만들기 위한 전제 사항[305]

1. 평상시에(죽음이 임박했을 때는 더욱 그렇다) 본인의 건강 정보를 의료진과 가족들로부터 숨김없이 정확히 제공받아야만 한다[306].

2. 품위 있는 죽음은 '좋은 죽음'에 관한 이해를 가지고 노력을 할 때만 얻어진다[307].

3. 죽을 때까지 삶의 주인으로서 자율성[308](자유)이 많이(최대로) 유지되어야 한다.

4. 자신에게 알맞는 매뉴얼을 미리 만들고 평생 동안 이를 보완해 나감으로써 최적 그리고 최상의 매뉴얼(지침)을 얻을 수 있다.

5. 필자의 지침은 아래에 적은 33가지 항목인데, 독자는 이를 참조하되 자신에게 맞게 가감할 수가 있다. 지침은 되도록 단순하고

지키기에 쉬운[309] 방법이면 더 좋겠다.

아름다운 죽음의 지침(랜딩 매뉴얼)

(　) 1. 몸에 고통이 없도록 한다.[310] (No Pain)

(　) 2. 마음을(정서적으로) 아주 평안히 한다.(Peacefully)

(　) 3. 영혼은 가볍고 기쁘게 한다.[311] (Joyfully)

(　) 4. 이제까지 소속되었거나 관계해 온 모든 개인과 공동체에 마무리를 잘한다.

(　) 5. 자신을 따뜻이 용납하고[312], 가족 그리고 친구들과의 관계에서 이때껏 후회되는 것을 깔끔히 모두 해결한다.

(　) 6. 가족들에게는 아쉬움과 사랑을 남기고 간다.

(　) 7. 내 죽음을 통해 자신은 물론 가족 그리고 친구들에게 의미 있고 바람직한 변화[313]를 가져오도록 한다.

(　) 8. 죽음 직전에서 후회하지 않도록 지금 진짜 하고 싶은 일을 한다[314].

(　) 9. (버킷 리스트를 다 했는데도 시간이 남으면) 하나님이 부르실 때까지 의미 있는 한두 가지 일에 마음을 다하여 봉사를 계속한다.

(　) 10. (느리게 가는 편지통을 이용하여) 친구들에게 정성껏 손 편지를 쓴다[315].

(　) 11. '하나님에 대한 4가지 준비'의 마무리를 잘한다.

(　) 12. '사람에 대한 4가지 준비'의 마무리를 잘한다.

(　) 13. '사물에 대한 4가지 준비'의 마무리를 잘한다.

(　) 14. 사전연명의료의향서(事前延命醫療意向書, AD)와 연명의

　　　　료계획서(延命醫療計劃書, POLST)를 작성한다[316].

( ) 15. 천국 백성으로 살기 위한 오리엔테이션(개념)을 숙지하고, 지금부터 준비한다.

( ) 16. 유언장을 진솔하고 간결하게 쓴다[317].

( ) 17. 마지막 남은 6개월, 한 달, 그리고 10일에 무엇을 할지 구체적으로 설계한다[318](특별히 마지막 10일은 더욱 세밀히 설계한다[319]).

( ) 18. 존 패네스틸 목사의 '행복한 죽음을 위한 10가지 가르침'을 연구한다.

( ) 19. 장례 방법을 정한다.

( ) 20. 천국환송예배 순서지를 미리 준비한다.

( ) 21. 천국환송예배에 필요한 영상 편지 두 편을 만든다.

( ) 22. 멋있는 영정 사진[320]을 준비한다.

( ) 23. 천국환송예배에 참석할 분들에게 대접할 음식을 정한다[321].

( ) 24. 본인의 묘비 디자인과 묘비 내용을 만든다.

( ) 25. 일 년에 두 번씩[322] 죽음을 맞이할 장소[323]에 직접 가서 '죽음 예행 연습'을 한다.

( ) 26. 욕창이 생기지 않도록 유의하고 죽기에 알맞은 몸을 만든다[324].

( ) 27. 이제까지 깨달은 하나님을 매일 조용히 묵상한다.

( ) 28. 평생 동안 묵상을 통해 알게 된 하나님께 찬양하고 감사한다[325].

( ) 29. 기도하면서 마지막 순간까지 하나님을 더 많이 알아 간다.

( ) 30. (부축을 받아서라도) 몸을 일으켜 자녀들과 공동체를 위하여 축복 기도를 한다.

( ) 31. 마지막 말을 한다. "모두 하나님 은혜입니다. 여러분 모두 고맙습니다. 사랑합니다."

( ) 32. 인생 연극이 모두 다 끝났고, 이젠 정말 연극의 막이 내려오는 것만 남았다. 너무 욕심을 부리지 말고 막이 자연스럽게[326] 내려오도록 줄[327]을 살며시 놓는다[328](죽음 이후에 여행할 곳[329]의 지도를 확실하게 손에 넣었고, 나름대로 최선을 다해 준비했고 살아왔으니 이제 오직 감사하는 마음으로 기쁘게 천국으로 떠난다).

( ) 33. 사후에 안구 등 내 몸에서 남에게 필요한 부분을 세상에 물려준다[330].

좋은 죽음은 무엇인가? 잘 죽기 위해 '기본적으로' 몸과 마음과 영혼을 준비한다. 그리고 '본격적으로' 하나님과 사람 그리고 사물 이 세 영역에 대해서 평상시에 '사랑으로' 준비를 잘하고, 공항에 다다르면(죽을 무렵이 되면) '순종함으로' 몸과 마음과 영혼의 착륙을 각각 잘하는 것이다[331]. 이 모두를 아우르는 33가지 죽음의 지침(매뉴얼)도 살펴보았다. 이제 그럼 이 매뉴얼이 여섯 가지 영역에서(하나님께 준비, 사람에게 준비, 사물에게 준비, 영혼의 착륙, 마음의 착륙, 몸의 착륙) 얼마만큼의 빈도와 상호 관계를 가지는지를 도표로 표시해 보자. 표 안에 숫자는 매뉴얼의 번호다.

	영혼의 착륙 (Total 29 EA)	마음의 착륙 (Total 35 EA)	몸의 착륙 (Total 33 EA)
하나님께 준비 (Total 23EA)	3, 11, 15, 18, 26, 27, 28, 29. (8EA)	2, 11, 15, 18, 26, 27, 28, 29 (8EA)	1, 11, 18, 26, 27, 28, 29 (7EA)
사람에게 준비 (Total 43EA)	3, 5, 6, 7, 12, 15, 18, 19, 21, 26, 30, 31, 32 (13EA)	2, 4, 5, 6, 7, 10, 12, 15, 18, 19, 21, 26, 30, 31, 32 (15EA)	1, 4, 5, 6, 7, 10, 12, 14, 18, 19, 21, 25, 26, 31, 32 (15EA)
사물에게 준비 (Total 31EA)	3, 13, 16, 17, 18, 20, 22, 26 (8EA)	2, 8, 9, 13, 16, 17, 18, 20, 22, 23, 24, 26 (12EA)	1, 8, 9, 13, 16, 17, 18, 20, 22, 26, 33 (11EA)

누적 빈도 순서:
① 사람에게 준비(43)　② 마음의 착륙(35)　③ 몸의 착륙(33)
④ 사물에게 준비(31)　⑤ 영혼의 착륙(29)　⑥ 하나님께 준비(23)

"예수는 우리가 범죄한 것 때문에 내줌이 되고
또한 우리를 의롭다 하시기 위하여 살아나셨느니라"
(롬 4:25)

아내와 함께

293) '하나님과 사람 그리고 사물에 대해 준비'를 잘하는 것을 비행기가 '좋은 항공유'를 준비하는 것으로 비유한다면, '영혼과 몸과 마음의 좋은 Landing'은 활주로에서 행하는 실제 '좋은 착륙'을 의미한다. 전자가 '아름다운 삶'이라면 후자는 '아름다운 죽음'이고, 당연히 좋은 전자가 좋은 후자를 담보한다.

294) 잘 살아야만 잘 죽을 수가 있다.

295) 사랑하기 때문에 기꺼이 준비를 한다. 결혼 전 사랑하는 신랑을 위하여 정성껏 아름답게 준비하는 신부를 생각해 보라. 그의 준비는 분명 수고가 필요한 과정이지만 수고 역시 기쁨으로 자원해서 하는 것이다. 그러므로 여기 '사랑의 준비'를 '사랑의 수고'라고 바꿀 수도 있겠다. 어떤 일을 '사랑의 수고(labor of love)'라고 부를 수가 있을까? 이것도 성경에 바탕을 두고 있다. "너희의 믿음의 역사와 사랑의 수고와 우리 주 예수 그리스도에 대한 소망의 인내를 우리 하나님 아버지 앞에서 끊임없이 기억함이니"(살전 1:3). 그렇다. 우리는 사랑하기에 준비를 하는 것이다.

296) 그게 죽음이다.

297) 그럼 끝까지 순종을 하지 않는 사람은 어떻게 되나? 죽음을 조금이라도 미룰 수가 있는가? 물론 그럴 수는 없다. 결국 그들은 뒷걸음을 치다가 무서운 왕뱀(보아뱀, Boa constrictor)에게 통째로 먹히는 불쌍한 짐승처럼 무서운 죽음에 삼키움을 당하게 됨으로써 나쁜 죽음이나 어정쩡한 죽음을 죽게 된다.

298) 죽음이 가까이 오면 우리 몸에 여러 증상들이 나타난다. 본서에서 이를 12가지로 기술하였는데 이런 증상은 우리 몸이 착륙을 위하여 자동적으로 스스로 준비하는 것들이다. 임종을 지켜보는 가족들의 입장에서 보면 너무 안타깝고, 때로 받아 들이기 어려운 것들이 있을 수가 있겠지만 이 모두는 비행기로 치면 착륙을 위한 아주 정상적인 준비인 것이다.

299) 의지적이라고 했지만, 결국 이것도 하나님이 은혜를 주셔야만 가능한 일이다.

300) 한 보고에 의하면 비행기 사고의 70%는 착륙 때 발생한다. 그러므로 사고를 방지하기 위해서는 주어진 매뉴얼을 잘 숙지하고 한 치의 실수 없이 이를 실행해야만 한다. 본서에 나오는 '아름다운 죽음을 위한 매뉴얼'은 그저 이론에만 그치지 말고(중요한 개념을 놓치지 말고) 실제화하자는 뜻에서 그 내용을 기술함에 있어서 중복되는 내용이 있을 수 있겠다. 성경도 중요한 것은 반복하여 말씀한다.

301) 이렇게 말함을 용서하시라. '도움' 운운이 "교만이면 어떡하나?" 하는 두려움도 솔직히 필자에게 있다. 그러나 좋은 죽음에 대해서 뚜렷한 개념도 마땅치 않고 자연 그러다보니 충분히 미리 준비하지 못하는 게 안타깝지만 작금의 우리 현

실이다. 그런 소이로 이렇게 천박한 깨달음이나마 함께 나누고자 하는 것이니 작으나마 독자에게 도움이 되기만을 필자는 그저 바라고 기도할 뿐이다.

302) 사실 어디에도 정답은 없다. 아니 깨달은 자신만 알 뿐, 타자(他者)는 모른다고 해야 맞을 것이다. 절대자가 인간에게 주신 여건과 능력은 죄 다르기 때문이다. 그러므로 우리는 본인이 가장 중요하고 긴급하다고 여기는 것을 잘 살펴, 계획하고 실행해야만 하는 것이다. 타인에게 피해가 되지 않는 한 다른 사람의 눈치도 볼 필요가 없다. 단, 우리 양심이 허락을 하는 한도 안에서 그래야만 된다.

303) 그러나 당연히 당사자인 필자에게는 아주 큰 의미가 있다.

304) 그렇지! 멋진 죽음은 누리는 것이 맞다. 긴 여행을 마치고 깃털처럼 아름답게 착륙을 한다는 것은 사실 우리들의 특권이자 인생을 통틀어서도 가장 뿌듯한 순간이 될 것이다.

305) 이 전제들이 가능해야만 좋은 지침을 만들 수 있다.

306) 착륙을 잘 하려면 비행기와 공항에 대한 바른 정보가 필요하다. 죽음도 같다.

307) 아이라 바이오크, 『품위 있는 죽음의 조건』

308) 자율성에는 여러 가지 개념이 있다. 그중 하나는 자유로운 행동을 가리키는 자율성 개념이다. 강압과 제한 없이 완전히 독립적으로 사는 상태다. 이런 자유야말로 모든 사람이 공통적으로 외치는 구호다. 그러나 이런 자유는 환상에 불과하다. 우리의 삶은 본질적으로 다른 사람에게 의존하도록 되어 있고, 우리가 제어할 수 있는 한계를 넘어선 상황과 힘의 영향을 받을 수밖에 없다. 위대한 철학자 로널드 드워킨(Ronald Dworkin)은 이와는 다른, 그러나 더 중요한 자율성 개념이 있다고 설파했다. 우리가 직면하는 한계와 역경이 무엇이든지 간에, 우리는 삶의 주인으로서 자율성(자유)을 유지하고 싶어 한다는 것이다. 이것이 인간으로 산다는 것의 핵심적 가치이다. 자율성은 우리가 남에게 이끌려 사는 것이 아니라 스스로 자신의 삶을 이끌며 살도록 하는 것이다. 살아가는 동안 우리는 상상할 수 없는 어려움을 만날 수도 있다. 관심사와 욕구가 변할 수도 있다. 그러나 무슨 일이 일어나든 우리는 자신의 개성 및 충성심에 합치하는 방식으로 삶을 꾸려 갈 자유를 유지하고 싶어 한다. 죽을 수밖에 없는 존재로 살아가는 데 따른 투쟁은 곧 자신의 삶을 본래의 모습대로 유지하고자 하는 투쟁이기도 하다. 과거의 나와 현재 유지하고 싶은 나와의 연결고리를 끊어 버릴 만큼 너무 쇠약해지거나, 너무 소진되거나, 너무 종속되는 것을 피하려는 것이다. 질병과 노화만으로도 이 투쟁은 충분히 힘겹다. 우리가 의지하는 전문가들과 시설들이(여기서는 자율성을 침해하는 감옥과 같은 요양 시설을 말한다) 이 투쟁을 더 어렵게 만들어서는 안 된다. 그러나 우리는 적어도 자신의 임무가 안전이라는 미명하에 사람들의 선택을

제한하는 것이 아니라 가치 있는 삶을 살도록 선택의 범위를 넓혀 주는 것이라고 믿는 전문가가 점점 많아지는 시대에 살고 있다.(아툴 가완디, 『어떻게 죽을 것인가?』)

309) 복잡한 것은 좋지 않다. 한 항목당 아무리 길어도 5문장 이내로 설명이 되면 좋겠다.

310) 바른 통증 조절 지식과 이를 실행할 용기만 있으면 말기 질환이라도 몸의 고통을 대부분(거의 90%) 해결할 수가 있다.

311) 이른 봄에 하늘로 비상하는 종달새처럼, 그렇게 기쁘게. 우리는 이제 꿈속에서도 그리던 천국으로 이사를 가서 사랑하는 주님을 뵈올 것이다.

312) 사실, 나 자신도 그동안 수고가 많았다. 크게 칭찬을 해 주어야만 한다.

313) 죽음을 묵상하면서 우리가 얻을 수 있는 변화가 무엇일까? 결국, 가치가 바뀌는 것이라고 생각한다. 이태리 밀라노에는 '두오모' 성당이 있다. 이 성당에 들어가는 문은 3중으로 되어 있는데, 각 문마다 중요한 메시지가 새겨져 있다고 한다. 첫째 문 위에는 장미 화환이 새겨져 있고 이런 글귀가 새겨져 있다. "모든 즐거움은 잠깐이다." 둘째 문 위에는 십자가가 새겨져 있고 이런 글귀가 새겨져 있다. "모든 고통도 잠깐이다." 그리고 셋째 문 위에는 이런 글귀가 새겨져 있다. "오직 중요한 것은 영원한 것이다." 그렇다. 이 땅에서 맛보는 즐거움은 잠깐이면 지나간다. 그리고 이 땅에서 겪는 고통 역시 잠깐 지나간다. 그리고 그 뒤에 하나님이 주시는 영원한 천국과 그곳에서 얻게 될 영광은 영원한 것이다. 죽음에 대한 묵상을 통하여서 우리가 이런 지혜를 얻을 수 있고 삶의 방향과 우선순위가 바뀌는 것이다. 죽음이 주는 변화와 유익이다.

314) 간단하면서도 짜임새가 있는 버킷 리스트(Bucket List) 실행하기

315) 가족들에게 쓰는 편지는 이미 유언장에 들어가 있다.

316) 별장 부록(p.222~223) 참조. 미주 360, 361에 자세히 나와 있다.

317) 별장 부록(p214~p221) 참조.

318) 필자의 경험으로는 죽음이 정말 가까이 찾아왔다는 것을 2주 전에는 어느 정도 예상할 수가 있었다.

319) 마지막 10일을 '어디서', '누구와 함께' 그리고 '무엇을 할 것인가'를 미리 계획한다. 너나없이 모두가 바쁜 세상이다. 내 욕심 때문에 비록 가족에게라도 큰 짐이 되지 않아야 된다. 편리한 세상이고 보니 잘 계획하고 찾아보면 가는 이와 남는 이 모두에게 유익하고 좋은 방법이 나올 수도 있다.

320) 별장 부록(p.192) 참조

321) 필자는 '잔치국수'로 했다. 드디어 천국 가는 잔치가 시작된 것이다.

322) 매년 6월과 12월의 첫째 주 월요일로 정했다. 주일예배를 정성껏 드리고 월요일 아침 일찍 매뉴얼을 가지고 변산재(邊山齋)로 간다.
323) 필자가 죽을 장소를 전북 완주군 비봉면 수선리에 마련 중이다. 그곳 이름을 '변산재'라고 했다.
324) 죽기 전 할 수만 있으면 체중을 줄여 놓아야만 한다. 과체중은 운구를 하는 데도 어렵다. 비행기도 착륙 전에는 남은 항공유를 공중에 버린다.
325) 시편으로 찬양하는 것도 좋겠다. 시편을 모두 외우는 수도사들도 있다고 들었다.
326) 흐트러지거나 후들거리지만 않으면 된다.
327) 물론, 생명줄이다.
328) 너무 욕심내지 말 것. '조금은 미진하면 어떠리' 하는 여유 있는 마음을 가지라. 욕심을 부려서 될 일도 아니다. 이제는 다 떨치고 떠나가야만 하는 시간이다. 모든 것을 감사하라. 설사 아쉬움이 좀 있다고 해도 '그게 이 땅에서의 내 분복이려니' 그리 여기자. 미진함이 있는 것도 이 땅에 너무 미련을 두지 말라고 하나님께서 그리 인도하신 것이다. 천국에서는 우리의 미진함과 아쉬움이 모두 다 충만하고 만족스럽게 채워질 것이다. 아무튼 지금은 기쁘게 연극의 막을 무사히 내려야만 되는 것이다.
329) 우리의 본향, 천국을 말한다.
330) 질병관리본부 장기이식관리센터에 인터넷으로 접속하여 정보를 얻기 바란다.(www.konos.go.kr/konosis/index.jsp)
331) 아름다운 죽음(좋은 죽음)을 한마디로 표현하면, '예수님을 잘 믿고 잘 죽는 것'이다.

나가며
Epilogue

　우리 인생을 사계절로도 표현할 수가 있다. 태어나서 20세까지를 봄, 20세에서 50세까지를 여름, 50세에서 70세까지를 가을, 그리고 70세 이후를 겨울이라고 말한다. 그러므로 봄을 보낸 20세를 넘은 독자들은 뜨거운 여름과 짧은 가을을 지나면 추운 겨울이 곧 다가옴을 알아야만 한다. 더구나 70세를 넘은 독자들은 이미 확실한 겨울을 맞이했다는 사실도 꼭 기억하자. 그러나 때로는 나이와 상관없이 인생의 겨울을 재촉하는 불청객이 갑자기 찾아오는 경우가 있다. 그것은 바로 암, 치매, 교통사고와 이름도 생소한 여러 가지 말기 질환들이다. 그 밖에 정말 대책 없는 녀석도 있으니, 소위 '돌연사[332]'이다. "설마? 에이 설마?"라고 말하지를 말라. 보통 한국인의 경우 돌연사를 할 확률은 무려 30% 내외나 된다. 암에 걸릴 확률은 또 얼마인지 아는가? 건조하게 통계는 말한다. 우리 가운데 네 사람 중 한 사람은 암에 걸릴 것이고, 세 사람 중 한 사람은 돌연사를 당할 것이라고. 이래도 설마인가?

  그러므로 지혜 있는 사람은 나이와 형편에 상관없이 항상 인생의 겨울을 준비하며 살아간다. 오늘 일을 절대로 내일로 미루지를 않는다. 내일 일을 걱정하지 않고[333], 주어진 오늘에 자기의 최선을 다한다. 내일 일을 걱정하지 말라![334] 내일이 어찌될지를 우리가 전혀 알 수 없기 때문이다. 설사 안다고 하더라도 사실 뾰족한 수가 인간인 우리에게는 거의 없다. 그러므로 항상 하나님 앞에 갈 준비를 하고, 그날그날 해야 할 일에 열심히 최선을 다하여야만 하겠다. 특별히 우리가 아름다운 죽음을 죽을 수만 있다면, 당사자인 우리야 말할 것도 없고[335] 다른 사람에게도 우리 죽음이 이 땅에서의 가장 좋은 선물이 될 수가 있다. 우리가 그들에게 감사함을 표시하고 우리의 부족했던 것에 대하여 용서를 구하며, 동시에 그들의 부족함에 대하여 용서해야 한다. 그리고 그들이 후회함 없이 삶을 살아가되 우리 생명의 우아함을 기억해 주기를 바라는 우리의 진실된 소망을 표현할 때, 우리의 죽음은 진정한 선물이 되는 것이다[336]. 이와 같이 그동안 무섭고 불편하여 애써 부정하고 멀리하려고만 했던 죽음을 통하여서 오히려 나와 이웃이 바람직한 삶의 방향으로 나아갈 수 있는 것이다. 이런 천금과 같은 기회를 제공해 준다는 의미에서도 다시금 강조하지만 아름다운 죽음은 사랑하는 사람에게 커다란 축복이며 우리가 그들에게 줄 수 있는 이 세상에서 가장 귀한 선물이 된다.

  마지막까지 부끄러운 졸고를 읽어 주신 독자들께 큰 감사를 드린다. 특별히 기독교 신앙을 갖고 있지 않는 독자께는 더욱 고마움을 전한다. 믿음의 눈으로 읽지 않으면 때때로 황당한(?) 이야기라서 열이 뻗치고 자주 얼굴이 벌게졌을 텐데도[337] 인내를 가지고 끝까지 읽어 주셔서 정말로 감사하다. 긴 여정이었다. 이제 천국 공항의 착륙 유도등이 저 멀리 보이고 있다. 드디어 우리 차례다! 안전벨트를 다시 매고 의자를 바로 한 후, 매뉴얼처럼 멋지게 착륙할 때인 것이다. 독자 여러분 모두 아름다운 죽음을 소유하시길 바라며, 빛나는 천국에서 활짝 웃으며 반갑게 만나길 간절히 소망한다.

스승이자 롤 모델인 이동휘 목사님(바울선교회 대표이사)을 모시고

332) 2007년 한국 정부 통계를 보면, 한국인의 경우 돌연사할 확률은 30% 내외이다. 이는 결코 무시할 수 없는 수치이다.

333) 그게 성경의 가르침이다. "그러므로 내일 일을 위하여 염려하지 말라 내일 일은 내일이 염려할 것이요 한 날의 괴로움은 그날로 족하니라"(마 6:34)

334) 내일 일은 걱정하지 말고 하나님께 모두 맡겨야 한다. 우리가 인생의 짐을 하나님께 맡기는 게 얼마나 현명한 것인지 수치로 계산해 봐도 너무 자명하다. 심리학자 어니 J. 젤린스키가 인생의 걱정거리를 면밀히 조사해 보았다. 그랬더니 40%는 절대로 일어나지 않을 일이었다고 한다. 그리고 30%는 이미 일어난 일, 22%는 사소한 일, 4%는 도저히 바꿀 수 없는 일 등이었다고 한다. 내일 일을 걱정하지를 말라.

335) 성도는 천국에서 영광스러운 왕 노릇을 한다. 영원토록.

336) 헨리 나우웬

337) 아무리 그래도 예수님을 믿어야만 한다. 이 책의 진술 상당 부분은 하나님의 말씀인 성경을 기반으로 쓰여졌다. 부디 여러분에게 예수 믿어지는 하나님의 은혜가 있기를 바란다.

V

부록
Addendum

01 랜딩 매뉴얼의 설계

1. 몸에 고통이 없도록 한다.[338](No Pain)
   - 몸의 통증을 잡아야만 한다. 절대적으로 그렇다.
   - 통증 조절이 필요한 경우라면, 몰핀을 자유롭게 사용해 달라[339].

2. 마음을(정서적으로) 아주 평안히 한다(Peacefully).
   - 무엇보다도 마음을 다스리고[340], 마음을 굳게 지켜야만 한다[341].
   - 가족의 사랑과 따뜻한 지지를 받으면서 매화 분재와 허브 향 주머니를 곁에 두고[342] 지나온 삶을 기쁘게 돌아보자.
   - 좋아했던 그림, 동영상, 음악(찬송과 클래식)[343]도 도움이 될 것이다.

매화

3. 영혼을 가볍고, 기쁘게 한다[344](Joyfully).
   - 영혼의 밤이 왔을 때 기도가 생명줄이다[345].
   - 영혼의 양식은 오직 하나님의 말씀뿐이다[346].
     (세 끼 밥을 먹듯 약속의 말씀 100구절[347]을 묵상한다.)
   - 말씀과 기도와 찬양과 감사가 중요하다. 이들은 강력한 영혼의 비타민이며, 폭풍 속에서도 우리 영혼을 하나님께 든든히 붙들어 매어 주는 영혼의 닻이 된다.

4. 이제까지 소속되었거나 관계해 온 모든 공동체와 개인에 대해 마무리를 잘한다.
   - 알고 지냈던 모든 이에게, 신세를 진 모든 공동체에게 인사를 한다[348]: 손수 고른 그림엽서[349]를 사용하여 고마움, 인사, '천국에서 뵙자'는 말 등을 전한다.

필자의 가족. 아내 박인선, 아들 성은과 며느리 세라(Sarah), 딸 재은, 손주들(키아나, 조이, 루카스)과 함께

5. 자신을 따뜻이 용납하고[350], 가족 그리고 친구들과의 관계에서 이때껏 후회되는 것을 깔끔히 모두 해결한다[351].

6. 가족들에게는 아쉬움과 사랑을 남기고 간다[352].

7. 내 죽음을 통하여 자신은 물론 가족 그리고 친구들에게 의미 있고 바람직한 변화[353]를 가져오도록 한다.

8. 마지막에 후회하지 않도록 지금 진짜 하고 싶은 일을 한다.
   가. 하고 싶은 일
      ① 이스라엘 주재 바나바 선교사로 한 텀을 살기

V. 부록   **183**

② 하늘 관제사로 계속 살기

③ 평생을 묵상한 아이디어를 소책자로 만들어서 교회에 전하기(바나바선교회, 고비프로젝트, 축복의통로선교회, 120명 회원교회, 개신교수도원, 맥가이버스쿨)

④ 전주 신흥학교에서 마지막 설교하기

(본문: 고전 15:9-10, 제목: 모두 하나님 은혜입니다)

⑤ 작은 음악회 열기

⑥ 작은 영화제 열기

⑦ 작은 문학제 열기

⑧ 제대로 하는 극단에서 베르디의 '일 트로바토레' 오페라를 감상하기

⑨ 무엇보다도 이제는 세상 분주함을 잊고 소박한 일상을 마음껏 누리기(오랜 항해를 마치고 모항의 항구에 정박한 배처럼 느긋하게 말이다.)

신흥학교 강당에서 모임 중인 학생들

⑩ 찾아오는 손님에게 따뜻한 밥 한 끼 대접하기

나. 가 보고 싶은 곳[354]

① 한국 부산 태종대: 세상을 향해 나아갔던 곳

② 한국 남도 기행: 한국에서 가장 아름다운 여정

③ 한국 변산반도: 그리운 고향으로 가는 길

④ 이스라엘 갈릴리: 예수님의 주된 사역지

⑤ 이스라엘 감람산: 주께서 기도하시고 승천하신 곳

⑥ 스페인 산티아고: 순례자의 길(모든 여정이 어려우면 일부라도)

⑦ 일본 아오모리: 눈 내리는 시골 온천에서 2~3일을 좋은 책을 읽으며 쉼

⑧ 필리핀 마닐라 OMOC[355]: 선교사로 훈련을 받던 장소(그린망고 나무가 있음)

⑨ 몽골 UB와 테릴치: 20년 삶을 묻은 사랑하는 선교지(노공 빌체르교회와 그린홈호스피스병원)

⑩ 캐나다 에드먼턴: 고통과 기도의 장소

다. 만나고 싶은 사람

만나고 싶은 사람은 되도록 소수(10명 정도)로 한다. 서로의 시간과 사정상 모두 만날 수는 없다. 그러니 소수가 좋다. 무엇이든 좀 모자라서 아쉬운 게 여운이 있어서 더욱 좋지를 않은가. 더욱이나 귀한 사람들에게[356] 부담이 되면 안 되겠다. 이 세상에서는 다시 만나지 못할 사람들에게는 틈이 나는 대로 엽서나 편지를 써서 남기면 좋을 것이다.

9. (버킷 리스트를 다 했는데도 시간과 기회가 된다면) 하나님이 부르실 때까지 의미 있는 일을 계속 하다가 천국으로 간다(다음을 모두 혹은 한두 가지를 선택한다).
   - 희망을 포기한 사람들에게 '인생은 살 만한 것이라는 것'을 알려 주기
   - 작은 교회에서 말씀으로 섬기거나 봉사하기(예배당과 화장실 청소)
   - 한국에 온 외국 노동자 형제 자매들을 무언가 내가 할 수 있는 것으로 섬기기
   - 길거리 전도와 골방의 중보기도 사역
   - 이 밖에 성령님이 감동을 주시는 일

10. ('느리게 가는 편지 제도'를 이용하여) 친구들에게 손 편지를 쓴다[357].

11. '하나님에 대한 준비' 마무리를 잘한다.

    하나님께 대한 준비는 다음 4가지이다. 이것들이 잘되었는지 다시금 확인하고, 감사함으로 마무리를 잘한다.

    ① 하나님을 사랑하기
    ② 할 것(감사와 찬양, 회개, 거룩한 삶)
    ③ 하지 말아야 할 것(죄, 욕심, 미련)
    ④ 예비할 것(천국, 심판, 상급, 기름, 선물)

12. '사람에 대한 준비' 마무리를 잘한다.

    사람에 대한 준비는 다음 4가지이다. 이것들이 잘되었는지 다시금 확인하고, 감사함으로 마무리를 잘한다.

    ① 사람을 사랑하기
    ② 나를 용서하고 받아들이기
    ③ 남을 용서하고 받아들이기
    ④ 사람을 세우기

13. '사물에 대한 준비' 마무리를 잘한다.

　　사물에 대한 준비는 다음 4가지이다. 이것들이 잘되었는지 다시금 확인하고, 감사함으로 마무리를 잘한다.

　　① 자연을 사랑하기
　　② 일을 정리하기[358]
　　③ 재산을 정리하기[359]
　　④ 자연을 보호하기

14. 사전연명의료의향서(Advance Directives)[360]를 미리 작성한다. 필요한 상황이 되면 담당 의사에게 충분한 설명을 듣고 연명의료계획서(POLST)[361]를 작성하려고 한다.

　　- 의식이 없게 될 경우가 되면 본인이 작성한 '사전연명의료의

향서'를 꼭 지켜 달라.
- 의식이 없게 되면 아무것도 하지 말고 그냥 돌보아 달라[362](연명치료는 '의학적 고문' 이다[363]).
- 음식을 몸이 거부하면[364] 물만 먹게 해 달라[365] 나중엔 물도 필요가 없다.

15. 천국 백성으로 살기 위한 오리엔테이션(개념)을 숙지하고, 지금부터 준비를 한다(예수님의 산상수훈에 나와 있다)[366].

16. 진솔하고 간결하게 유언장을 쓴다.
    (하나님께, 가족에게, 일에 대하여, 소유에 대하여)

17. 마지막 6개월, 한 달 그리고 10일을 무엇을 할지 구체적으로 계획을 한다.
(특별히 마지막 10일은 더욱 자세히 설계를 하자.)[367]

18. 존 패네스틸 목사(John Fanestil)의 '행복한 죽음을 위한 10가지 가르침'을 주의 깊게 반추(되새김질)해 본다[368].

19. 장례 방법과 절차를 정한다.
- 호흡이 멎으면 3시간[369] 후에 바로 전북대학교병원으로 주검을 옮겨 안구 등[370] 필요한 부분을 사회에 남긴다.(병원에 옮기기 전에 의사에게 사망진단서를 발급받을 것. 사망진단서가 나오면 전주 승화원에 인터넷으로 화장 예약을 한다. 예약 웹사이트: 보건복지부 e하늘장사정보시스템)

  전북대병원 영안실에서 잠시 머물다가 사후 24시간이 지나면[371] 화장장으로 간다. 전주 승화원[372]에서 화장[373]을 한 후[374] 유골함을 봉동중앙교회당으로 옮겨서 검소하게 천국환송예배를 드린다.
- 화장을 했으니 관이 없다[375]. 유골함[376]만 놓고 천국환송예배를 드릴 것.
- 단출[377]하지만 생애 최고의 축제가 되는 멋진 천국환송예배가 되도록[378] 부탁한다. '검소하고 밝고 단출하고 자연스럽고 개성은 있으나 무겁지 않고 오히려 은혜롭고 멋있는' 바로 이것이 필자의 천국환송예배의 중심 키워드다.
- 봉동중앙교회 본당은 장소가 너무 크므로 소예배당을 사용하면 좋을 듯하다.
- 지인들에게 죽음과 천국환송예배를 알려 줄 방법을 미리 마련해 놓을 것(부고)[379].
- 예배를 드린 후에 30km 떨어진 전북 완주군 화산면 장지로 버스편으로 이동한다[380].
- 전주이씨 선산의 장지에서 하관예배를 드린 후 '이경환 가족 부활동산[381]'에다 유골을 안장한다.

20. 천국환송예배 순서지를 미리 준비한다[382].

21. 천국환송예배에 필요한 영상 편지 두 편[383]을 만든다.

22. 멋있는[384] 영정 사진을 만든다.

천국환송예배 때 사용할 필자의 사진

필자의 천국환송예배 장소로 쓰여질 봉동중앙교회 소예배당(겟세마네실)

23. 천국환송예배에 참석한 분들에게 예배 후 대접할 음식을 정한다.[385]

- 필자의 경우 따뜻하고 풍성한 잔치국수[386]로 하겠다. 반찬은 배추김치, 총각김치, 매꼼한 두부조림 이 세 가지이고, 식후의 디저트는 봉동 생강과 동상면 곶감을 사용한 수정과[387]가 정성스럽게 준비되어 있다. 물은 제주 삼다수를 제공한다(작은 페트병으로 판매되고 있다). 겨울이라면 따뜻한 차도 있어야만 하겠다.(모두 7가지임)

24. 묘비와 묘비 내용을 만든다.

- 필자는 무덤 자리를 가족 묘역[388](12평) 내에 이미 만들어 놓았기에 따로 준비할 필요가 없지만 독자들은 묘역을 어떻게 만들지(디자인) 그리고 묘비 내용을 뭐라고 쓸지를 숙고하여 미리 정해 두면 좋겠다. 필자의 경우 화장을 한 다음, 가족 묘역에 매장을 하는 방법을 택하였다. 그러나 수목장도 아주 좋은 장례 방법이다. 가족 묘역이 없었다면 필자는 기꺼이 수목장을 선택했을 것이다. 화장 후에 (생전에 손수 심어 놓은) 나무 밑에 묻고서 울림이 있는 글이 쓰여진 검소하고 작은 묘비를 준비하려고 했었다.

천국환송예배 후 대접할 잔치국수

25. 일 년에 두 번씩389) 내가 죽음을 맞이할 장소인 변산재(邊山齋)390)'에 가서 '죽음 연습'을 한다391).

26. 욕창이 생기지 않도록 유의하고392), 죽기에 이상적인 몸을 만든다393).
   - 평소 체중의 1/2 정도면 좋겠다.(필자의 바람임)
   - 오랜 병구완에 효자가 없다는 옛말을 기억하자. 그러므로 필요가 있더라도 누군가 혼자에게만 모두 다 내 몸을 맡기지 말아야 한다. 평소에도 스스로 할 수 있는 일을 되도록 남에게 맡기지 않고 불가불 도움이 필요한 경우라면 지혜롭게 여러 사람에게 나누어서 부탁을 하는 게 좋겠다. 자리에 눕게 되면 바쁜 사회생활 때문에 자녀들은 병상을 손님처럼 오고 갈 것이다. 그러다 아무것도 스스로는 할 수가 없을 무렵이 되면, 배우자나 도우미의 도움을 전적으로 받을 수밖에 다른 도리가 없다394).
   - 화장실 출입마저 스스로 못하는 시기가 되면 일주일에 두 번(수요일과 토요일)은 가족이나 호스피스, 자원봉사자 팀의 도움을 받아 따뜻한 목욕을 하고 용품을 사용하여 몸을 청결하게 한다395). 이제 다시 어린아이가 된 것이다. 세상에 태어날 때 남의 도움을 받았듯이 이 세상을 떠날 때도 우리는 어린아이처럼 불가불 남의 도움을 받아야만 된다396).

필자의 가족 부활동산

27. 이제까지 알게 된(알게 해 주신) 하나님을 매일 조용히 묵상한다.
 - 오늘까지 나를 인도하신 하나님은 어떤 분이셨는가?[397]
 - 이제 곧 나는 이 하나님을 만날 것이다.
 - 이제 곧 나는 그분이 다스리시는 하나님 나라에 들어갈 것이다.
 - 그러므로 하나님과 하나님 나라는, 성도가 최종으로 만나게 될 궁극적인 분이시고 궁극적인 목적지가 된다.

28. 평생 동안 묵상을 통해 알게 된 하나님을 늘 찬양하고 감사한다[398].

내만하 성경

29. '내만하' 성경을 읽고 기도하면서 마지막 순간까지 하나님을 더욱 많이 알아 간다[399].

30. (부축을 받더라도) 몸을 일으켜서 자녀들과 공동체를 위하여 축복기도[400]를 한다.

야곱의 축복

V. 부록 199

31. 마지막 말을 한다. "모두 하나님 은혜입니다. 여러분, 모두 고맙습니다. 사랑합니다[401]."(이 세 마디를 모두 하기도 힘들면 이중표 목사님처럼 그저 한마디 "할렐루야"로 한다.)

32. 인생이라는 연극이 모두 끝났고, 이젠 정말 연극의 막이 내려오는 것만 남았다. 너무 욕심을 부리지 말고 막이 자연스럽게[402] 내려오도록 줄[403]을 살며시 놓자[404]. 최선을 다해서[405] 준비를 했고 내 나름은 열심히 살아왔다. 죽음 이후 여행할 곳[406]의 지도도 손에 넣었으니, 이제는 오직 감사하는 마음으로 기쁘게 본향[407]인 천국으로 떠난다.(연극이 끝나 갈 무렵에 극이 흐트러지면 수습하기도 난감하다. 이제 시간이 없고 대안도 변변찮을 것이기 때문이다. '먼 친척 증후군'을 조심해야 할 것[408]이며 어떤 예기치 않은 일이 일어나도 흔들리지 말자. 대본(계획)대로 한다. 이때껏 준비한 대로 의연하게 몸으로 하는 설교[409]를 멋지게 마무리한다[410].)

33. 사후에 안구 등 내 몸에서 남에게 필요한 것을 기쁘으로 세상에 물려준다[411].(사고사를 당하였을 때 장기를 기증하는 것과 죽은 후에 시신을 대학병원에 기증하는 것은 아주 의미가 있고, 아름다운 일이다. 필자는 사고사인 경우(뇌사상태가 되면) 장기 기증을 원하며, 몽골에서 죽을 경우에는 몽골국립의과대학에 시신을 기증하기로 했다. 한국에서 자연사했을 경우는 전북대병원에 안구만을 기증한다[412].)

연극 무대

02 천국환송예배의 설계

죽음 이후에 우리는 성경에서 이른 대로 먼지(흙)로 돌아가는데[413], 성도라면 그 전에 남은 일이 하나 더 있다. 바로 '천국환송예배'다. 장례식은 한 사람의 인생을 모두 요약하는 의식이다. 여기에 함께하는 그의 가족과 친지들, 친구들을 통해 그가 어떤 삶을 살았는지, 또 얼마나 의미 있게 살았는지를 충분히 짐작할 수 있는 것이다[414]. 지금부터 필자는 꼭 필요한 경우를 제외하고는 '장례식'이란 말 대신에 주로 '천국환송예배'라고 부르겠다.

먼저 천국환송예배를 어디에서 드려야 좋을까? 할 수만 있다면 장례예식장은 피하는 것이 좋겠다. 물론 여러 면에서 장례예식장이 가장 편리하고 지금은 세상의 대세가 되어 버렸지만, 아무리 생각을 해봐도 당사자 고인의 입장에서는 단 한번 뿐인 천국환송예배 장소로서의 장례예식장은 너무 정신 사납고 무례하며[415] 너무나 멋이 없다. 기독교 신앙을 가진 경우라면 자신이 다니던 교회당이 가장 좋겠다. 교회가 마음의 고향인 것이다. 그러나 여의치 못할 경우라면 조용하고 적어도 당사자에게 의미 있는 곳이면 어느 곳이든지 다 좋겠는데 제발 장례예식장은 피하면 좋겠다[416]. 고인이 초등학교 선생님이라면 개구쟁이 제자들과 함께했던 교실이나 학교 강당이 정다워서 좋겠고, 전업 화가였다면 평소 전시회를 가졌던 곳이 바로 제격일 것이다. 고인의 삶이 그곳에 오롯이 묻어 있을 것이어서 단골 화랑이면 더욱이나 좋겠다[417]. 또 그가 농부라면 고인이 평생 동안 땀을 흘리던 채소밭 옆에다가 마을 공동체에서 빌려 온 큰 천막을 치고서[418] 야외에서 드리는 소박한 천국환송예배가 농자천하지대본(農者天下之大本) 농업인으로서 당당하고 재미가 있지 않겠는가? 식장을 온통 들꽃 다발로 장식하고 하객들에게는 고인이 생시에 농사일을 하며 늘 먹던 새참 형식으로 당당하게 식사를 대접하는 것도 좋으리라. 게다가 돌아가는 손님들에게는 생전에 고인이 땀 흘려 농시지어서 갈무리를 해 온 올기쌀을 한 움큼씩 석별의 선물로 나누어 준다면 생각만 해도 얼마나 좋고 흐뭇한가 말이다. 이게 아름답지가 않다거나 더 나아가 혹이나 남사스럽다고 여기는 사람이라면 숭고한 농부들의 땀과 수고를 정말로 모르는 사람이라고 여겨진다. 도시 사람들이 많은 경비를 내고 이용하는 무미건조한 장례예식장 예법보다 오히려 이런 시도는 더욱 인간적이고 적어도 고인은 물론 고인을 아는 지인들에게는 큰 의미가 있는 것이다. 전혀 시간에 쫓길 필요도 없고, 가장 좋은 것은 자연스럽게 고인과 고인의 삶에 집중할 수 있도록 해 준다는 점이다. 편리하지만 염치와 배려가 사라진 도시의 장례예식장에 비해 이런 시도는 주인공을 제대로 주인공이 되게 해 주는 셈인데, 이런 취지를 따뜻하게 이해하지 못하는 사람이라면 설사 그가 장례식에 오지 않았다고 하더라도 그리 애석해할 필요는 없을 것이다. 다만 시신을 곁에 두는 것 때문에 장례예식장에 비해 이런 시도는 조금 어려움이 예상이 되지만, 좋은 세상이다 보니 조만간 관에 맞고 운반이 가능한 장례 전용 냉장고의 개발도 기대해 본다. 아니면 아예 필자의 경우처럼 화장을 먼저하고 유골함만을 놓고 천국환송예배를 드리기로 작정한다면 장소 선정의 폭은 더욱 넓어질 것이다.

지금 장례예식장에서 행해지고 있는 장례 문화는 너무나도 가슴이 아프다. 죽은 이에 대한 관심은 조문하는 처음 5분이면 사라지고 그 뒤부터는 모두 살아 있는 자들의 리그(league)이다. 기름진 음식에 배는 부르고 술은 왜 또 그렇게 마셔대는지 모르겠으며 상주의 밤샘을 돕는다는 핑계로 화투를 밤새껏 치다 보면 충혈된 눈에는 오가는 돈만 보이고 누가 돌아가셨는지는 이미 벌써 잊어 버렸다[419]. 그렇다. 모두 돈에 대한 욕심은 왜 그리도 많은지, 검은 옷으로 점잖게 차려입은 조문객은 빌린 돈 갚듯이 자기가 전에 받은 꼭 그만큼만 조심스럽게 조의금으로 넣고, 마주 절하는 상주 또한 이번 기회에 모처럼 목돈이 생긴다는 것에 내심 흥분을 하여 누가 왔다 갔으며 나는 갔건만 왜 누구는 오지 않는가를 컴퓨터처럼 착착 계산을 하고 있다. 물론, 우리 모두가 다 이런 것은 아니겠으나 많은 이들이 실제로 이렇게 살아가고 있다는 방증은 있다. 그것은 장례식에 다녀오고 나면 에너지가 완전히 방전이 된 듯 힘이 하나도 없고 머리만 지끈지끈 아파 오면서 겨우 어려운 숙제 하나를 깨끗이 해치웠다는 느낌만 든다는 게 바로 그것이다. 정상적이라면 일을 마친 후 우리는 따뜻한 추모의 감정은 말할 것도 없고 고인이 우리와 삶을 공유해 준 것에 대한 감사와 애모(哀慕) 그리고 잔잔한 감동이 마음속에 오랫동안(적어도 수일은) 가득

해야만 되는 것이다.

　우리는 잘 만들어진 영화를 보고 난 후 곧잘 감동을 하는데, 그렇다면 한 인간의 희로애락이 다 녹아 있는 장례식 참석 후에는 더욱 더 그래야만 된다는 게 필자의 지론이다. 그렇게 되도록 장례 문화를 확 바꾸자. 배금주의와 치사한 속물근성 그리고 더 많은 편리성의 추구에 방점을 둔 지금 우리 장례 문화는 정말이지 개선되어야만 한다. 송길원 목사 같은 이도 아름답던 죽음의 추억[420]은 도시화되고 장례예식장이 늘면서 사라졌다고 개탄을 하고 있다. 다시 한번 생각을 해 보라. 장례식의 주인공은 당사자인 고인인 것이다. 그게 너무 자연스럽다. 옛날 사람들은 부모가 돌아가시면 3년을 초막을 치고 죄인이 되어 오직 부모만을 기렸다고 전해지지만 바쁜 현대를 사는 우리가 그렇게는 못할지라도 장례식만이라도 주인공을 제대로 주인 대접을 해 드려야민 되지 않겠는가? 그린데 왜 자녀들을 비롯한 조연들이 주인공의 자리에 떡하니 버티고들 있는가! 아버지 농부가 설사 장관과 사장을 아들로 두었다고 치더라도, 농부가 죽었으면 농부의 장례가 되어야만 하는 것이다. 그게 정상이다. 그렇게 하는 것이 아버지를 존중하는 것이고 아버지를 인정하는 태도다. 자녀들이 아무리 출세했다고 하더라도 그날 만큼은 농부 아버지의 치열하고 고단하게 사신 삶을 그대로 존중해 주고 인정하는 것이 바로 아버지를 제대로 대접하고 자랑스럽게 여기는 것이 되는 것이다. 농부가 장관이나 사장보다 낮은 위치가 아니다. 그렇다고 농부가 장관이나 사장보다 높다고 해서도 안 되리라. 농부나 장관이나 사장이나 다 평등하게 귀하다는 말이다.[421] 그러므로 농부 아버지의 장례에는 아버지 친구 농부들이 하객의 중심에 위치해 있어야만 되지 그들은 모두 중심에서 밀려나 외진

구석에서 서리 맞은 배추처럼 눈치나 보고 있고 떵떵거리는 젊은이들이 아버지 장례의 주인공이 되는 것은 정말이지 바르지가 않다. 나중에 자신들의 장례식에나 그런 권리를 주장하고 지금은 당연한 아버지의 몫을 제발 가로채지를 말라.

이런 이유 때문에라도 우리는 자신의 천국환송예배를 평소에 소신대로 미리 준비하는 게 중요하다고 여겨진다. 필자의 생각으로는 하객 수도 친한 친구와 이웃들 50~100명 정도면 족하다. 나머지는 이메일이나 전화로 인사를 주고 받든지 옛날처럼 조전(조문 전보)을 이용하면 어떨까 한다. 물론, 정 필요하다면 조의금도 번거롭게 직접 오갈 것 없이 서로 계좌로 주고 받으면 되겠다[422]. 요즘 젊은이들이 모바일 청첩장을 사용하여 축의금을 주고 받는 게 보편화된 것처럼, 조의금도 그렇게 하자는 것이다. 카카오톡 단체방으로 부고를 돌리고 '메신저 조의금'을 받는 방법도 있다고 들었다. 다시 말하지만 하객은 아무리 많아도 100여 명이면 적당하다. 고인의 가족과 친한 친구나 같이 살던 이웃이 아니라면 구태여 장례예식장에도 오가지를 말라. 고인과 아무 일면식이 없는데도 경제적 이유와 체면치레로[423] 경조사에 오고 가는 인사가 사회적으로 큰 병폐이고 너무 커다란 낭비의 원인이 되고 있다. 그러므로 교양인과 의식이 있는 사람들 그리고 소위 사회의 지도자라는 사람들부터 본을 보여야만 한다. 살아생전에는 진솔하고 최선을 다하는 근실한 삶을 살다가는 떠날 때가 되면 근검하되 의미 있는 장례식을 통하여 간결하게 사회에 퇴역 인사를 하고는 의연하게 '훌쩍' 사라져 가는 거인들을 우리는 많이 보고 싶다.

그럼 이제 바람직한 장례식을 어떻게 해야만 되는지를 알아보겠다 (이곳에서는 기독교의 천국환송예배를 중심으로 알아본다). 보통 기독교에서는 안식예배(입관예배), 천국결혼예배(장례예배), 부활예배(하관예배) 이렇게 세 번의 예배를 모두 통틀어 천국환송예배[424]라고 부른다.

01) 일반적인 유의사항

1. 보통 장례는 3일장을 원칙으로 하며 장례일이 주일이 되지 않게 2일장 혹은 4일장으로 해도 무방하다.
2. 장례식장(천국결혼식장)[425]은 예배당에서 드리는 것이 가장 좋다. 장소가 협소할 경우는 예배당 밖에서 드릴 수도 있다.
3. 천국환송예배는 순서를 맡은 분들을 정해서 미리 알리고, 가급적 순서지를 만들어서 조문객에 주는 것이 좋다.
4. 검은색 혹은 녹색 리본[426]을 준비해서 조문객에게 드리고 부착하게 한다.
5. 운구할 때 필요한 면장갑을 준비하고, 운구할 사람 4명 정도를 미리 정해 둔다.
6. 장례예배(천국결혼예배) 전에 장지에 갈 모든 물품을 차에 실어 놓아서 예배 후에는 관만 모실 수 있도록 준비해 놓는다.
7. 천국환송예배는 정중하고 엄숙해야 하지만 밝고 감사한 분위기면 더욱 좋겠다.
8. 운구 행렬은 영정(사진), 집례자, 영구(시신을 담은 관), 상주(대개 장자가 한다.), 친족, 문상객 순으로 한다.
9. 운구 시에는 울음은 삼가고, 찬송을 부르며 행진하는 것이 바람직하다.

10. 운구차를 이용할 경우 상주 등 유가족들은 영구를 모신 차에 함께 타도록 하며, 직계 상주들은 영구를 모신 관 옆 좌석에 앉도록 한다.

02) 천국환송예배 순서

천국환송예배 순서가 천편일률적이거나 무겁고 무미건조하지 않도록 하자[427]. 냉랭하고 멋이 하나도 없는 스산스러운 예배가 되지 않도록 주의하자[428]. 물론 천국환송예배는 본래 이 예배가 지향하는 부활과 천국에 대한 소망, 하나님의 사랑 그리고 사람이 한시적 삶을 살아간다는 것 등을 모두에게 알려 주어야만 한다. 이렇게 목적에 충실하면서도 나 자신의 천국환송예배는 세상에 단 하나밖에 없기에 박물관에 있는 고려청자나 조선백자처럼 당당하고 우아하며 독특한 본인의 빛깔이 조금은 나타나면 좋겠다. 필자의 주장은 하나님께 영광을 돌림은 물론이고, 당사자의 개성이 드러나면서도 모인 모든 사람들에게도 은혜와 감동을 줄 수 있는 아름다운 예배가 되어야만 할 것이라는 말이다. 그렇게 되도록 연구하면서 준비를 하자. 천국환송예배를 그리 준비할 수가 있다면 직접적으로 본인도 준비하면서 은혜를 받겠지만 남은 삶을 더욱 진지하고 책임감 있게 살도록 만드는 간접적인 유익도 얻을 수 있겠다. 주례 목사님을 어떤 분으로 모실지 그리고 기도와 추모사(필자의 경우 축사라고 했다)와 특송 등을 누가 맡을 것인지를 정한 후에 미리 부탁을 해 두자. 예배 때 부를 찬송은 평상시 본인이 좋아했던 찬송가로 정하는 것이 일반적 관례다.

03) 천국환송예배 예시

다음은 장차 사용할 필자의 천국환송예배 순서지이다. 예시로 수록하니 참조하기 바란다.

* (예배 전) 식장의 음악[429]: '떠나가는 배'(안형일), '선구자'(신일철), '기다리는 마음'(진용섭)[430] 이 3곡으로 한다[431].

전(全) 장례 일정 메모:

1st(임종 당일): 안구 기증 후 화장한다.(임종이 오전이면 그날 오후에 화장이 가능하겠으나 임종이 오후면 다음날 오전에 화장이 마쳐지겠음.) 가족과 친구들에게 부음을 알리고(누구에게, 어떻게 알릴지는 노트에 미리 기록해 놓있음.) 이날은 가족들만 홍성인 목사님을 모시고 예배를 드리기 바람. 다음날 오후 1시부터 손님들을 받고 이후 공예배를 진행하면 좋겠음.

2nd(둘째 날): 오후 6시 안식(입관)예배: 예배 전후에 찾아오는 손님들에게 대접할 음식은 준비된 컵밥이나 컵라면(오뚜기 '옛날 쌀떡국 라면'과 농심 '튀김우동' 등을 추천함)으로 한다. 교회에는 끓는 물만 부탁할 것. 일체의 화환 및 부조금을 받지 말 것.

3rd(셋째 날): 아침 식사: 떡국(0630-0800), 오전 09시: 천국결혼(장례)예배, 차(카운티)로 이동(한 시간): 차 안에서 준비된 김밥으로 요기, 오후 1시: 부활소망(하관)예배, 오후 3시: 늦은 점심(잔치국수)

故 이경환 목사
천국 환송 예배

이경환 목사
- 전북 완주 출생
- 몽골 선교사 ○○년
- 하늘 관제사 ○○년

안식예배(입관예배)[432]

집례: 홍성인 목사[433] (봉동중앙교회)

일시 : 주후 20○○년 ○○월 ○○일 오후 6시
장소: 봉동중앙교회

(1) 묵도 / 다같이

(2) 찬송 / 438장(내 영혼이 은총 입어)

(3) 기도 / 전의탁 장로(봉동중앙교회)

(4) 성경봉독 / 요 6:37-40[434]

(5) 특송 / 여수영광교회 할렐루야 성가대(주만 바라볼찌라)

(6) 설교 / 집례자

(7) 찬송 / 487장(어두운 후에 빛이 오며)

(8) 축도 / 집례자

천국결혼예배(장례예배)

집례: 박봉호 목사[435](대구평강의교회)

일시: 주후 20○○년 ○○월 ○○+1일 오전 9시
장소: 봉동중앙교회

(1) 묵도 / 시편 23편[436]
(2) 찬송 / 435장(나의 영원하신 기업[437])
(3) 기도 / 양성수 장로[438]
(4) 성경봉독 / 딤후 4:6-8(오유나 전도사)
(5) 특송 / 봉동중앙교회 브니엘 성가대[439]
(6) 설교 / 집례자
(7) 축가 / 이선종 집사[440]
(8) 동영상 / 모든 게 하나님 은혜였습니다[441](이경환 선교사)
(9) 축사1 / 홍성인 목사
(10) 축사2 / 김진오 집사[442]
(11) 축사3 / 이강민 집사
(12) 찬송 / 429장(세상 모든 풍파 너를 흔들어)
(13) 축도 / 왕재권 목사[443]
(14) 인사 및 광고 / 이영호 장로[444]
(15) 헌화[445] / 모두
(16) 출발(발인)[446] / 이성은

부활소망예배(하관예배)[447]

집례: 홍성인 목사

일시: 주후 20○○년 ○○월 ○○+1일 오후 1시
장소: 전라북도 완주군 화산면 전주이씨 선영

(1) 묵도

(2) 찬송 / 180장(하나님의 나팔 소리)

(3) 기도 / 유병돈 목사

(4) 성경봉독 / 고전 15:50-52(오뜨마 전도사)

(5) 설교 / ○○○ 선교사[448]

(6) 축사 / 김한욱 목사

(7) 찬송 / 222장(우리 다시 만날 때까지)

(8) 축도 / 집례자

 이경환 유언장

01) 하나님께

하나님 아버지!

제 평생 이 땅에서의 삶은 단 일분일초 예외도 없이 송두리째 모두가 하나님의 가이없는 은혜(恩惠)의 산물(産物)이었습니다. 그냥 버려두셨더라면 인격과 행실에서도 흉측한 산짐승보다도 더 못하였을 텐데 오히려 불쌍히 여기셔서 더 긍휼히 여겨 주시고 몇 곱절로 더욱 많이 사랑해 주셨습니다.

자격도 없는 저를 복음을 담는 아름다운 토기(土器)로 손수 정하시고 그렇게 되도록 빚으셨습니다. 우둔하고 미천합니다만 그래도 주의 일을 하는 사역자라고 작지만 그리스도의 향기가 나게 하시고 사람들에게도 분에 넘치는 사랑과 존경을 받게 하신 것을 크게 감사를 드립니다(아아, 순전히 하나님의 크신 은혜입니다!).

철없는 아이로 20년, 이것저것 공부를 한다고 또 20년을 지나 놓고 보니 벌써 40살이 되었습니다. 그 무렵에 여전히 냄새나고 턱도 없이 부족했지만 저는 목사가 되기로 신흥(新興)학교[449] 때 서원(誓願)한 것을 머리에 떠올리고 겁도 없이 용감하게 사역자의 길로 나섰습니다. 이런 돈키호테(Don Quixote)와 같은 저를 물리치지 않으시고 영광스럽게 복음을 전하는 일꾼의 하나로 기쁘게 받아 주셔서는 천사도 부러워하는 목사 선교사로서, 또 다른 20년을 들꽃이 아름다운 초원의 나라 몽골에서 호스피스 선교사로서 머물게 하셨습니다. 그 이후부터는 인생의 '마지막 착륙(죽음)'을 같이 고민하며 돕는 '하늘 관제사[450]'로 여생을 기쁘게 또 살게 하셨습니다.

그저 이 모든 것이 주님이 제게 주신 달란트요 사명인 줄 우직하게 믿고서, 때로는 많이 비틀거렸지만 그래도 바로 일어서서 좌우로 치우치지 아니하였던 벧세메스의 소처럼[451] 오직 한 길을 걸어가게 해 주신 것도 감사를 드립니다. 버려진 진흙덩이와 같은 무가치한 인생이었지만 그동안 주님을 모실 수가 있어서 너무나도 큰 영광이었고 주님과 동행함으로써 주님의 향기가 작지만 제게도 나게 해 주심도[452] 큰 감사를 드립니다. 이에, 너무너무 적어 부끄럽습니다만 모든 영광을 하나님께 올려 드립니다. 창세 전부터 저를 선택해 주신 성부 하나님 사랑합니다! 저를 위해 몸 찢고 피를 흘려 죽으시고 다시 사신 예수님 사랑합니다! 놀라운 구원을 제게 적용시켜 주신 성령님 사랑합니다! 하나님 아버지, 이제 제 영혼을 부탁드리옵나이다. 제 영혼을 받아 주시옵소서.

02) 사람들에게

아내 박인선 선교사에게

내 평생에 가장 큰 축복과 행운은 다름 아닌 당신을 내 반려자로 만난 것이었소. 지금은 없어진 전주 오거리 미원탑 부근 한 다방에서, '밝고 짙은 빨강에 약간의 파란색이 섞여 보랏빛'[453]이 도는 옷을 입은 당신을 만났을 때[454] 그때 나는 내 영혼 깊은 곳에서 무언가 '쿵'

하고 울리는 것을 깨달았습니다.

그 이후 우리는 인생의 험한 바다를 둘이 함께 열심히 헤쳐 왔었지요. 슬프나 기쁘나 미우나 고우나……. 우리도 여느 부부처럼 기복이야 많이 있었지만 그보다 더욱 중요한 것은, 그 어떤 상황에서도 우리가 늘 '하나'였고 또 '함께'였다는 사실입니다. 점점 나이가 들어 갔어도 여전히 철없는 아이와 같았던 나를 하나님 앞에, 사람들 앞에 그래도 부끄럽지 않은 선교사로 세워 가려고 그동안 당신은 너무나도 수고가 많았습니다.

우리 가정사(家庭史)를 한마디로 표현을 한다면, '우리 가정에 반듯하고 바람직한 게 있다면 모두 당신의 노고요, 뒤틀리고 잘못된 모든 것은 역시 순전히 나의 잘못임이 틀림이 없다'는 것입니다. 아무리 그렇더라도 목사는 성경만 봐야지 한 편이라도 영화 같은 것을 보면 안 된다는 당신의 그 놀라운 생각만은 아직까지도 마음 전적으로는 동의할 수가 없구료[455]. 하하!

여보, 사랑하고 고맙소. 아주 잠시 후가 되겠지만, 그럼 천국에서 우리 활짝 웃으며 다시 반갑게 만납시다.

내 소중한 '갈비'[456]여! 바이를라, 이흐바이를라[457]!

아들 성은에게

이 세상에서 가장 귀하고 멋있는 내 아들 성은아[458].

아빠는 수원 심우연립에 살던 무렵, 너의 착한 심성을 지금도 잊을 수가 없구나.

　만학의 신학도이자 수원 창훈대교회의 교육전도사였던 아빠는 어느 날 가족에 대한 중대 임무를 다하지 못했었지. 교회 일이 아무리 바쁘더라도 먹을 물을 떠 오는 것은 당시 아빠 고유의 몫이었잖니? 그런데 어느 여름날 집에 돌아와 보니 물이 하나도 없더구나. 밖은 이미 깜깜해지기 시작했지만 그 즉시로 아빠는 물통을 들고서 집을 나섰지. "아빠, 저랑 같이 가요!" 그때 너는 열 살이었나? 아마 그 정도였을 거야. 아직은 어린아이였는데 소프라노처럼 높고 앳된 목소리로[459] 아빠랑 같이 물을 뜨러 가자던 네 음성이 아빠에겐 마치 어제인 양 너무 생생히 들려오는구나(너무 신기하구나!). 아빠는 괜찮다고 아빠가 혼자서 빨리 다녀오마고 여러 번 만류를 했지만 다른 때와는 정말 다르게 너는 왕고집을 부렸지. 그렇게 아빠 말을 잘 듣던 네가 그때 왜 그랬었는지 아빠는 곧 알 수가 있었단다. 우리 가족이 즐겨 믹던 물은 연무동 공동묘지를 지나는 으슥하고 한적한 산마루에 있었거든. 어둠이 깃든 묘지에 가까이 왔을 때 종달새처럼 큰 소리로 이야기를 하던 너는 갑자기 조용해졌고 아빠 손을 잡은 네 손이 한순간 땀으로 축축해지는 것을 확연히 알 수가 있겠더라. 그래, 너는 비록 표현하지는 않았지만 아빠를 혼자서 공동묘지에 가도록 하는 것이 너무나도 싫었던 게야. 그래서 자기가 아빠와 같이 간다면 아빠가 덜 위험할 것이라고 굳게 여겼던 것이었어. 아아, 그렇게 남을 잘 배려하는 귀한 마음을 가졌던 네가 언제나 아빠 마음에는 큰 자랑으로 남아 있단다.

　그렇게 여리고 착하기만 했던 네가 이젠 벌써 어른이 되었고 훌륭한 세 아이의 아빠가 되었구나! 엄마와 아빠는 세상의 보석과도 같은 우리 키아나(Kiana)와 조이(Joey) 그리고 루카스(Lucas)의 할머니 할

아버지가 된 것을 하나님께 늘 감사하고 네게도 너무 고맙게 생각한 단다. 어쩜 그렇게 넌 아이들의 친구와 같은 좋은 아빠가 되었는지 그 것도 사실은 너무 놀랍지 뭐니! 사실 아이들의 친구가 된다는 게 모든 아빠들의 영원한 로망이거든. 늘 그렇게 이웃을 따뜻이 배려하면서 모든 아이들의 친구와 같은 멋진 사람이 되기를 바란다. 그러면 다 되는 게야. 정말, 그렇고말고! 아이들은 어른들의 스승이 되겠으므로, 그럼 다 되는 게지. 너의 따뜻한 마음과 타고난 유머는 그렇게 되는 데 아마 제법 도움이 될 게다. 그러나 인생의 본질은 그 무엇보다도 하나님께 영광을 올려 드리고 하나님의 기쁨이 되는 것이지. 그렇지?

아들, 사랑한다!

아빠 대신 엄마와 동생 재은이를 부탁하마!

딸 재은에게

아빠는 네가 아빠의 딸이어서[460] 평생 너무나도 자랑스러웠고 행복했고, 좋았단다!

네가 정말 최고의 딸이라는 말이지, 이 말은. 악당과 악질이 더 많은 이 험한 세상에서 너와 같은 소수의 선질(善質)은 살아가기가 영 쉽지만은 않아요. 상처를 받고 늘 손해만 보니 엄청이나 고통스럽지. 아빠에게 성도의 애매한 고난에 대해서 아마 너는 수십 번이나 질문을 했었구나. 그래요, 때때로 우리 얼굴이 온통 다 붉어질 만큼, 사랑 많으신 하나님이 종종 영 낯설 때가 있단다. 아무리 그래도 아주 중요한 것은 우리가 하나님을 다 이해했기 때문에 하나님을 믿는 게 아니란다. 오히려 하나님이 누구신지 우리가 굳게 신뢰하기에 이해되지 않는 상황을, 오히려 그대로 받아들이고 순종하는 게 바로 믿음이 되겠지.

그래, 재은아. 이성으로는 깨달을 수 없는 하나님께 날마다 기도로 무릎으로 순종으로 더 높은 믿음의 세계로 똑바로 그렇게 나아가려므나. 일상의 작은 기쁨을 많이 즐기고 늘 감사를 하려므나. 아무리 힘들어도 이 세상은 제법 살 만한 곳이란다. 오히려 세상이 이리 엉망이니, 더욱이나 착한 네가 옛날 에스더처럼 해야 할 일이 더욱 더 많은 게지 뭐. 모두가 그렇지 않은데 홀로 올바르고 진실하게 사는 게 물론 말처럼은 쉽지가 않아요. 너무 힘이 들지, 그렇지? 그러나 너는 혼자가 아니란다. 나무 그루터기처럼 이 땅에는 주님께서 숨겨 놓은 남은 자들(롬 11:5)이 아주 많아요.(그들이 하나님의 기쁨이란다. 그들을 통해 하나님은 늘 영광을 받으시지.) 그들과 손을 잡고 감사하면서 꾸준히 말씀과 교제를 나누렴. 무엇보다도 축복인 것은 신실하시고 변함이 없으신 우리 주님이 너와 늘 함께 하신다는 사실이란다. 빛나는 태양처럼 때론 칠흑같이 어두운 밤에도 방향을 알려 주는 북극성처럼 주님은 그렇게 주무시지도 않고 항상 너를 지키시고 인도하시고 계시지. 그러니 넌 항상 주님의 빛과 소금이 되려므나. 늘 언제나 하나님의 큰 기쁨이 되렴. 너를 아프게 하는 가시도 품어 주는 넉넉한 햇솜이 되려므나. 어렵더라도 잘 참고 주님만을 바라보면서 열심히 성실[461]하게 반듯하게 그렇게 지금처럼 예쁘게 살려므나! 오케이? 알았지?

이짜은[462], 아빠가 네게 할 말은 이게 다야! 우리 딸, 이 재은, 아빠의 부재에 너무 울지는 말고. 잘해야만 돼! 알았지?

03) 일에 대해서

초원의집
고비프로젝트[463]
축복의통로선교회[464]
바나바선교회[465]
맥가이버스쿨[466]
하늘 관제사

04) 소유에 대해서

몽골 선교를 하면서 편의상 본인 명의로 되어 있는 병원(초원의집) 부동산은 이사회의 결정에 따라서 정리가 될 것입니다. 2019년 안식년 때 200만 원을 주고 산 승용차(소렌토, 2005년식)는 필요한 분이 있으면 기꺼이 드리겠습니다. 선교사로 나가면서 몽골로 가져간 책들이 있는데, 이 모두를 몽골장로교신학교에 기증합니다.

그 밖에는 특별히 생각나는 게 별로 없군요. 그래서 평상시 가까이 두고 사용하던 맥가이버 칼[467] 세 개만 가족에게 남깁니다. 사랑하는 아내에게, 든든하고 멋있는 장남 성은에게, 귀하고 착한 딸 재은에게 각각 하나씩 기념으로 주고 싶습니다[468]. 그저 남편과 아빠를 기념하는 기념품으로 알고 간직해 주기를 바랍니다.

겸하여, 가족과 성도님들 그리고 친구들에게 바라는 것은 다른 것이 조금 부족하더라도 '믿음'과 '겸손'과 '사랑' 만은 결코 부족하지 않은 '선교적인 삶'을 치열하게 사십시오. 그리고 이 맥가이버 기구처럼 튼튼하고 실용적이며[469] 하나님과 사람에게 적재적소에 필요한 아름답고 충성스러운 삶을 열심히 살기를 바랍니다.

2016년 4월 30일

이 경 환

"전제와 같이 내가 벌써 부어지고 나의 떠날 시각이 가까웠도다
나는 선한 싸움을 싸우고 나의 달려갈 길을 마치고
믿음을 지켰으니
이제 후로는 나를 위하여 의의 면류관이 예비되었으므로
주 곧 의로우신 재판장이 그 날에
내게 주실 것이며 내게만 아니라
주의 나타나심을 사모하는 모든 자에게도니라"

(딤후 4:6-8)

별장부록 2 이경환의 사전연명의료의향서(AD)

■ 호스피스·완화의료 및 임종과정에 있는 환자의 연명의료결정에 관한 법률 시행규칙 [별지 제6호서식]

사전연명의료의향서

※ 색상이 어두운 부분은 작성하지 않으며, [ ]에는 해당되는 곳에 √표시를 합니다.

| 등록번호 | R20- | ※ 등록번호는 등록기관에서 부여합니다. |

작성자
- 성명: 이경환
- 주민등록번호: 570726
- 주소: 세종특별자치시 다정북로 109
- 전화번호: 010 3445 0930

호스피스 이용: [√] 이용 의향이 있음 [ ] 이용 의향이 없음

사전연명의료의향서 등록기관의 설명사항 확인

설명사항:
- [√] 연명의료의 시행방법 및 연명의료중단등결정에 대한 사항
- [√] 호스피스의 선택 및 이용에 관한 사항
- [√] 사전연명의료의향서의 효력 및 효력 상실에 관한 사항
- [√] 사전연명의료의향서의 작성·등록·보관 및 통보에 관한 사항
- [√] 사전연명의료의향서의 변경·철회 및 그에 따른 조치에 관한 사항
- [√] 등록기관의 폐업·휴업 및 지정 취소에 따른 기록의 이관에 관한 사항

확인: 위의 사항을 설명 받고 이해했음을 확인합니다.
2020년 1월 29일 성명 이경환 (서명 또는 인)

환자 사망 전 열람허용 여부: [√] 열람 가능 [ ] 열람 거부 [ ] 그 밖의 의견

사전연명의료의향서 등록기관 및 상담자
- 기관 명칭: 국민건강보험공단
- 소재지: 세종지사
- 상담자 성명: 이
- 전화번호: 044-860-8145

본인은 「호스피스·완화의료 및 임종과정에 있는 환자의 연명의료결정에 관한 법률」 제12조 및 같은 법 시행규칙 제8조에 따라 위와 같은 내용을 직접 작성했으며, 임종과정에 있다는 의학적 판단을 받은 경우 연명의료를 시행하지 않거나 중단하는 것에 동의합니다.

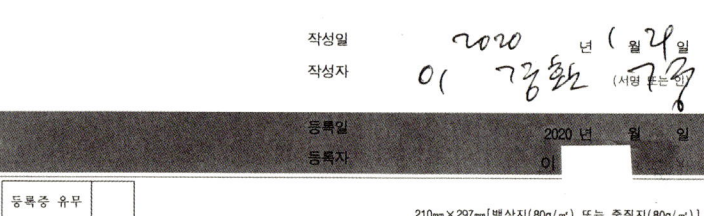

작성일: 2020년 1월 29일
작성자: 이경환 (서명 또는 인)

등록일: 2020년 월 일
등록자: 이

등록증 유무:

210mm×297mm[백상지(80g/㎡) 또는 중질지(80g/㎡)]

별첨부록 3 연명의료계획서(POLST)

■ 호스피스·완화의료 및 임종과정에 있는 환자의 연명의료결정에 관한 법률 시행규칙 [별지 제1호서식]   (앞쪽)

연명의료계획서

※ 색상이 어두운 부분은 작성하지 않으며, [ ]에는 해당되는 곳에 √표를 합니다

등록번호		※ 등록번호는 의료기관에서 부여합니다.	
환자	성 명	이 경환	주민등록번호 540726
	주 소	세종시 다정북로 109 가온마을3단지 301-1802	
	전화번호	010-3445-0930	
	환자 상태	[ ] 말기환자	[ ] 임종과정에 있는 환자
담당의사	성 명		면허번호
	소속 의료기관		
호스피스 이용	[√] 이용 의향이 있음		[ ] 이용 의향이 없음
담당의사 설명사항 확인	설명 사항	[√] 환자의 질병 상태와 치료방법에 관한 사항 [√] 연명의료의 시행방법 및 연명의료중단등결정에 관한 사항 [√] 호스피스의 선택 및 이용에 관한 사항 [√] 연명의료계획서의 작성·등록·보관 및 통보에 관한 사항 [√] 연명의료계획서의 변경·철회 및 그에 따른 조치에 관한 사항 [√] 의료기관윤리위원회의 이용에 관한 사항	
		위의 사항을 설명 받고 이해했음을 확인하며, 임종과정에 있다는 의학적 판단을 받은 경우 연명의료를 시행하지 않거나 중단하는 것에 동의합니다.	
	확인 방법	[ ] 서명 또는 기명날인 년 월 일 성명 (서명 또는 인) [ ] 녹화 [ ] 녹취 ※ 법정대리인 년 월 일 성명 (서명 또는 인) (환자가 미성년자인 경우에만 해당합니다)	
환자 사망 전 열람허용 여부	[√] 열람 가능 [ ] 열람 거부 [ ] 그 밖의 의견		

「호스피스·완화의료 및 임종과정에 있는 환자의 연명의료결정에 관한 법률」 제10조 및 같은 법 시행규칙 제3조에 따라 위와 같이 연명의료계획서를 작성합니다.

년 월 일

담당의사   (서명 또는 인)

210mm×297mm[백상지(80g/㎡) 또는 중질지(80g/㎡)]

338) 올바른 (의학) 지식이 있으면 통증으로 인한 몸의 괴로움을 현저히 완화시킬 수 있다. 괜한 고생을 사서 하지를 말자.

339) 암성 통증에 마약성 진통제를 사용하는 경우 중독이 되지 않는다. 이를 뒷받침하는 근거는 많다. 잇달아 발표되고 있는 논문들은 '통증 조절을 목적으로 마약성 진통제 사용은 기간이 오래되고 용량이 높다 할지라도 중독되지 않는다'는 내용을 포함하고 있다. 열에 하나 설사 중독이 된다고 하더라도 이미 비가역적으로 죽음을 향하여 가는 상황에서 필자는 이런 걱정은 아무런 의미가 없다고 본다. 때문에 필자를 돌보는 이들은 부작용이나 내성 또는 중독 등을 걱정하지 말고 주치의가 처방하면 마약성 진통제를 마음껏 본인에게 사용하여 몸에 고통이 없게 해 달라.

340) "노하기를 더디하는 자는 용사보다 낫고 자기의 마음을 다스리는 자는 성을 빼앗는 자보다 나으니라 제비는 사람이 뽑으나 모든 일을 작정하기는 여호와께 있느니라"(잠 16:32-33)

341) "모든 지킬 만한 것 중에 더욱 네 마음을 지키라 생명의 근원이 이에서 남이니라"(잠 4:23)

342) 필자가 20년간 사역을 한 몽골에는 허브가 지천이다. 허브 향은 사람의 마음을 차분하게 만든다. 허브 향을 주머니에 넣어서 즐겨 사용한다.

343) 1. 벽에 게시할 그림(사진): ① 몽골 초원의집 정경(2010년도 겨울, 69동 아파트에서 내려다본 사진) ② 아름다운 나비 그림(죽음은 애벌레에서 나비가 되는 과정이다) 2. (좋아했던) 영화 동영상(아래의 내용을 취합하여 한 시간여 분량의 동영상을 만든다. usb 2개에 담아 놓을 것): a) '쉘브르의 우산' 중 거의 마지막 신; 주유소에서 오래전 헤어졌던 두 연인이 눈 속에서 만나 담담히 다시금 헤어지는 장면 b) 영화 '고지전' 중 신병이 전입을 와서 눈을 감고 '전선야곡'을 부르는 장면 c) 영화 '방가방가' 중에서 외국 노동자들이 유치장에서 아카펠라(찬찬찬)를 부르는 장면 d) 영화 '인생은 아름다워' 끝부분에 나옴; 아버지가 어린 아들을 위하여 (자신은 가스실로 곧 죽으러 갈 텐데도) 우스꽝스럽게 걸어가는 장면 e) 드라마 '유나의 거리(47회)'에서 문간방을 떠나는 정종준이 '그리운 얼굴'을 부르던 동영상 3. (좋아했던) 음악: a) 9곡의 한국 가곡 b) 이청 교수의 음악 모음 usb 중 일부 c) etc d) 찬양곡 e) 다윗과 요나단 곡 f) 테너 박종호의 '하나님의 은혜'

344) 이른 봄에 하늘로 높이 비상하는 종달새처럼, 그렇게 기쁘게. 이제 나는 곧 꿈속에서도 그리던 천국에 가서 사랑하는 주님을 뵈올 것이다.

345) 기도가 생명줄이다. 기도가 그치는 순간, 하나님의 약속은 나와 별 상관이 없

다. 그러나 기도를 하는 한 언제나 희망이 있다. 탄식이라도 좋다. 기도할 말을 찾지 못하거든 두 손이라도 들고 있어야만 한다. 손을 들 힘이 없는가? 엎드려서라도 있어야 한다. 그러면 머잖아 우리에게 새벽은 찾아온다. 죽음을 앞두고 우리에게 더욱 기도는 중요하다. 임종을 앞두고 고상하거나 수준 높은 기도는 필요 없다. 성경 시편 83편에는 감사도, 찬양도, 기쁨도, 용서도, 사랑의 고백도 없다. 그저 "살려 주세요", "도와주세요" 뿐이다. 이처럼 착륙 직전에는 믿음 수준과 상관없이 오직 간절한 기도만 우리에게 필요하다.(이무종 목사)

346) 미국의 빌리 그레이엄 목사님에게 찰스 템플턴이라 하는 단짝 친구가 있었다. 이분은 빌리 그레이엄 목사님과 젊은 시절에 전 세계를 같이 순회하면서 복음을 증거했던 전도자였다. 그러던 템플턴 목사가 신앙적 회의에 빠졌다. 사진 한 장 때문이었다고 한다. 라이프지에 실린 이 사진은 북부 아프리카의 한 지방의 여인이 굶어 죽은 아이를 안고 원망이 가득 찬 눈으로 하늘을 쳐다보는 그런 사진이었다. 그곳은 처참한 가뭄을 겪고 있는 곳이었다. 템플턴은 지금 이 여자에게 필요한 것은 비뿐인데, 그런데도 비를 내려 주지 않는 신이 '사랑과 자비의 창조주'란 말인가? 하나님이 우리를 진정 사랑한다면 이 여인이 받는 고통을 어떻게 설명할 수 있느냐, 더 이상 믿을 수 없다는 것이었다. 그는 방황하다가 도서관에 들어갔다. 수많은 책을 읽으며 자신이 방황하는 문제의 답을 찾으려 했다. 그러나 그는 결국 불가지론자가 되었다. 1957년 그는 목사의 직분을 버리고 성경도 믿지 않겠다고 선언해 버리며 교회를 떠났다. 빌리 그레이엄 목사는 템플턴이 회의에 빠진 것을 알고 도와주려다가 템플턴의 논리적인 설명에 그도 믿음이 심하게 흔들렸다. 그런데 빌리 그레이엄은 산으로 들어갔다. 회의와 의심 가운데 산속을 거닐다가 달빛 비치는 샌버나디노 산에서 무릎을 꿇는다. 그는 성경을 붙잡고 기도했다. "아버지! 믿음으로 이 책을 아버지의 말씀으로 받습니다. 지식적 의문과 회의보다 믿음을 더 앞자리에 두겠습니다." 그 후로 빌리 그레이엄은 더 확신에 찬 전도자가 되었다. 이처럼 죽음과 같은 절체절명의 때에 우리를 도와줄 것은 오직 하나 하나님의 말씀뿐이다.

347) 성경에 나오는 약속의 말씀 100구절: 1) 창 12:2, 2) 민 6:24-26, 3) 신 6:4-5, 4) 수 1:8, 5) 대상 4:10, 6) 시 23:1-2, 7) 시 37:31, 8) 시 40:8, 9) 시 42:5, 10) 시 81:10, 11) 시 119:9-11, 12) 시 119:71, 13) 시 146:1-2, 14) 잠 3:9-10, 15) 잠 4:23, 16) 잠 16:3,17) 잠 16:32-33, 18) 잠 21:2, 19) 사 26:3, 20) 사 40:31, 21) 사 41:10, 22) 사 53:6, 23) 사 55:6-7, 24) 사 58:11, 25) 렘 33:3, 26) 애 3:22-23, 27) 합 3:17-18, 28) 말 3:10, 29) 마 4:19, 30) 마 5:16, 31) 마 6:33, 32) 마 7:7-8, 33) 마 9:37-38, 34) 마 11:28, 35) 마 18:20, 36) 마 21:22, 37) 마 28:19-20, 38) 막

10:45, 39) 눅 9:23, 40) 요 1:12, 41) 요 5:24, 42) 요 13:34-35, 43) 요 14:21, 44) 요 15:7, 45) 행 1:8, 46) 행 24:16, 47) 롬 1:16, 48) 롬 4:20-21, 49) 롬 5:8, 50) 롬 6:23, 51) 롬 8:1-2, 52) 롬 8:5-6, 53) 롬 8:26, 54) 롬 8:28, 55) 롬 8:32, 56) 롬 8:38-39, 57) 롬 12:1, 58) 롬 12:2, 59) 고전 1:18, 60) 고전 2:12, 61) 고전 3:16, 62) 고전 13:13, 63) 고전 15:58, 64) 고후 5:17, 65) 고후 9:6-7, 66) 고후 10:4-5, 67) 갈 2:20, 68) 갈 5:22-23, 69) 갈 6:9-10, 70) 엡 2:8-9, 71) 엡 3:20, 72) 엡 5:3, 73) 엡 6:10-11, 74) 빌 2:3-4, 75) 빌 4:6-7, 76) 빌 4:13, 77) 빌 4:19, 78) 살전 4:3, 79) 살전 5:17-18, 80) 딤후 3:16, 81) 딛 3:5, 82) 히 2:18, 83) 히 4:12, 84) 히 4:16, 85) 히 7:25, 86) 히 10:24-25, 87) 히 11:6, 88) 히 12:3, 89) 약 4:7-8, 90) 벧전 2:9, 91) 벧전 5:5-6, 92) 벧전 5:7 93) 요일 2:15-16, 94) 요일 3:18, 95) 요일 4:4, 96) 요일 5:4-5, 97) 요일 5:14-15, 98) 요삼 1:2, 99) 계 2:10, 100) 계 3:20.

348) (이 땅에서) 고별인사를 하는 게 서로 오히려 부담을 줄 것 같은 사람은 생략한다.

349) 대략 1,000여 명의 지인들에게 인쇄된 그림엽서(쌩큐 카드)를 천국환송예배 3일 후에 보낼 것. 물론 이 카드는 평소 필자가 손수 골라서 미리 준비한 카드다.

350) 사실, 나 자신도 그동안 너무나 수고가 많았다. 인생을 산다는 게 어디 그리 만만한 일인가? 나 스스로를 정말로 크게 칭찬해 주어야만 한다.

351) 누구에게나 후회하는 일이 있고, 후회는 우리를 과거에 붙들어 매어 놓는 죄의식과 밀접한 관련이 있다. 우리는 관계를 해치고 목표를 이루지 못하게 만든 말이나 행동을 한 것에 후회한다. 왜 사람들은 후회로 세월을 낭비하는가? 그 이유는 간단하다. 우리는 일이 우리가 기대한 대로 될 것으로 여겼지, 그 많은 실수를 저지르자고 작정하지 않았다. 물론 대부분의 경우 후회를 접어 둘 수 있고, 특히나 실망이 큰 경우가 아니라면 그리할 수 있다. 사랑을 잃을까 두려워 사랑은 무조건 피하고, 실패할까 두려워 전혀 노력하지 않는 것보다는 사랑을 잃더라도 실패하더라도 시도는 해 보는 것이 결국 더 낫다는 것을 알게 된다. 그러나 가끔씩은 후회의 늪에서 헤어나지 못하기도 한다. 다행히 후회에서 벗어날 방법이 있다.

후회의 늪에서 빠져나오기 위해서는

1. 먼저 '준비' 단계가 필요하다.

첫째, 일을 있는 그대로 받아들여라.

둘째, 작은 일에는 신경 쓰지 않는 연습을 하라.

셋째, 꿈이 실패로 돌아간 것이 고의는 아니었지만 당신이 한 일 때문이었음을 인정하라.

넷째, 자신도 용서하고 다른 사람도 용서하라.

2. '준비' 단계의 다음은 '준비 완료' 단계이다.

첫째, 과거의 후회 속에 감추어진 교훈을 발견하라.

둘째, 후회를 놓아 버리고 싶은 이유를 적어 보라.

셋째, 과거의 짐을 표상하는 상징이나 그림을 선택하라.

3. 후회를 놓아 버리기 위한 준비 단계와 준비 완료 단계를 마쳤다면, 마지막 단계는 '출발'이다.

과거에 갖고 있던 이미지를 미래의 희망의 이미지로 바꾸는 것이다.

첫째, 후회하는 일을 상징하는 종잇조각이나 또는 강력한 정신적 이미지를 만들어라.

둘째, 종이를 없애거나 이미지를 놓아 버릴 의식을 마련하라.

셋째, 후회를 놓아 버릴 준비가 되었다는 것을 인정하라.

넷째, 안녕을 고하라.

다섯째, 자유로움을 느끼라.

여섯째, 미래를 환영하라.(알린 하더, 『관계 회복의 기술』)

352) 환자가 죽을 준비가 다 되었고 가족이 환자를 보낼 수 있으면 이제 안녕이라는 인사를 해야 할 때가 된 것이다. 안녕이라고 말하는 것은 당신이 환자에게 해 줄 수 있는 사랑의 선물이 될 것이며 이는 환자가 삶을 마무리하고 육체로부터 떠나는 일을 쉽도록 해 준다. 환자와 함께 침대에 누워서 손을 잡거나 키스하는 것, 또는 환자를 꼭 껴안아 주면서 나중에 '왜 내가 그때 그에게 이런 말을 하지 않았을까?' 하고 후회하는 일이 없도록 필요한 이야기를 다 하는 것이 도움이 된다. 그냥 간단하게 "당신을 사랑해."라고 말하는 것도 좋다. 이 말에 즐거웠던 추억, 장소, 함께 나누었던 행동들이 포함되어 있다. "내가 잘못했던 일이나 불편하게 해 주었던 것에 대해서 미안하게 생각하오." "~에 대해서 감사하오." 하는 이야기들이 이때에 할 수 있는 말들이다. 떠나는 이와 보내는 이들이 마지막에 꼭 해야 할 말은 "사랑하오." "용서하오." "감사하오." "잘있으시오." 이 네 마디가 된다. 눈물은 "안녕."이라는 말의 일부분이다. 이때의 눈물은 당신의 사랑과 당신이 환자의 죽음을 인정하는 것을 나타내 보여 주는 것이므로 일부러 눈물을 숨길 필요는 없다.

353) "죽어서 성장함을 알지 못하는 한 그대 단지 어두운 지상의 고달픈 길손에 지나지 않으리."(요한 볼프강 폰 괴테, 독일 작가 · 정치인)

354) 건강을 잃으면 갈 수 없다. 여건이 되는 대로 자리에 눕기 전에 가 보고 싶다.

여의치 못하면 이중 몇 곳이라도 간다.
355) 바울선교회의 필리핀선교훈련원(필리핀 마릴라에 소재)
356) 만나고 싶다는 것만으로도 나와는 얼마나 귀한 인연인가!
357) 4항과 다르다. 4항은 인쇄된 엽서로 모든 지인들에게 조금은 격식을 차려(조금은 건조하게) 인사를 하는 것이고, 이것은 소수의 친구들에게 마음을 전하는 '손편지' 다. 한국에 '느리게 가는 우체통' 제도가 있다. 가끔 과학기술정보통신부 우정사업본부가 5월 가정의 달을 맞아 '느리게 가는 우체통'을 운용한다. '포스트 존'에서 무료로 제공되는 우표가 붙어 있는 예쁜 그림엽서에 편지를 써서 현장에 설치된 우체통에 넣으면 1년 뒤 원하는 곳으로 배달된다. 이를 이용하면 좋겠다. 평소 친구들에게 또박또박 손 편지를 써 둔다. 천국환송예배를 마치고 우체통에 넣도록 가족에게 부탁을 했으니 1년 후에는 친구들에게 배달이 될 것이다. 내 마음과 함께.
358) 모든 일을 완료와 미완으로 구분해 보고, 완료가 된 것은 하나님께 감사를 드리며 아직도 미완인 것은 이제 마무리할 시간이 없으므로 다른 이에게 부탁을 할 것과 그대로 미완인 채 주님께 갈 일을 잘 구분해서 깔끔히 모두 처리를 한다.
359) ① 가진 재산을 깔끔히 모두 정리한다. 현재 가지고 있는 것은 2005년도 소렌토가 전부이다. 누구든 필요한 사람이 있다면 드리겠다. ② 사용하던 맥가이버 칼 3개를 아내에게 성은이와 재은이에게 각각 기념으로 남긴다.
360) 연명의료란 임종 과정에 있는 환자에게 대통령령으로 정한 특정 의학적 시술로서 치료 효과가 없이 임종 과정의 기간만을 연장하는 것을 말한다. 현재(2020년 1월) 한국의 경우 사전연명의료의향서(Advance directives)는 정해진 형식이 있고, 아래 7가지 상황에 대해서 환자 개인이 가부를 결정할 수가 있도록 되어 있다. ① 심폐소생술: 심장마비가 발생할 때 가슴압박과 인공호흡을 시행함으로써 심장과 뇌에 혈액을 공급하는 응급처치법이다. 임종 과정에 있을 때에 필자는 이런 심폐소생술을 원하지 않는다. ② 혈액투석: 신장 기능에 이상이 생긴 말기 신부전 환자에게 의료기기를 사용하여 혈액 속 노폐물이 배출되게 하는 의학적 시술이다. 필자는 원하지 않는다. ③ 항암제 투여: 암을 축소, 억제, 제거하기 위해 약물을 사용하는 의학적 시술이다. 원하지 않는다. ④ 인공호흡기 착용: 스스로 정상 호흡을 할 수 없는 호흡부전 환자에게 인공적인 방법으로 호흡을 도와주는 방법. 원하지 않으며 필자는 마지막까지 자발호흡만을 하려고 한다. ⑤ 수혈: 정맥에 정맥관(IV)을 삽입하여 혈액을 투여하는 시술로서 신체가 혈액의 일부를 생성할 수 없거나 혈구가 제대로 활동하지 않을 때 또는 피를 많이 흘렸을 때 필요할 수 있는 치료 방법이다. 원하지 않는다. ⑥ 체외생명유지술; 심각한 호흡부전 시

체외순환을 통해 심폐기능 유지를 도와주는 (치료)통상적인 전문 소생술에도 불구하고 자발순환이 회복되지 않는 심정지 환자에게 체외순환장치를 사용하여 인공순환을 유지하는 방법이다. 원하지 않는다. ⑦ 혈압상승제 투여: 쇼크, 중증 저혈압, 심근경색이나 심부전일 때 혈관을 수축시켜 인위적으로 혈압을 상승시키는 혈관작용제를 투여하는 방법이다. 원하지 않는다. 이상이 필자의 사전연명의료의향서(Advance directives) 내용이다. 사전연명의료의향서는 19세 이상의 사람은 누구나 작성할 수가 있다. 더 자세한 것은 국민연명의료관리기관 홈페이지(www.lst.go.kr)를 참조하라.

361) 연명의료계획서 POLST, Physician orders for life-sustaining treatment. 의사가 환자의 뜻을 받들어 연명의료를 시행하지 않겠다는 뜻을 담은 문서. 2016년 1월 제정된 '연명의료결정법'(정식 명칭은 '호스피스 완화의료 및 임종 과정에 있는 환자의 연명의료 결정에 관한 법률')에 따라 작성되는 것으로, 2017년 10월 23일부터 시범 시행 되어 2018년 2월부터 본격 시행되었다. 환자가 임종 과정에 접어들 때 계획서에 따라 의료진은 연명의료 행위를 시행하지 않게 되고 환자는 편안한 임종을 맞게 된다. 임종 과정이란 회생 가능성이 없고, 치료에도 불구하고 회복되지 아니하며, 급속도로 증상이 악화돼 사망에 임박한 상태를 말한다. 담당 의사와 해당 분야 전문의 1명이 임종 과정이라고 판단한다. 또한 연명의료 중단이란 임종 단계에 진입한 환자가 심폐소생술, 인공호흡기, 혈액투석, 항암제 투여 등 네 가지 행위를 하지 않는 걸 말하는데, 연명의료를 중단하더라도 물·영양 등은 반드시 공급해야 한다. 연명의료 중단 대상은 ① 임종 과정에 있는 환자와 ② 암, 후천성면역결핍증(AIDS), 만성 폐쇄성 호흡기질환, 만성 간경변, 그 밖의 보건복지부령으로 정한 질환을 앓고 있는 환자 중 적극적인 치료에도 불구하고 근원적인 회복의 가능성이 없고 점차 증상이 악화되고 있는 환자, 그리고 ③ 보건복지부령이 정하는 절차와 기준에 따라 담당 의사 1인과 해당 분야의 전문의 1명으로부터 수개월 이내에 사망할 것으로 예상되는 진단을 받은 '말기 환자'로 제한되어 있다. 연명의료계획서는 의사가 환자를 설득해 작성을 요청할 수도, 반대로 환자가 의사에게 요청할 수도 있다.(출처: 메디파나뉴스, NEWSIS). 중복될 수도 있으나 독자의 이해를 위해 더 자세히 '연명의료', '연명의료계획서', '사전연명의료의향서'에 대해서 알아보자.
- 연명의료: 연명의료란 임종과정에 있는 환자에게 하는 심폐소생술, 인공호흡기 착용, 혈액투석 및 항암제 투여의 의학적 시술로서 치료 효과 없이 임종 과정만을 연장하는 것을 말한다. 이 연명의료를 중단하기 위해서는 ① 의료기관에서 담당 의사와 전문의로부터 말기 환자나 임종 과정에 있는 환자라는

의학적 판단을 받고 법적 효력을 갖는 '연명의료계획서'를 작성하거나 ② 환자가 '사전연명의료의향서' 작성을 통해 연명의료 중단·유보 의사를 남긴 경우 ③ 환자의 의사를 알 수 없을 때는 환자의 의향을 가족 2~3인이 진술하거나 환자 가족 전원이 합의할 경우 가능하다.

- 연명의료계획서: 연명의료계획서는 말기 또는 임종 과정에 있는 환자가 이 같은 판단을 의사 2인으로부터 받은 후 담당 의사가 환자와 상의해 작성한다. 연명의료정보포털(www.lst.go.kr)에서 조회 가능하고 이미 작성했더라도 본인은 그 내용을 변경하거나 철회할 수 있다.
- 사전연명의료의향서: 사전연명의료의향서는 미래에 자신이 의사결정을 내리지 못할 때를 대비해 미리 무엇을, 어떤 치료를 원하는지 또 받지 않을 것인지를 밝혀 놓는 문서로 만 19세 이상 성인이라면 누구나 국가에 등록된 등록기관에서 작성할 수 있다. 작성한 문서는 국가 연명의료 정보처리시스템에서 관리된다. 건강할 때부터 질환을 중간에 진단받거나 좀 나빠졌을 때 본인이 직접 작성 가능하다. 연명의료정보포털(www.lst.go.kr)에서 조회 가능하고 본인은 그 내용을 변경하거나 철회할 수 있다(구본국). 사전연명의료의향서는 신분증(주민등록증 또는 운전면허증)을 지참해서 국가생명윤리정책원, 국민건강보험공단, 보건소, 의료기관, 비영리법인 또는 단체에서 작성할 수 있다. 주의해야 될 점은 환자가 사전연명의료의향서를 작성했다고 해도 이 문서가 효력을 발휘할 수 있는 시점은 병원에서 의사가 의학적으로 판단할 때라는 것이다.

362) 노쇠한 탓에 몸에 한계가 오고, 음식 섭취가 줄어들고, 마침내 잠들어서 조용히 마지막을 맞이하려는 것을 흔들어 깨워서 억지로 먹으라며 입을 벌리게 하는 게 과연 좋은 방법일까? 이미 수명이 다한 것이다. 조용히 잠들게 하자. 이것이 자연스러운 일이다. 이것이 평온한 죽음이다.(이시토비 고조, 『우리는 어떻게 죽음을 맞이해야 하나?』)

363) 의료기관에서 사망하는 이들의 최후는 비참하다. 최근 호스피스 완화의료 서비스가 시행되면서 연명치료를 하지 않고 임종을 맞는 환자들이 늘고 있지만 대부분의 말기 환자들은 진통제·영양제 등을 공급하는 줄을 달고 차가운 중환자실에서 의식도 없이 생을 마감한다. 인간답게 죽을 수 있는 '죽음의 질'이 밑바닥을 치고 있는 것이다. 윤종률 한림대동탄성심병원 가정의학과 교수는 "무의미한 연명치료는 환자는 물론 남아 있는 가족들에게도 정신·경제적 부담만 가중시킬 뿐"이라면서 "죽기 직전까지 인공호흡기에 의지해 각종 약물을 투여받다 의미 없이 죽을 것인지, 편안히 가족과 함께 죽음을 맞이할 것인지 고심할 때가 왔

다"고 말했다. 의학적 고문이라 할 수 있는 연명치료에 대한 반성과 대안이 필요하다는 것이다.(김치중) 이는 미국의 경우도 동일하다. 2008년, '암에 대처하기(coping with cancer)'라는 전국 규모 프로젝트에서 발표한 연구 결과에 따르면 말기 암 환자가 기계적인 인공호흡, 전기적 심폐소생술, 심장 압박 치료 등을 받았거나 죽음이 임박한 상황에서 중환자실에 들어가 집중 치료를 받았을 경우, 그런 인위적 개입을 받지 않은 사람들보다 마지막 일주일에 경험한 삶의 질이 훨씬 나빴다는 걸 알 수 있다. 그리고 환자가 사망한 지 6개월 후 그를 돌봤던 사람들이 심각한 우울증을 겪을 확률도 3배나 높았다.(아툴아완디, 『어떻게 죽을 것인가?』)

364) 말기 상황이므로 토하거나 소화가 되지 않으면 소량의 음식만 먹게 해 달라. "먹지 않아서 죽는 것이 아니라 생명력이 다하여 먹지 않는다."(이시토비 고조) 인위적으로 영양을 공급하는 대신 공급하는 열량과 수분을 종말기의 몸이 받아들일 수 있는 수준으로 낮추어 몸에 고통이 없게 하는 것이 더욱 중요하다.

365) 일본의 어느 섬에서는 전통적으로 임종자가 경구로 음식을 먹기가 어렵게 되면 물만을 준다고 한다.

366) 이 땅에서 하는 천국 백성 오리엔테이션이다. 천국에 가면 진짜 오리엔테이션이 있겠지만(필자의 생각이다. 어쩌면 베드로나 바울 혹은 요한이 오리엔테이션 팀장일지도 모른다.) 이 땅에서는 (불완전하겠지만) 개념만이라도 깃자는 것이다. 이응윤 목사(전주동산교회)는 마 5:3-12에 나오는 예수님의 산상수훈에서 천국 백성답게 사는 여덟 가지 원리를 다음과 같이 요약하고 있다. 그것은 다음과 같다. ① 비우기: 비움은 채움의 시작이다(마 5:3, 심령이 가난한 자는 복이 있나니 천국이 그들의 것임이요) ② 슬퍼하기: 슬픔 뒤에는 위로가 넘친다(마 5:4, 애통하는 자는 복이 있나니 그들이 위로를 받을 것임이요) ③ 길들이기: 길들여진 온유한 사람은 땅의 복을 받는다(마 5:5, 온유한 자는 복이 있나니 그들이 땅을 기업으로 받을 것임이요) ④ 몸부림치기: 영적 몸부림은 만족을 가져다 준다(마 5:6, 의에 주리고 목마른 자는 복이 있나니 그들이 배부를 것임이요) ⑤ 베풀기: 긍휼은 가장 확실한 보험이다(마 5:7, 긍휼히 여기는 자는 복이 있나니 그들이 긍휼히 여김을 받을 것임이요) ⑥ 순수하기: 순수하면 하나님이 보인다(마 5:8, 마음이 청결한 자는 복이 있나니 그들이 하나님을 볼 것임이요) ⑦ 피스메이커 되기: 하나님의 자녀는 화평을 추구한다(마 5:9, 화평하게 하는 자는 복이 있나니 그들이 하나님의 아들이라 일컬음을 받을 것임이요) ⑧ 승자되기: 의로운 승자는 행복하다(마 5:10-12, 의를 위하여 박해를 받은 자는 복이 있나니 천국이 그들의 것임이라 나로 말미암아 너희를 욕하고 박해하고 거짓으로 너희를 거슬러 모든

악한 말을 할 때에는 너희에게 복이 있나니 기뻐하고 즐거워하라 하늘에서 너희의 상이 큼이라 너희 전에 있던 선지자들도 이같이 박해하였느니라)

367) ■ 6개월 : 평상시 하던 일을 계속 하면서, 지금이 정말 '착륙 시점'인지를 확인한다(사실 6개월 전에 죽을 때를 안다는 것이 말처럼 쉬운 일은 아니다).
■ 한 달 : 이제 정말 공항(천국)이 눈앞에 보이기 시작했다. 슬슬 착륙(죽음) 준비를 해야만 한다.(비행기도 착륙 전에 객실 전등 일부를 소등하고, 등받이를 똑바로 세우고 안전띠를 매도록 한다. 이처럼 우리도 죽음을 앞두고 해야 할 일이 있다.)
■ 마지막 10일: 드디어 착륙이다! 어디서 누구와 무엇을 할지를 정하라(아래는 필자의 경우이다).
– 어디서: 전북 완주군 비봉면 수선리 변산재(邊山齋)
– 누구와: 가까운 친구들 그리고 소수의 예배 공동체(5일 전까지), 그 후는 가족들과만 있겠다.
– 무엇을: 표를 참조할 것

	10일전	5일전	3일전	당일
오전	변산재에 도착	노랑불 점등	빨강불 점등	녹색불 점등
오후	몸 준비	마음 준비	영혼 준비	
저녁	커피 관장 (다음날, D-9)	세상과 단절	예배	
비고	몸 준비 (관장과 목욕) 내 몸에게 감사!	마음 준비 (세상과 단절) 세상에 감사!	영혼 준비 (예배) 하나님께 감사와 영광!	천국으로 이사함

368) 존 패네스틸 목사(John Fanestil)가 헌터 부인 등 2천 년 기독교 역사 가운데 실재(實在)했던 '행복한 죽음'을 살피고 나서 행복한 죽음을 위해서 우리에게 권하는 가르침은 다음과 같다.

① 기도 훈련을 하라(자신의 구원 이루기) ② 말씀을 지키라(성경의 이야기를 자신의 것으로 만들기) ③ 십자가를 짊어지라(모든 것을 정복하기) ④ 지나온 세월을 기분 좋게 회상하라(하나님의 임재하심 깨닫기) ⑤ 달콤한 영적 교감을 즐기라(성인들을 기억하기) ⑥ 천상의 냇물을 마시라(기쁨을 큰 소리로 외쳐 말하기) ⑦ 봉사하라(하나님과 이웃을 사랑하기) ⑧ 현재에 충실하라(카르페 디엠! 순간

을 놓치지 말기) ⑨ 증언하라(복음 나누기) ⑩ 두려워하지 말라(죽음을 이기고 승리를 선포하기) 등 10가지다.

369) 가족에게 슬퍼할 수 있는 시간을 주기 위하여 3시간 정도는 필요하다.
370) 전북대병원에 안구 기증 등을 미리 신청해 놓을 것(전화: 1577-7877, 063-250-1114). 사후 6시간 안에 꼭 병원에 도착해야만 안구 기증이 가능하기에 미리 병원과 약속을 잡아 놓아야 한다.
371) 화장은 24시간이 지나야 가능하다.
372) 전주 승화원, 주소는 전라북도 전주시 완산구 콩쥐팥쥐로 1705-138(전화: 063-239-2690)이고 전주대학교 인근 야산에 위치하고 있는데 제법 경치가 좋다.
373) 이런 이야기가 있다. 여행을 떠났던 아들이 집에 돌아와 보니 방 안에 헌 옷이 한 벌 보였다. 아버지가 평상시 입으시던 옷이었다. 메모도 있었는데, 아버지는 헌 옷을 벗어 놓고는 새 옷을 사기 위해 읍내 장에 가셨다고 했다. 아들은 아버지가 오랫동안 입으시던 옷을 오래 보관하려고 했다. 그러나 그럴 수는 없었다. 옷이 너무나 오래되어서 좀이 많이 쏠았고 벌써 썩어 가면서 아주 몹쓸 냄새를 풍기고 있었기 때문이다. 잠시 고민 끝에 아들은 아버지 옷을 불에 태우기로 했다. 물론 아들의 마음에는 서운함도 조금은 있었다. 그렇더라도 곧 새 옷을 입고 장에서 돌아오실 아버지가 계시기에 믿음 없는 여느 동네 친구처럼 울며 통곡할 이유는 조금도 없었다. 남편과 아버지가 죽은 후 바로 화장을 해야만 하는 필사 아내와 자녀들을 위로하기 위하여 필자가 만들어 본 우화이다. 본인이 죽으면 3시간 후 주검을 옮겨서 화장 절차를 진행해 달라. 위 이야기에서처럼 평생 사용해 온 육신(옷)에 대해 존중해 주는 것은 감사하지만 단언컨대 필자에게 곧 새 옷(부활의 몸)이 주어지겠기에 화장을 하며 과도하게 가슴 아파할 필요는 없다.
- 화장 절차: ① 사망진단서 발급 ② 화장장에 화장 예약 ③ 관할 읍·면·동 사무소에 사망진단서 제출, 화장신고증 발급 ④ 시신을 화장장으로 운구 ⑤ 화장 진행(약 2시간 소요)
374) 승화원(화장장)에는 가족들만 간다(주례 목사님들과 교우들에게는 방금 천국으로 떠났다는 연락만 드리고 화장장까지 오는 수고를 덜게 해 드리면 좋겠다). 화장 전 가족 예배는 막내 동생인 이승헌 목사가 간략하게 인도하면 좋겠다.
375) 시신이 없는(화장한 유골함만 있음) 천국환송예배이기에 일단 분위기가 그리 무겁지 않을 것이다.
376) 가장 싼 오동나무 유골함(7,520원, 2017년)을 사용할 것. 비싼 것과는 가격이 무려 42배나 차이가 난다.
377) 단출하다는 말의 뜻은 '① 일이나 차림차림이 간편하다. ② 식구나 구성원이 많

지 않아서 홀가분하다.'라고 한다. 내 천국환송예배가 그랬으면 좋겠다.

378) 천국환송예배는 간결, 검소하며 밝은 분위기 속에서 조금은 엄숙하고 품위가 있도록 한다. 아무리 길어도 1시간 30분을 넘기지 말았으면 좋겠다(참석자 중에는 바쁜 사람도 있다).

379) 초청할 사람들은 가족들이 번거롭지 않도록 미리 명단을 준비해 놓았다.

380) 버스 안에는 미리 준비한 인사말 동영상이 준비되어 있다.

381) 한 사람의 묘역을 만들 수 있는 공간이다. 이곳에 필자의 증조부, 증조모, 조부, 조모, 부, 모, 우리 삼형제 부부, 이성은(필자의 아들)부부, 이주은(이영호 장로의 아들) 부부 등이 화장하여 들어갈 크기의 묘지를 검소하게 조성하여 놓았다. 묘역 이름이 '전주이씨시조휘한사십세손화의군파십오대손이경환가족부활동산(全州李氏始祖諱翰四十世孫和義君派十五代孫李京煥家族復活動山)'이다.

382) 장래에 사용할 필자의 천국환송예배 순서지를 이미 만들어서 본서에 수록해 놓았다.

383) 하나는 천국환송예배 때에 사용할 것이고, 다른 하나는 예배 후 묘역으로 이동하면서 하객을 태운 버스 차량에서 조문객들에게 보여 줄 필자의 인사말을 담은 동영상이다.

384) 꼭 전형적인 영정 사진일 필요는 없다. 다른 이의 마음을 크게 불편하게만 하지 않는다면 개성 있는 나만의 사진이면 더욱 좋다. 그게 바로 나이기에.

385) 잔치국수는 어떨까? 많이 번거롭지만 않다면(옛날과 달리 지금은 준비하는 데도 그리 어렵지 않다) 품위 없는(?) 개장국보다 풍성하고 맛있는 잔치국수가 더 좋겠다. 어차피 천국으로 가는 잔치는 벌써 열렸으니깐. 잔치국수는 대부분 멸치 육수에 면발이 가는 소면을 삶아 넣고 달걀지단과 볶은 고기나 애호박나물 등 지역의 특색이 있는 고명을 얹어 먹는 한 그릇 음식을 말한다. 실제로 결혼식이나 어르신 환갑날 같은 큰 경사가 있는 날 먹는 음식이었고 긴 국수 가락처럼 오래도록 잘 살라는 장수와 복의 의미를 담고 있다. 하지만 좀 더 살펴보면 국수란 것 자체는 미리 반죽을 하고 뽑아서 말려서 대용량을 준비해 두는데 적어도 대략 2~3일가량의 시간이 필요한 '미리 준비해야 먹을 수 있는' 음식이었다. 예전엔 특히 기계나 대량 제조 시스템이 따로 없이 순전히 사람의 노동력으로 많은 과정을 다 감당해야 했기에……. 그래서 미리 날짜가 정해지는 잔치에는 미리 계획하에 국수를 낼 수 있었고 갑자기 생기는 우환, 즉 장례 같은 경우에는 빠르게 바로 준비가 가능한 개장국 같은 것을 끓여 내게 된 것이다. 이렇게 국수 하면 떠오르는 것이 잔치다 보니 국수 자체에 대한 이미지는 늘 긍정적이다. 가볍고 삼삼한 멸치 육수와 고소한 기름 맛이 감도는 고명, 거기에 입술에서부터 찰랑이는 국수

가락까지! 따끈하게 김이 모락모락 올라오는 것을 보고 향긋하고 짠 듯한 특유의 향을 맡고 얼굴에 그 온기와 야릇한 향을 대하고 입안에 넣으면 한 번에 퍼지는 따끈함과 풍성한 감칠 맛, 입술에 촉촉하고 찰랑한 느낌. 이것이 국수다. 먹는 순간 이미 잔치는 벌어졌다(홍신애 오너셰프).

386) 늦은 점심이 되겠음. 필자의 부활예배(하관예배)를 마치고 나서 하객들이 늦은 점심을 먹기로 예약이 된 곳은 '산수장가든'이다. 이 식당은 전주(봉동)에서 가다 보면 화산다리(화산교, 면 소재지 전에 있는 다리)를 건너지 않고 우회전하여 차로 5분 정도 가다 보면 도착하는 경천저수지 부근에 있다. 사장은 김진오 원장의 후배되는 김성중씨. 2017년부터 필자가 안면을 미리 터 놓았다. 식당 주소: 완주군 화산면 화산로 665번지. 전화: 063-263-5078, 010-7673-5080.

387) 수정과는 일명 '수전과'라고도 하며 계피, 생강을 달인 물에 설탕을 타서 차게 식힌 후 곶감, 잣 등의 건지를 띄운것으로 곶감의 단맛과 계피와 생강의 매운맛이 잘 어우러져 특유의 향미를 지닌 우리나라 고유의 전통 음료이다.

388) 필자의 경우 가족 묘지 이름이 이미 정해져 있다. '전주이씨시조휘한사십세손화의군파십오대손이경환가족부활동산'이다. 2014년 이른 봄에 필자의 증조부를 모셨던 묘역(모두 12평)에 증조부모, 조부모, 아버님을 화장하여 이미 모두 모셨고 이곳에 장래 어머님과 우리 당대들도 같이할 공간을 마련하여 위처럼 이름했다.

389) 6월과 12월의 첫째 주의 월요일로 한다. 생전에 필자는 랜딩 매뉴얼을 가지고 도시락을 챙겨서 소풍을 가듯이 변산재로 가련다. 가을걷이를 앞두고 황금빛 벌판을 바라보는 농부처럼 설레임과 기쁨이 있으리라. 이런 영적 연습들을 통해서 조금씩 꾸준히 내 삶의 열매는 튼튼해지고 더욱 실해질 것으로 굳게 믿는다.

390) 전북 완주군 비봉면 수선리에 있는 필자가 장래에 죽을 임종 장소이다. '邊山齋 ('변산의 집'이란 뜻)는 5평 정도의 아주 작은 돌집으로, 2023년에 완성될 예정이다. 邊山('작은 변두리 산'이란 뜻)은 필자의 호로, 세례를 주신 모교회(봉동중앙교회) 이상훈 목사님이 내려 주셨고, '齋'는 물론 '집 재' 자이다. 변변치 않은 사람이 사는 집이라는 뜻이 된다.

391) 비행기 착륙 훈련 중에 'Touch and Go'라는 게 있다. 비행기가 활주로에 touch down한 뒤(모든 바퀴가 활주로에 닿은 뒤), 다시 엔진 스로틀을 열고 이륙하는 훈련 과정이다. 조종사는 지속적으로 Touch and Go를 반복함으로써, 착륙 능력을 올릴 수 있다고 한다. 필자가 1년에 두 번씩 공항(변산재)에 가서 착륙 훈련(죽음 연습)을 하려는 것은 바로 이런 아름다운 죽음에 대한 감각과 능력을 키우려는 목적 때문이다.

392) 욕창은 한번 생기면 치료가 어렵다. 그러므로 예방이 최선이다. 예방의 방법으로는 피부보호(압력과 자극을 최소화하고 적절한 습도 유지)와 압력을 줄이거나 완화시키는 것이 있을 수 있다. 욕창은 진행 정도에 따라 보통 4단계로 나눈다(1단계: 창백해지지 않는 홍반, 2단계: 부분적인 피부층의 손상, 3단계: 피부전층 손상, 4단계: 근육과 뼈를 포함하는 광범위한 손상). 단계에 따라 욕창 관리의 목표를 치유(죽은 조직 제거, 치유 촉진 드레싱)와 치유 불가(통증 조절과 편안함과 악화 예방)로 나눈다. 악취가 동반될 경우는 악취를 없애는 방안도 강구해야만 된다.

393) 비행기도 착륙을 앞두고 항공유를 버린다.

394) 죽을 무렵, 레오 톨스토이의 소설 『이반 일리치의 죽음』에서 나오는 하인 게라심과 같은 이를 우리가 만날 수만 있다면 그 얼마나 좋을까? 게라심은 주인 일리치가 내심 고통스럽고 두렵고 외롭다는 것을 즉각 알아차린다. 그가 하는 봉사는 연민이 가득 있을 뿐 조금의 가식도 없다. 언젠가 자신도 주인과 똑같이 초라하게 죽을 것이라는 것을 잘 알고 있었기 때문이다. 그는 다른 사람들처럼 계산하거나 진심을 속이지 않고 일리치에게 필요한 만큼만의 도움을 '진심으로' 제공하고 있다(첼리스트로 유명한 장한나도 노르웨이 대표 오케스트라인 '트론헤임 심포니'를 데리고 2019년에 지휘자로 내한했을 때 '아침마당' 인가 하는 KBS TV 프로그램에 나와서는 "어린데도 나이가 많은 단원들을 잘 이끄는 비결이 무엇인가?"라는 사회자의 질문에 그저 짧게 "진심으로 하면 가능하다."라고 말했다). 그리고 이반 일리치가 원하는 것 이상의 목표를 정해서 강요하지도 않는다. 게라심이 해낸 이 '단순하지만 심오한 보살핌'(아툴 가완디)이 마지막 착륙을 앞둔 우리에게도 꼭 필요하다. 때문에 우리는 막연히 그런 사람이 나중에 우리에게 생길 것으로 기대하지를 말고 건강할 때 먼저 우리가 게라심과 같은 삶을 열심히 살아야만 한다. 그런 자세와 마음으로 남을 섬기다가 죽을 무렵 하나님이 우리에게도 은혜를 베푸셔서 게라심 같은 귀한 사람을(공동체를) 만나게 해 주시기를 소원하면서 찾아야만 한다. 이것도 일종의 근사한 '품앗이(힘든 일을 서로 거두어 품을 지고 갚는 일)' 일 게다.

395) '계운'은 중·장년 전용 올바디클렌저다. 바디클렌저 분야를 집중적으로 연구해 온 스위스 알엔의 독자적인 기술력으로 만들어져, 기존 바디클렌저 기능에 중년부터 분비되는 산화지방물질인 흔히들 말하는 '노인 냄새, 홀애비 냄새' 등의 주범인 '헥세날'과 '노네날'을 깨끗하게 제거하고 수분 공급력 또한 뛰어나 샤워 후 아무것도 바르지 않아도 된다고 한다(인터넷으로 구매할 수 있다).

396) 우리 민족은 지혜로워서 예부터 '품앗이'라는 풍습이 있었다. 품앗이는 임금을

주지 않는 한(韓)민족 고유의 1 대 1의 교환 노동 관습이다. 파종·밭갈이·논갈이·모내기·가래질·논매기·밭매기·퇴비하기·보리타작·추수 등의 농사일은 물론 지붕잇기·집짓기와 수리·나무하기 같은 생활상의 품앗이, 염전의 소금일·제방쌓기에 이르기까지 널리 활용되었던 것이다. 죽을 때가 되면 절대적으로 다른 사람의 도움을 받아야만 되는 우리는 건강할 때 제대로 된 호스피스 교육을 받고 주위에서 죽음을 맞이하는 이웃에게 미리 이런 봉사를 많이 해 두는 게 좋다. 이것도 일종의 '품앗이'가 아닌가.

397) 오늘(2018년 12월 15일) 나는 일평생 나를 인도하시고 만나 주신 하나님이 어떤 분인지를 노트에 써 보았더니, 다음과 같았다. 나를 붙드시는 하나님(사 41:8-10), 전능하신 하나님(사 9:6), 임마누엘 하나님(마 1:18-23), 질문으로 찾아오시는 하나님(요 18:33-40), 내 발을 지키시는 하나님(시 56:1-13), 우리에게 복 주시는 하나님(엡 1:1-6), 막고 여시는 하나님(행 16:6-10), 만물을 충만케 하시는 하나님(엡 4:7-10), 생각하는 것보다 더 주시는 하나님(엡 3:20-21), 위로의 하나님(사 40:1-11) 등등 1,012가지였다. 이것을 재료로 삼아 하나님을 드러내고 있는 성경 구절을 노랑 형광펜으로 마크한 '아가페쉬운성경' 한 권을 필자는 소유하고 있다. 오직 하나님이 어떤 분인지만을 알려 주는 성경이다.(필자는 이 성경을 '내가 만난 하나님 성경'이라 이름했다. 약해서 '내만하 성경'이다.) 이를 늘 읽으면서 하나님이 어떤 분이신지를 묵상한다. 평생 나를 인도하신 하나님이시다.

398) 위의 주에서 설명한 '내만하 성경'을 읽으면서 감사와 찬양을 한다. '내만하 성경'은 오직 감사와 찬양을 하기 위한 성경책이다.

399) '내만하 성경'의 내용이 더 많아짐을 의미한다.

400) 창세기 49장의 야곱도 그랬다.

401) 필자의 경우 평소 이렇게 준비를 했지만, 성령의 감동으로 실제로는 다르게 마지막 말을 남길 수도 있으리라. 아무튼 죽을 때는 적어도 이보다는 더 나은 말이 되기를 기도하며 준비하려다. 독자들이 참조하도록 신실한 믿음을 가진 성도들이 임종 시에 남긴 말들을 모아 보았다. ① 무디: 땅은 물러가고, 하늘은 열린다! ② 요한 안트레: 불 수레가 왔으니, 나는 올라타야 하겠다! ③ 요한 웨슬레: 가장 좋구나! 하나님이 우리와 함께 하심이여! ④ 요한 낙스: 그리스도 안에서 살라. 그러면 죽음이 무섭지 않다! ⑤ 요한 라이드: 이것이 죽음인가? 사는 것보다 좋구나. 내가 예수 안에서 기쁘게 죽는 것을 사람들에게 알려 다오! ⑥ 맥크라켄: 아! 방이 어떻게도 밝은지, 천사들이 가득하구나! ⑦ 조지 워싱턴: 의사여! 나는 지금 죽는다. 그러나 죽음이 두렵지 않다!

402) 흐트러지거나, 후들거리지만 않으면 된다.

403) 물론, 생명줄이다.
404) 너무 욕심을 내지 말 것, '조금 미진하면 어떠리' 하는 여유 있는 마음을 가지라. 욕심을 부려서 될 일도 아니다. 이제는 다 떨치고 떠나가야 하는 시간이다. 모든 것을 감사하라. 설사 아쉬움이 좀 있다고 해도 '그게 이 땅에서의 내 분복이려니' 그리 여기자. 미진함이 있는 것도 이 땅에 너무 미련을 두지 말라고 하나님께서 그리하신 것이다. 천국에서는 우리의 미진함과 아쉬움이 모두 다 충만하게 채워질 것이다. 아무튼 지금은 기쁘게 연극의 막을 무사히 내려야만 되는 것이다.
405) 최선을 다했다는 말은 그 얼마나 아름다운가? 체조 선수 손연재의 경우를 보자. 그녀는 2016년 리우 올림픽이 끝난 뒤 울먹이면서 관중석을 향해 손을 흔들었다. 몇 시간 뒤, 손연재는 페이스북에 이런 글을 남겼다. "그 어떤 금메달보다 행복했어요. 지금까지 해 왔던 노력을 다 보여줬단 생각에 눈물이 났어요. 이번 올림픽은 저 혼자만의 올림픽이 아니라 저와 함께해 준 모든 분과의 올림픽이었던 것 같아요. 그 누구보다도 행복합니다.(조선일보)" 그렇다. 최선을 다하면 결과에 상관없이(손연재는 끝내 메달을 따지는 못했다) 우리는 행복할 자격이 있다. 필자도 이제 주님께 나아가서 그저, '아들이 왔습니다' 라고만 말할 것이다(평소에 필자는 우리 환우들에게 늘 그렇게 하라고 권면을 한다).
406) 우리의 본향, 천국을 말한다.
407) 사람에게 돌아갈 본향(本鄕, 본디의 고향)이 있어야 한다. 사르트르는 아주 비참한 죽음을 죽었다. 1980년 3월, 프랑스 파리의 부르세 병원에 한 세기를 풍미한 한 지성인이 폐수종으로 입원했다. 그는 한 달 동안 문병 온 사람들에게 고통스런 표정을 하며 미친 듯이 고함을 쳤다. 그리고 죽음에 대한 불안과 공포로 자기 병명이 무엇인지 곁에 선 아내에게도 묻지 못했다. 그가 바로 '자유'란 주제로 수많은 글을 쓰고 "죽는 문제에서도 자유를 찾으라!"고 외친 실존주의 철학자 '사르트르' 이다. 결국 그는 1980년 4월 16일 입원한 지 한 달 만에 세상을 떠났다. 그가 세상을 떠난 후 프랑스 신문들이 이렇게 기사를 썼다. "왜 사르트르가 그렇게 수치스럽게 죽었는가? 죽음으로부터의 자유를 그렇게 외쳤던 그의 말로가 왜 이렇게 비참했을까?" 그리고 신문들은 이렇게 결론을 내렸다. "그에게는 돌아갈 고향이 없었기 때문이다." 실제로 사르트르는 임종 때 이렇게 탄식했다고 한다. "내게는 돌아갈 고향이 없구나!"
408) 지금은 집에서 가족과 가장 가까운 친구들에게 둘러싸여 마지막을 보내는 아주 중요한 시간이다. 이런 귀한 순간들이 평소에 내왕도 없다가 어쩌다 불쑥 방문한 먼 친척들의 생각 없는(남을 배려치 못하는) 말이나 행동으로 산산조각 난다는

것은 너무 가슴 아픈 일이다. 그들은 책임질 일도 없기에 떠오르는 대로 고민도 없이 무리한 제안을 하거나 자극적인 발언을 쉽게 이어 나가므로(최철주) 직계가족은 절대로 이에 휘둘리지 말고 미리 자신들이 준비한 대로 일을 지혜롭게 처리해야만 하겠다.

409) 죽음은 남겨진 가족과 친구들에게 우리 몸으로 하는 마지막 설교다. 이 설교의 특징은 말로만 이루어지지 않는다는 것이다. 말은 물론이지만 주로는 몸으로 전하는 설교다. 인생의 가장 큰 원수인 죽음을 극복한(뛰어넘는, 승화한) 이로써 어찌 할 설교가 없겠는가! 비록 이제 어쩔 수 없이 말을 잘 할 수는 없게 되었지만, 온몸으로써 의연하게 우리의 당당한 승리를 선포할 수 있는 것이다. 몸 설교는 우선 미세한 몸짓과 따뜻한 눈빛과 사랑을 담은 미소 등을 포함하는 다양한 몸짓 언어가 많이 사용된다. 떠나는 사람이 말없이 몸으로 하는 몸 설교가 얼마나 듣는 사람에게 큰 영향을 주는지는 새삼 말할 필요도 없다. 특별히 부모가 죽음을 앞두고 마지막으로 보여 준 여러 믿음의 행동과 모습은 자녀들에게 평생을 통해 핵폭탄처럼 영향을 준다는 점에서도 이 몸 설교는 아주 중요하다. 목사만 설교를 하는 게 아니고 죽음을 앞둔 모든 사람도 이처럼 몸 설교를 하는 것이다.

410) 천국에 오라는 하나님의 마지막 명령에 기쁘게 순종을 한다(긴 관현악을 끝내는 지휘자의 마무리 동작처럼 멋있고 절도 있게 삶의 지휘봉을 내려놓는다). 죽을 때 마지막 말, 행동, 몸짓을 어떻게 하여야 할지에 대한 개념을 늘 가지고 평소에 죽는 연습을 해 보자. 물론 영화에서 나오는 낭만적인 죽음은 대부분이 허구이다. 그렇더라도(영화처럼은 안 될지라도) 삶에 있어서 마지막이 너무 중요하므로 기도하면서 연습을 해 두자. 연습을 수없이 많이 하면 그게 실제가 되기도 한다.

411) 각막 기증은 생존 시에는 불가능하며 사망한 후, 6시간 이내에 적출하면 된다. 10세 이상의 건강한 사람이면 근시·원시·난시 또는 색맹에 관계없이 누구나 기증할 수가 있다. 또한 콘택트렌즈 같은 각막이나 안구만을 적출하므로 외형상 아무 변화도 없다. 단 B형, C형 간염 환자, 활동성 폐혈증, 백혈병, 임파종, 각종 전염병이 있는 분은 기증할 수 없다고 한다.(이 경우도 연구용으로 기증하여 의학 발전에 기여할 수는 있음). 각막 기증 외에 사후 조직 기증도 있는데, 사후 일정 시간 안에는 뼈·연골·근막·피부·양막·인대 및 건·심장판막·혈관 등을 기증할 수 있다. 기증 시간은 기증하는 종류에 따라 다르고, 시신을 적출 장소(무균 수술실)로 이송하여 적출을 한다. 그동안 우리나라는 주요 조직들을 외국에서 수입하거나 자신의 조직 일부를 재사용하여 왔으나 기증이 부족하여 환자들의 수요는 나날이 늘어나고 있다.(사단법인 안구기증협회, Tel.(02)708-4454, 4077, E-mail: eye4454@hanmail.net).

412) 몽골이나 한국 말고 제3국에서 죽는 경우는 현지에서 화장 후 한국으로 공수한 다음 본 매뉴얼을 따른다.
413) "… 너는 흙이니 흙으로 돌아갈 것이니라"(창 3:19)
414) 전혜성, 『가치 있게 나이 드는 법』
415) 주인공 되는, '죽은 이'에 대한 관심이나 배려가 거의 전무하다.
416) 장례식장을 생업으로 하시는 분들에게 부디 오해가 없었으면 좋겠다. 필자의 주관이 그렇다는 것이다. 현재 우리 장례 문화가 정상이 아님을 혹시 여러분들도 동의를 하는가? 그렇다면 이해관계를 떠나서 결단을 내려 주시면 좋겠다. 우리 소중한 장례 문화가 바람직한 방향으로 나아가도록 그렇게 도와주시고 필요하다면 투자 방향을 바꿔 주시기를 간곡히 부탁드린다.
417) 과연 학교 강당이나 화랑을 천국환송예배 장소로 쉽게 빌려 줄지는 필자도 모르겠다. 공동체의 내규와 의사결정 과정이 있을 테니, 필자라면 미리 관계자들을 만나서 섭외와 설득을 하여 예약을 해 놓겠다. 아무튼 이런 방향으로 장례 문화가 이해되고 발전이 되기를 간절히 바란다. 현대 장례 문화는 전통적 아름다움이 사라진, 비상식적이며 뒤틀어져 버렸기 때문에 우리의 의식이 혁신적으로 바뀌지면 좋겠다.
418) 여름이면 시원하고 검소한 천막이 좋다. 요즘은 야외 행사를 할 수 있도록 천막도 크고 멋드러진 게 많이 생겼다. 그런데 겨울이라면 아무래도 난방이 필요하기에 농협 강당이나 마을회관이 더 좋을 것이다.
419) 적어도 전에는 그랬다. 지금은 상가에서 화투 등 노름을 하는 악습이 많이 사라졌다. 너무 다행스러운 일이다.
420) 아이들은 아이들대로 할아버지가 돌아가신 날, 아버지의 가슴 찢는 눈물을 보았다. 따라 울었다. 죽음이 무서웠다. 슬픔을 학습했다. 죽으면 어떤 일이 벌어지는가를 두 눈 뜨고 배웠다. 거기 살아야 할 이유가 있었다. 동네 어르신들이 와서 할아버지를 추억한다. 인생 뒷담화는 휴먼드라마였다. 할아버지가 그런 분이었다니……. 어느새 영웅으로 돌아온 할아버지를 생각하면 어깨가 절로 으쓱한다. 그런 할아버지를 위한 잔치란다. 가난하고 팍팍하던 삶에 윤기가 돈다. 어디에 숨어 있었던지 모를 먹거리들이 튀어나온다. 소원했던 사람들도 다 하나가 된다. 서로의 안부를 묻고 어깨를 토닥거린다. 풀 죽어 있던 강아지들도 마당을 뛰놀며 덩달아 춤을 춘다. 신바람이 난다. 상(喪)은 이미 축제의 한마당이 되어 있다.(송길원 목사)
421) 가진 것과 지위가 중요한 게 아니고 삶을 살아가는 태도와 방향이 더욱 중요한 게다. 어차피 이 세상은 7~80년의 너무나도 짧은, 영원에 비하면 순간적인 삶이

다. 사실을 말하자면 정작 더 중요한 것은(영원한 삶은) 죽음 이후에 시작된다. 그렇기 때문에 이 땅의 것으로 어떠한 권도를 부림도 분명히 잘못이다.

422) 필자는 조의금을 반대한다. 이게 허례이고 병폐다. 필자의 천국환송예배는 조의금을 받지 않도록 했다. 그러나 독자의 경우 정 조의금을 주고 받기를 원한다면 오직 조의금 전달 때문에 수고로이 식장에 오가느니 보다는 계좌를 이용하여 송, 수금을 하는 게 그나마 낫다고 필자는 생각한다(요즘은 은행에 가지 않아도 카톡 등으로 손쉽게 돈을 주고 받을 수가 있다).

423) 경조사는 한국인의 일상을 가장 강력하게 지배한다. 날아든 친구 부모의 부고에 마음이 급해진다. 슬퍼할 친구의 얼굴이 밟혀서이다. 그러나 졸업 후, 수십 년간 두어 번 만났을 뿐인 고등학교 동창의 빙부, 빙모의 장례식에는 도대체 왜 가야 하는 걸까? 자랄 때 용돈이라도 줬던 기억이 있는 친구의 자녀가 결혼한다면 만사 제치고 달려가야 한다. 정말 대견하고 기특하다. 그러나 축의금 내고 얼굴도 장만 찍고 올 직장 상사 자녀 결혼식에 가야 하는 이유는 도대체 뭘까? 텅 빈 내 부모의 장례식, 초라한 내 자녀의 결혼식이 두렵기 때문이다! 그게 아니라면 (많이 치사하지만) 그동안 지출한 경조사비를 언젠가는 회수해야 하기 때문이다! 아닌가? 겨우 이런 이유로 황금 같은 주말 시간을 매번 그렇게 길바닥에 버려야 하느가?(김정운)

424) 천국환송예배에는 영결이라는 용어를 쓰지 않는다. 기독교의 장례예배는 부활 신앙을 기초로 다시 만나는 소망이 있기에 그렇다(고전 15:12-58, 살전 4:14-18, 계 20-22장).

425) 장례식장을 천국결혼식장이라고 부르자는 어느 목사님의 주장이 옳다고 본다(이름은 기억나지 않지만 그분은 CTS 방송에 나와서 '헤븐 웨딩 홀'이라고 한 것 같다). 성도의 장례는 이제 정결한 신부가 되어서, 구원주이시며 신랑되신 예수님과 결혼을 하는 것이기 때문에 천국 결혼이 맞는 것이다. 그렇지만 일반적으로 널리 통념으로 굳어져 있기에 본서에서는 장례식장, 천국환송예배식장, 천국결혼식장 이 모두를 혼용하겠다.

426) 꼭 검은색 리본이어야 할 필요는 없다. 필자는 생명의 색깔, 녹색이 더 좋다고 생각해서 녹색 리본을 사용하려고 한다.

427) 맛있는 스테이크를 기대하고 언론에 소개된 맛집 식당에 들어갔는데 나무토막 같은 게 음식이라고 나왔던 황당한 경험을 독자들도 한두 번은 가지고 있을 것이다. 한 번밖에 없는 천국 환송 잔치이다. 죽음이 우리 생애의 최고의 축제라면(전혜성), 천국환송예배는 축제의 절정(피크)이 아니겠는가! 그가 누구든지 간에, 마라톤을 완주했다는 것만으로도 크게 축하를 받아야 될 일이다(일등과 꼴등이 무

슨 대수인가? 완주만 했으면 모두 잘한 것이다). 이치가 이렇거늘, 지금 당신은 70~80년의 긴 마라톤을 뛰고나서 면류관을 받기 위해 계단을 오르고 있는 중인 것이다. 바로 이게 천국환송예배가 백일잔치나 결혼식보다도 우리 인생에 있어 더욱 중요한 이유가 된다. 기필코 당신의 천국환송예배를 무미건조하고 지루한 예배가 되지 않도록 유념하라. 축제로 만드시라!

428) 예배를 받으시는 분은 물론 하나님이시다. 그러나 천국환송예배는 임종자, 본인을 천국으로 환송하는 것이 감사해서 드리는 예배니만큼, 신학적으로만 문제가 되지 않는다면 당사자의 의견이 예배 순서에 반영이 되면 좋겠다.

429) 미리 USB에 넣어서 식장에서 틀어 놓을 것.

430) 필자의 지정곡이다. 대중 앞에서 거의 100여 번은 불렀을 게다.

431) 이 세 가곡 외에 '바위고개' (이정희), '옛 동산에 올라' (김금환), '가고파' (엄정행), '청산에 살리라' (오현명), '그리운 금강산' (김화용), '목련화' (엄정행), '보리밭' (김영자), '고향' (윤치호) 등을 usb에 담아서 천국환송예배가 끝난 후 전북 화산면 선산 장지로 이동하는 버스에 은은히 틀어 준다.

432) 사회에서는 보통 '입관예배' 라고 하나 여기서는 '안식예배' 라고 바꾼다. 장례 둘째 날에 드리는 예배이다. 필자의 경우는 이미 화장을 하였기에 입관 절차도 필요 없으며, 다만 주례 목사님을 모시고 가족과 가까운 지인들과 함께 드리는 첫 번째 공예배가 되겠다. 이제 세상의 수고를 그만 쉬고서 주 안에서 편하게 안식을 한다는 의미에서 '안식예배' 이다. 안식예배라는 명칭은 미주 418)에서 소개한 어느 목사님의 주장인데 바람직하다고 본다. 장래 필자의 안식예배(입관예배)에 대한 유의사항(메모)을 좀 자세히 이어서 기술해 본다. ① 예배식장 벽과 탁자 위에다 소수의 (액자) 사진과 필자 소장품을 간단한 설명과 함께 전시를 한다. ② 예배 시간을 빼고 식장에는 마치 음악회에 온 것처럼, 필자가 평소 듣고 좋아했던 찬송과 클래식이, 그리고 두세 곡의 7080 음악도 조용히 흐르고 있다. 필자가 한 설교 한 편과 강의 하나도 음악 중간에 들린다. 필자의 삶이 들어 있는 동영상도 가끔 보여 준다. ③ 커피숍처럼 내린 커피가 리필로 제공이 되며 간단한 음료와 물도 충분히 준비되어 있다. ④ 천국환송예배 동안 음식은 좀 거칠지만 떡국 라면과 튀김라면 등 컵라면으로 한다. 부활소망예배(하관예배)를 마친 후 산수장에서 대접할 잔치국수 외에 모든 음식은 컵라면과 김치이다가 꼭 필요한 사람에게는 햇반(라면을 못 먹는 사람은 라면 국물에 밥을 넣어 먹으면 된다)으로 하면 좋겠다. 교회에는 뜨거운 물만을 제공해 달라고 부탁을 할 것. ⑤ 둘째 날(안식예배 이후)부터는 혹시 멀리서 온 분들이 잠시 눈을 붙일 수 있도록, 구분된 장소가 두 개(남녀별로)필요하다. 간단히 샤워를 할 수가 있다면 더욱 좋겠고 깨끗한

수건도 충분히 준비해 놓는다(권사실과 유치부실이 적당할 것 같은데 미리 교회의 형편을 물어 정한다). ⑥ 밤샘은 필요 없겠다. 멀리서 온 분이 아니라면 인사만 마치고 귀가했다가 셋째 날인 천국결혼예배(장례예배)에 맞추어 08시 45분까지 오면 된다(물론 여의치 못하다면 구태여 첫째 날과 둘째 날에는 식장에 올 필요도 없고 셋째 날에만 오면 된다). ⑦ 지금 들녘의 사정이 어떠할지 모르겠는데(죽었으니까!) 시절에 따른(겨울이면 갈대도 좋다) 들꽃을 많이 모아서 식장을 자연스럽게 장식해 달라(이것은 재은이가 한다). ⑧ 일체의 화환과 조의금을 받지 않는다(시간을 내어서 먼 길을 오신 것만으로도 너무 감사하다. 조의금 대신에 몽골 초원의집 공동체와 우리 가정을 위해서 생각이 날 때마다 하나님께 간절히 기도해 달라. 길을 가다가 파란 지붕을 볼 때마다 그렇게 해 달라. 그리고 다음은 바로 당신 천국환송예배 차례라는 것도 부디 잊지를 말라).

433) 전북 완주군 봉동읍 장기리에 있는 봉동중앙교회는 1904년 미국 남장로교 마로덕(馬路德 L.O. McCutchen 1875~1960) 선교사가 설립한 115년의(2019년 현재) 오랜 역사를 가진 교회다. 필자의 모교회이자 파송교회가 된다. 홍성인 담임목사는 필자의 총신신대원 동기(90회)가 된다. 필자를 몽골에 파송한 후 우리 초원의집을 위하여 오랜 세월 새벽마다 눈물로 기도를 하였으며 물질로도 최선을 다하여 섬겨 주었다.

434) "아버지께서 내게 주시는 자는 다 내게로 올 것이요 내게 오는 자는 내가 결코 내쫓지 아니하리라"(요 6:37). 모든 사람이 다 예수님께로 오는 것이 아니요, 아버지께서 주신 자만 예수님을 믿고 예수님에게 올 수 있다. 예수님께로 오는 자, 즉 예수님을 구주로 믿는 자는 예수님께서 결코 내어쫓지 않으시며 절대로 버리시지 않으신다. 필자는 이 말씀을 붙잡고 호스피스 선교를 했다.

435) 필자의 평생 지기이다. 하나님께는 우직할 만큼 충성스럽고 사람에게도 진실한 좋은 목사님이다. 20년 전에 필자의 천국환송예배 주례 목사로 부탁을 드려 허락을 받아 놓았다(박 목사가 나보다 먼저 죽는다면 입장이 바뀐다. 필자가 박 목사 천국환송예배의 주례 목사가 될 것이다). 박 목사의 유고 시는 봉동중앙교회의 담임인 홍성인 목사에게 천국환송예배 주례를 부탁한다.

436) 필자가 가장 사랑하는 시편이다. 개척해서 20년 사역을 했던 몽골교회 이름(노공빌체르, 푸른 초장)도 시 23:2에서 따왔다.

437) '내 영혼이 은총 입어'와 함께 필자가 가장 좋아하는 찬양이다.

438) 20년 동안 몽골 초원의집 후원회 이사장이며, 몽골 선교 때문에 엄청나게 고생이 많았다. 성악에도 아주 뛰어난 달란트를 가진 분이다. 젊었을 때 학생 운동(데모)을 하다가 전북의대에서 제적을 당할 뻔했는데 가까스로 퇴학을 면했다. 자신

의 아픔이 그대로 녹아 있는 드리마라서 '모래시계'를 보면 지금도 눈물을 흘린다고 한다(익산 새소망정형외과 원장).

439) 봉동중앙교회 브니엘 성가대장에게 부탁해서 캐롤송 '오 거룩한 밤'을 신청하려고 한다. 만약 여의치 못할 경우 조수미와 KBS 어린이 합창단이 부른 동영상을 준비해 두었다. O Holy Night – 조수미 Sumi Jo & KBS Children Choir & Mostly Phil Orchestra

440) 이선종 집사(친척 동생이다)가 1985년 4월 5일 필자 결혼식에 축하 특송을 했다. 아름답게 마무리를 하는 의미에서도 이 집사가 천국결혼예배 축가도 다시금 불러 주면 좋겠다. 우연인지 모르나 그녀의 이름이 바로 선종(善終?)이다. 결혼식 때에는 경황이 없어서 축가 사례비를 챙겨 주지 못했는데 이번에는 두둑이(?) 챙겨 주도록 장남 성은이에게도 일러 두련다.

441) 필자가 손수 만든 영상이다. 필자의 전 인생을 7분에 모두 담았다.

442) 인정 많고 아주 스마트한 필자의 친구로서 선교를 비롯해서 가족과 일상사 등 우리는 참 많은 이야기를 평생 동안 서로 주고 받았다. 물론, 최선을 다해 몽골 선교에도 헌신을 했다. 틀림없이 많이 울 것이므로 예배에 참석한 모든 분들은 눈이 빨개서 울보처럼 펑펑 울고 있는 노신사를 발견하면 김진오 집사라고 미루어 짐작해도 틀림이 없을 게다(군포 산본의 온누리예치과 원장).

443) 여수영광교회 담임목사. 열성적이고 겸손한 리더십이 늘 인상적이었다. 여수영광교회는 2016년 필자를 몽골 선교사(7호)로 정식 파송한 고마운 교회이다.

444) 경기도 광주시 초월면에 있는 신월교회의 시무장로이며 필자의 동생이다.

445) 헌화 시에는 복음송 '내 인생 여정 끝내고'를 부탁한다.

446) 이미 화장을 했으니 성은이가 유골함만 차로 옮기면 된다.

447) 부활소망예배가 끝나면 오후 2시가 된다. 돌아오는 길, 가까이에 위치한(경천저수지 부근) 산수장(음식점)에서 잔치국수가 준비되어 있다. 너무 늦은 점심이 되어서 죄송하다. 하루 종일 수고가 많으셨다. 감사를 드리며, 필자가 작지만 정성껏 선물도 준비를 하였다.

448) 누구일지는 모르겠으나 당해 바울선교회 본부장 선교사에게 이 순서를 맡긴다.

449) 1900년 9월 미국 남장로교 선교사 레이놀즈(Reynolds, W. D.)가 학원 선교를 위하여 전주에 세운 미션스쿨인 전주신흥고등학교를 말한다. 한강 이남 최초의 근대 교육기관으로서 특별히 많은 교육자들과 목사들을 배출했다. 필자는 76회 (복교 25회) 졸업생이다.

450) 지금 이 책에서 주장하는 '아름다운 죽음'을 강의하는 일을 말한다.

451) 머나먼 길이었고, 가 보지 않은 길이었으며, 험한 길이었지만 성경에 나오는 벧

세메스로 가는 암소들은 자신들의 길을 좌우로 치우치지 않고 똑바로 나아갔다 (삼상 6:7-16).

452) 오랜 세월 장미꽃을 품은 흙에서 장미 향기가 조금 나듯이 말이다.
453) 길게 말했지만 한 단어로 표현하면 '크림슨' 색이라는 뜻이다.
454) 그때 우리는 구닥다리처럼 다방에서 선을 봤소.
455) 필자는 '좋은 영화 한 편을 보면 양서를 한 권을 읽는 것이다' 라는 생각을 가지고 있다. 아내 입장에서 보면 개선의 여지 없는 양심범이자 확신범인 셈이다. "사실 당신 몰래 가끔 영화를 봤소이다. 아이고! 여보, 부디 용서하시랑게!"
456) 아내로부터 전화가 오면 내 핸드폰엔 '내 갈비' 라는 글자가 떴다.
457) "고맙소, 많이 고맙소."(몽골말이다.)
458) 우리 아들 성은이는 영리하고 유머가 많은 아주 젠틀한 신사다. 잘생긴 데다가 키도 182cm다.
459) 아빠에겐 그 목소리가 아직도 어제처럼 쟁쟁하게 들리는 것 같다.
460) 아마 네 엄마도 그럴 게다.
461) 성실과 충성은 같은 거란다.
462) 늘 부르던 딸의 애칭으로, '재은' 의 중국말 발음이다. 재은이는 북경에서 10년간 공부를 했다.
463) 고비프로젝트 구상안
464) 축복의통로선교회 구상안
465) 바나바선교회 구상안
466) 맥가이버스쿨 구상안
467) 스위스 군용 칼 또는 스위스 칼. 맥가이버 칼은 스위스 군에서 보급하는 멀티툴을 의미한다. 넓게는 이를 생산하는 스위스의 빅토리녹스사와 벵거(웽거)사가 만든 멀티툴 제품, 나아가 이와 비슷한 멀티툴을 의미한다. 'Swiss Army Knife'는 빅토리녹스사의 등록상표로 미국에서 등록되었다. 필자는 몽골 선교사로 있으면서 일상에서 늘 맥가이버 칼의 도움을 받았다.
468) 세 개를 누구에게 줄지 정해 두었음.
469) 게다가 맥가이버는 여러 가지 기능으로 쓰인다(mutifunctional).

'아름다운 죽음(Beautiful Landing)'을 준비하는 사람을 위한 **정기 집회 안내**

이경환 목사 정기 집회

"아름다운 죽음"

일 시 매월 첫째 주, 목~토(2박3일)
 (목·금) 오후 5시~9시
 (토) 오전 9시~오후 1시
장 소 새안양교회

강사 이경환 목사
"아름다운 죽음" 저자
고려대학교 행정학과
총신대학교 신학대학원
총신대학교 선교대학원(Th.M)
문의: iknowthem@naver.com

강의 구성
첫째 날 (목요일 오후5시~9시)
 강의 1. 죽음과 아름다운 죽음에 대한 이해
 강의 2. 아름다운 죽음을 위한 준비
둘째 날 (금요일 오후5시~9시)
 강의 3. 아름다운 죽음의 실행
 강의 4. 아름다운 죽음을 위한 매뉴얼과 설계
세째 날 (토요일 오전 9시~오후 1시)
 강의 5. 강의 리뷰와 결론
 강의 6. 바람직한 장례식(천국환송예배) 설계와 실습

대 상 아름다운 죽음을 준비하는 사람들 80명 선착순
회 비 10만원(교재 제공, 호텔 숙박 시 20만 원)
  ※입금 후 문자로 성함을 보내 주세요.
등 록 이승헌 목사(010-8786-2576)
계좌번호 농협 649-02-202620(이승헌)
 ※등록할 재정이 어려운 분들은 네이버카페를 통해서
  안내를 받으세요(https://cafe.naver.com/ajook)

장소: 새안양교회 경기도 안양시 만안구 예술공원로 76(전화 031-472-5670)
'네이버'에서 '새안양교회'를 찾아서 교회 홈페이지 하단 '찾아오시는 길'을 참조하시기 바랍니다.

'아름다운 죽음(Beautiful Landing)'을 준비하는 사람을 위한 부흥기 집회 안내

이경환 목사 초청 집회
"아름다운 죽음"

대 상 아름다운 죽음을 준비하는 사람들
　　　　 개교회 및 교회 연합
　　　　 개단체 및 단체 연합
　　　　 해외 교민(교회와 단체)

장 소 초청 장소

강사 이경환 목사
"아름다운 죽음" 저자
고려대학교 행정학과
총신대학교 신학대학원
총신대학교 선교대학원(Th.M)
집회 문의: iknowthem@naver.com

집회 종류와 강의 구성

■ **1일(2시간):** 아름다운 죽음이란 무엇인가?

■ **1일(4시간):** 아름다운 죽음과 그 준비

■ **3일(12시간):** 아름다운 죽음과 준비 그리고 설계와 실습
　첫째 날　강의 1. 죽음과 아름다운 죽음에 대한 이해
　　　　　강의 2. 아름다운 죽음을 위한 준비
　둘째 날　강의 3. 아름다운 죽음의 실행
　　　　　강의 4. 아름다운 죽음을 위한 매뉴얼과 설계
　세째 날　강의 5. 강의 리뷰와 결론
　　　　　강의 6. 바람직한 장례식(천국환송예배)
　　　　　　　　　설계와 실습

변경 사항이 있을 때마다 네이버 카페를 이용하여 공지하겠습니다.
★ '아름다운 죽음' 카페 이름: '아죽' (https://cafe.naver.com/ajook)